AMRA

ROBERT ROSENTHAL

VOM NIMMER-GEIST ZUM IMMER-GEIST

WERDE ANDEREN GEISTES UND EMPFANGE WUNDER

Nach den Prinzipien von *Ein Kurs in Wundern*®

Aus dem Amerikanischen
von Jorinde Reznikoff

AMRA

Besuchen Sie unseren Shop:
www.AmraVerlag.de

Ihre 80-Minuten-Gratis-CD erwartet Sie.
Unser Geschenk an Sie … einfach anfordern!

Amerikanische Originalausgabe:
From Never-Mind to Ever-Mind.
Transforming the Self to Embrace Miracles
The Principles of A Course in Miracles®

Deutsche Erstausgabe im AMRA Verlag
Auf der Reitbahn 8, D-63452 Hanau
Hotline: + 49 (0) 61 81 – 18 93 92
Service: Info@AmraVerlag.de

Herausgeber & Lektor	Michael Nagula
Einbandgestaltung	Guter Punkt
Layout & Satz	Birgit Letsch
Druck	CPI books GmbH

ISBN Printausgabe 978-3-95447-531-5
ISBN eBook-Version 978-3-95447-532-2

Cover und Frontispiz entstanden unter Verwendung
des GettyImages-Bildes 1160356351 © cerber82/iStock.

Für meine Mutter Vivian Greenberg,
deren bedingungslose Liebe
und Unterstützung mir erlaubte,
die Person zu werden, die ich bin, und die
die Messlatte als erste veröffentlichte Autorin
in der Familie hochgelegt hat.
Danke, Mom, für deine Weisheit, deine Wärme,
deine Empathie und all das,
was du so vielen geschenkt hast.
Ich kann nicht in Worte fassen,
wie dankbar ich bin. Fürwahr.

… und …

Für Judy Skutch Whitson, Mutter in einem anderen Sinn,
die mich in ***Ein Kurs in Wundern***® einführte
und mit verblüffender Genauigkeit
zu jenen spirituellen Erfahrungen und
Gelegenheiten hinführte,
die mich in meinem Leben formen sollten.
Ich bin dankbar,
mich dir auf dieser distanzlosen Reise anzuschließen –
zu einem Ziel hin, das sich nie geändert hat.

Inhalt

Der Autor gibt hier keine medizinischen Ratschläge und verordnet auch keinerlei Techniken zur Behandlung physischer, emotionaler oder medizinischer Probleme. Die Absicht des Autors ist einzig und allein, Informationen allgemeiner Natur zu liefern, die Ihnen bei Ihrer spirituellen Suche nach spirituellem Wohlbefinden helfen können. Für den Fall, dass Sie in irgendeiner Form von den Informationen und Praktiken in diesem Buch Gebrauch machen sollten, übernehmen Autor und Verleger keine Verantwortung für Handlungen oder Schäden, die aus dem Gebrauch der hier vorliegenden Informationen hervorgehen sollten. Trotz aller Vorsicht und Sorgsamkeit, die der Autor hat walten lassen, übernimmt dieser keine Verantwortung für Irrtümer oder Auslassungen.

Die Namen sowie gewisse biografische Details der Personen, deren Geschichten in diesem Buch auftauchen, wurden aus Vertrauensgründen und zum Schutz der Privatsphäre geändert.

Einleitung

Über *Ein Kurs in Wundern*® zu schreiben ist weder ein leichtes noch ein gradliniges Vorhaben. Möglicherweise gibt es kein spirituelles System, das darzulegen und zu erklären eine größere Herausforderung bedeutet. Der Grund dafür ist, dass der Kurs seinem Wesen nach einfach, unser Widerstand dagegen, seine Botschaft zu hören, aber vehement ist.

Die Kernlehre von *Ein Kurs in Wundern*® lässt sich in drei kurzen Zeilen aus seiner Einleitung zusammenfassen:

> *Nichts Wirkliches kann bedroht werden.*
> *Nichts Unwirkliches existiert.*
> *Hierin liegt der Frieden Gottes.*[1]

Der Rest des Kurses – die 1.320 Seiten, die *Textbuch*, *Übungsbuch* und *Handbuch für Lehrer* (in der deutschen Übersetzung) zusammen ergeben – führt diesen einen zentralen Gedanken genauer aus, indem er über vielgestaltige Wege immer wieder auf ihn zurückkommt und neu und unterschiedlich erscheinende Kontexte aufgreift, um dem Schüler zu helfen, ihn zu verstehen und auf sein Leben anzuwenden.

Der Kurs ist holografisch angelegt, und ich meine diesen Begriff nicht nur metaphorisch. Wie auf einer holografischen Fotografie jeder noch so kleine Ausschnitt aus dem ursprünglichen Bild das gesamte Bild enthält, taucht im Kurs der Kerngedanke nicht nur in jedem Kapitel und jeder Lektion wieder auf, sondern sehr oft auch in jedem Absatz oder sogar einzelnen Formulierungen. Daher sind beim Schreiben über den Kurs Wiederholungen und kreisende Ansätze unvermeidlich. Doch ist das Wiederholen nicht ein Herzstück aller Lernprozesse? Sollten dich diese drei Zeilen aus der Kurseinleitung ins Straucheln gebracht haben, hast du wahrscheinlich ihre tiefe Wahrheit erkannt, sie vielleicht in deinem sozialen Netzwerk gepostet und an deine Freunde weitergegeben. Einen *Lern*prozess aber hätten sie noch nicht ausgelöst. *Ein Kurs in Wundern*® bringt uns dazu, genau an einem solchen Prozess dranzubleiben, indem er viele Variationen des einen zentralen Themas anbietet. Darin liegen seine Kunst und seine Kraft. Er langweilt uns nicht. Wir gewöhnen uns nicht an ihn. Jede Einsicht erreicht uns, als wäre sie frisch und neu. Und das Ergebnis davon ist, dass wir *fürwahr* lernen.

Vom Nimmer-Geist zum Immer-Geist ist das erste Buch in einer Reihe, mit der ich dazu beitragen möchte, die Grundlagen von *Ein Kurs in Wundern*® einer breiten Leserschaft nahezubringen: jenen, die davon gehört haben, aber seine Lehren noch nicht kennen; denjenigen, die sich schon einmal drangemacht und wieder aufgegeben haben, weil seine Sprache zu schwierig oder seine Verwendung christlicher Terminologie zu abschreckend erschien; und jenen, die ihn bereits studieren, aber nach einem tieferen Verständnis auf der Suche sind oder einem einfacheren Weg, seine Ideen Familie und Freunden zu vermitteln. Meines Erachtens hat das vorliegende Buch jeder dieser drei Gruppen Bedeutsames zu bieten. Gleichwohl mögen neuen Schülern manche Konzepte radikal und schwer annehmbar erscheinen, während mir Kursveteranen vielleicht vorwerfen werden, ich würde über das, was sie als Schlüssellehren erachten, rasch hinweg- oder diese sogar ganz übergehen. Sie erinnere ich daran, dass dieses Buch nur das erste in einer langen Reihe darstellt, und bitte sie um Geduld.

Zuallererst wurde *Ein Kurs in Wundern*® 1975 als formloses Paperback in vier Bänden veröffentlicht, ein Jahr später folgte eine herkömmliche Hardcover-Ausgabe in drei Bänden. Während ich das hier schreibe, sind über drei Millionen Exemplare verkauft worden, mehrheitlich auf Englisch, darunter aber etwa eine Million in den siebenundzwanzig Übersetzungen, die bisher erschienen sind. Mehr als vierhundert gedruckte Bücher wurden über den Kurs verfasst. Die meisten setzen einiges Kurswissen auf Seiten des Lesers voraus. Manche zitieren reichlich aus dem Kurs und versuchen dabei, seine Lehren in eigene Worte zu fassen. Andere wiederum versuchen, den Kurs zu vereinfachen und seine Grundlehren herauszudestillieren, allerdings auf die Gefahr hin, wichtige Ansätze zu übersehen. Und dann gibt es noch ein paar wenige, die den Leser durch Text- und Übungsbuch führen, indem sie jeden einzelnen Absatz mit einem Kommentar versehen.

Ich bezwecke mit *Vom Nimmer-Geist zum Immer-Geist* etwas anderes. Ich hoffe, es gelingt mir, die Kernprinzipien des Kurses zu vermitteln, indem ich sie durch die Linsen von Psychologie, Neurobiologie, Metaphorik und allgemein vertrauten Erfahrungen betrachte, ohne allzu oft auf seine spezifische Sprache und Terminologie zurückzugreifen. Denn versteht man seine Prinzipien im Vorhinein, hat man weniger mit seiner zuweilen schwierigen Sprache zu kämpfen. Zwar werde ich viele Kurszitate einstreuen, die ich entsprechend kennzeichne, um sie von Nicht-Kurs-Zitaten zu unterscheiden, doch nur selten werde ich sie analysieren oder erläutern. Sie sind mehr als eine Art Kommentarleiste gedacht, als Angebot, über die besprochenen Gedanken mit Worten nachzusinnen, wie sie der Kurs selbst verwendet. Überdies habe ich, vom ersten und letzten Kapitel abgesehen, in alle Kapitel spezifische Übungen eingefügt, die helfen sollen, das Gelesene im eigenen Leben direkt und individuell anzuwenden.

Doch eines sollte klar sein: Dieses Buch will und kann kein Ersatz für das erstaunliche Lehr- und Lernprogramm sein, das der Kurs anbietet, denn dieses muss man selbst in Erfahrung bringen. Es kann jedoch als Einführung und Begleitung dienen, eine Art Reiseführer, der zum erfolgversprechenden Besuch eines fremden Landes einlädt und einen darin unterstützt, dessen Sprache und Kultur schätzen zu lernen. Man entdeckt seine Sehenswürdigkeiten und kehrt bereichert in sein eigenes Leben zurück – oder ist so in den Bann gezogen, dass man immer wieder an den neu entdeckten Ort zurückkehrt und vielleicht beschließt, dort mehr Zeit zu verbringen oder ihn dauerhaft zu seiner Heimat zu machen.

Es gibt kaum Zweifel daran, dass *Ein Kurs in Wundern*® den Versuch darstellt, in die Lehren von Jesus von Nazareth Licht und sie mit ihrer ursprünglichen Bedeutung wieder in Einklang zu bringen, indem er eine Schneise durch das Gestrüpp jahrhundertelangen Verdrehens und Fehldeutens schlägt. Zu diesem Zweck definiert der Kurs viele gewohnte christliche Begriffe – wie »Christus«, »Gottessohn«, »Himmel«, »Sünde«, »Vergebung«, ja sogar »Kreuzigung« – neu und verleiht ihnen ganz andere Bedeutungen, die eher mit nondualistischen spirituellen Überlieferungen des Ostens übereinstimmen als mit denen des herkömmlichen Christentums. Doch das führt für viele unter uns zu einer abschüssigen Lernkurve, denn während wir schon genug damit zu tun haben, die unorthodoxe Weltsicht des Kurses zu erfassen, haben wir gleichzeitig damit zu kämpfen, alte Glaubenssätze und Vorurteile zu überwinden. Schon für einen Juden wie mich war die erste Annäherung an den Kurs von einem guten Maß an Skepsis begleitet; für jene, die streng katholisch aufgewachsen sind, dürfte der Konflikt noch größer sein.

Ich lernte den Kurs im Alter von zwanzig Jahren kennen. Meine erste Reaktion war durchmischt, und niemals wäre ich an ihm drangeblieben und hätte ihn studiert, hätte ich nicht einige ungewöhnliche synchrone Erlebnisse gehabt, die ich nicht umhinkonnte, als Wunder zu beschreiben. Jetzt bin ich über sechzig Jahre alt. Ich habe die Unterweisungen des Kurses jahrzehntelang hinauf und hinunter geübt und nicht nur zu lernen, sondern durchgängig zu leben versucht – und arbeite immer noch daran. Vor kurzem habe ich die Co-Präsidentschaft der *Foundation for Inner Peace* übernommen, jener Organisation, die von der Stimme, die den Kurs diktiert hat, mit seiner Veröffentlichung, seinem Vertrieb und der Auseinandersetzung mit ihm betraut worden ist. Und in diesem Sinn ist auch das vorliegende Buch zu betrachten: als Beginn einer solchen Auseinandersetzung. Ich fühle mich dazu berufen weiterzugeben, was ich über die Jahre gelernt habe, und es ist ein Privileg für mich, dieses Buch hier vorlegen zu dürfen. Doch ohne die Hilfe all derer, die vor mir da waren, hätte ich es nicht schreiben können, insbesondere meiner Mentoren Bill Thetford und Judith Skutch Whitson, deren Einfluss auf mein Leben sich in Worten nicht angemessen ausdrücken lassen.

Die Gedanken, denen du in *Vom Nimmer-Geist zum Immer-Geist* begegnen wirst, sind machtvoll, radikal und subversiv. Wie der Kurs, aus dem sie stammen, sollen sie deine Welt aus den Angeln heben, ja mehr noch: diese verschwinden lassen und dich in einen völlig anderen Geisteszustand versetzen, einen, aus dem jede Angst verbannt ist und Liebe zur durchgehenden Wirklichkeit wird. Deshalb muss ich dich hier gleich zu Anfang bitten, Geduld zu haben, denn diese Gedanken können fordernd und schwer zu erfassen sein. Sie stellen alles, was du über dich und die Welt wusstest, auf den Kopf. Und das wird – das kann ich nahezu garantieren – an gewissen Punkten dazu führen, dass gewisse Anteile deines Geistes in Aufruhr, ja Wut, geraten und sich mit allen Mitteln bemühen werden, dich davon zu überzeugen, dass der Kurs und seine Gedanken nicht mehr als absurder Unfug sind, den du nachhaltig und schnellstens von dir weisen solltest. Dann magst du versucht sein, das Buch in den Müll zu werfen oder jemandem zu geben, den du nicht sonderlich leiden kannst.

Wann immer du an diesen Punkt kommst, jenen Punkt, an dem dein Ego sich seine ach so vernünftige Maske herunterreißt und aus seinem Versteck hervorstürmt, um dir eine zu verpassen, dich zu beschämen, einzuschüchtern und dich wieder auf die Reihe zu bringen, kannst du sicher sein, dass du gerade dabei bist, wirkliche Fortschritte zu machen. Du bist auf dem Weg, etwas Bedeutsames zu erreichen. Du hast den ersten Schritt getan, um Wundern zu erlauben, in dein Leben zu kommen. Du hast deinen Geist zu einem neuen Weg hin geöffnet: einem besseren Weg, einem Ansatz, der es *tatsächlich* schafft, dir bleibendes Glück und Geistesfrieden zu bringen, die nicht von etwas oder jemandem außerhalb von dir abhängen. Gib also bitte dich selbst nicht auf. Gib die Liebe nicht auf, die im Herzen deines Seins auf dich wartet.

Das Spiel ums Glück

Wenn es eine Wahrheit gibt, die für alle Menschen gilt, dann die, dass wir alle glücklich sein wollen. Und das wünschen wir uns nicht nur für uns selbst, sondern für alle, die wir lieben. Doch egal, wie zufrieden wir zu sein scheinen – egal, wie gut die Dinge gegebenenfalls laufen mögen –, wir können immer auf einen Bereich unseres Lebens verweisen, wo es besser sein könnte. *Wir erreichen niemals vollkommenes, dauerhaftes Glück,* sondern denken stets, wäre dies oder jenes anders, würden wir glücklicher sein. Wie *Ein Kurs in Wundern®* es ausdrückt, suchen wir, finden aber nicht. Und vielleicht liegt darin die große menschliche Tragödie.

Ich bin staatlich geprüfter Psychiater und Psychotherapeut mit über dreißig Jahren klinischer Erfahrung, mittlerweile in Rente, und habe mit Personen gearbeitet, die eine wundervolle Ehe führten, aber von einer schwachen Gesundheit oder finanziellen Rückschlägen geplagt wurden. Ich habe mit äußerst erfolgreichen Führungskräften gearbeitet, deren persönliche Beziehungen ein einziges Schlamassel waren; es fehlte ihnen an Wärme und Intimität, und sie waren ständig Konfliktsituationen ausgesetzt. Ich habe mit Leuten gearbeitet, die damit kämpften, chronische Schmerzen oder Müdigkeit zu überwinden, und für die die einfache Aufgabe, morgens aus dem Bett zu kommen und ihren Kindern, bevor sie zur Schule gingen, ein Lächeln zu schenken, ein großer Triumph des Willens darstellte. Ich habe mit Geizhälsen und Philanthropen zu tun gehabt, die sich zwar – ein jeder auf seine Weise – viel auf ihre Errungenschaften einbildeten, aber dennoch verheerend unerfüllt blieben. So ist es eben, das Leben, niemand kann alles haben, sagen wir uns dann. Doch stimmt das wirklich? Was, wenn man durchaus alles haben *könnte* – nur nicht so, wie man denkt?

Wenn man die Leute befragte, würden, so schätze ich, 99 Prozent glauben, genau sagen zu können, was ihrer Meinung nach in ihrem Leben fehlt – was sie bräuchten, um für immer glücklich zu sein. Und ich wette, du bist einer von ihnen. Auch ich gehörte dazu. Ich studierte metaphysische Systeme, die versprachen, mir zu zeigen, wie ich meine Herzenswünsche manifestieren könne. »Ja, auch du kannst in dein Leben holen, was immer du willst! Wende einfach nur diese simple Technik da an« – und das läuft dann fast immer auf eine Variante der Macht des positiven Denkens hinaus. »Stell dir geistig vor, was du willst. Tu das jeden Tag, Schreib es auf. Umgib es mit Licht. Und es wird eintreffen!« Und siehe da, es klappt – manchmal. Dann wieder nicht so gut. Doch selbst wenn diese Techniken funktionieren, ist das Ergebnis nie dauerhaftes Glück. Es ist wie beim Whack-a-Mole, dem Hau-den-Maulwurf-Spiel: Ist ein Wunsch erfüllt, taucht ein neuer auf, um ihn zu ersetzen. In Wahrheit wissen wir nicht, was wir wollen. Nicht wirklich. Niemand von uns weiß das. Das können wir gar nicht. Laut Kurs sind wir dessen nicht fähig, weil wir etwas zu sein glauben, was wir gar nicht sind.

Weder Vermögen noch Ruhm, Gesundheit oder langes Leben, weder Erfolg noch Liebesromanze, Abenteuer oder Sicherheit werden je eine Garantie für Glück sein. Gewiss mag das eine oder andere davon ein Lächeln in dein Gesicht zaubern und dir ein wenig auf die Sprünge helfen. Doch nur für eine Weile. Erfolg verblasst schnell und wird bald zum Normalfall, bis ein neues Ziel daraus erwächst, das einem verspricht, die Freude wiederherzustellen, die man zuvor empfunden hatte. Glück, das auf äußeren Umständen beruht, zerschellt allzu leicht an den Felsen plötzlicher tragischer Ereignisse: einem unerwarteten Todesfall, einem Karriereeinbruch, plötzlich entdeckter Untreue. Und selbst dann, wenn du mit übermäßigem Glück gesegnet bist, musst du unter Garantie damit rechnen, alt zu werden. Und du wirst sterben. Soviel ist sicher. Und schlimmer noch: So wird es einem Jeden ergehen, den du kennst und liebst.

Zweifellos ein düsteres Bild. Aber ist das alles, meine Freunde? Ist das unser unvermeidliches Schicksal? Oder könnte es eine Alternative geben? Warum sollte Glück so flüchtig, so schwer zu erreichen und unmöglich festzuhalten sein?

Glückssuche – Wahrheitsfindung

Der deutsche Dichter Johann Wolfgang von Goethe, ein Universalgenie, rang mit genau diesem Problem in seinem monumentalen Werk *Faust.* Darin wird die Geschichte von einem unglücklichen, lebensmüden und deprimierten Doktor erzählt, der nach Erfüllung sucht, diese aber nicht finden kann. Er schließt einen Bund beziehungsweise eine Wette mit dem Teufel Mephistopheles ab, der gemäß *Faust* seine Seele Mephistopheles überlässt, sobald dieser ihm ein Erlebnis verschaffen kann, das so tief und bedeutsam ist, dass Faust wünschen würde, dieser Augenblick solle ewig währen. Anders gesagt versucht Faust, das Ephemere in Ewiges zu verwandeln. Der Teufel wirbt um ihn und lockt ihn mit Macht, Magie, Frauen, Wein und Schönheit, doch wie verführerisch auch immer das alles sein mag, keiner von all den Tricks funktioniert. Nichts, was der Teufel in dieser Welt der Zeit zu bieten hat, vermag die Zeit anzuhalten und die Tür zur Ewigkeit zu öffnen. Erst als Faust die Freude entdeckt, die darin liegt, anderen zu helfen, wünscht er, dieser Augenblick möge bleiben, doch da ist er schon bei der göttlichen Wahrheit angelangt und seine Seele nicht länger in Gefahr. Gott und Seine Engel greifen ein, treten Mephistopheles entgegen und heben Faust in den Himmel empor.

In einem weltlicheren, aber nuancenreicheren Szenario schildert der französische Autor Marcel Proust in seinem siebzehnbändigen Werk *Auf der Suche nach der verlorenen Zeit* bis in jedes Detail genau und wunderschön, wie es seinem Protagonisten Georges Swann misslingt, durch Liebesromanzen oder sozialen Status Glück zu erlangen. Gleichwohl tauchen in diesem Roman immer wieder Augenblicke auf, in denen normalerweise bedeutungslose sensorische Erlebnisse Swann von den Beschränkungen der Zeit befreien und es ihm ermöglichen, in eine zeitlose Realität einzutauchen – einen Moment, in dem die Angst vor dem Tod verschwindet (mehr zu dieser Art Erfahrung in Kapitel 3). Auch wenn die Suche nach Glück innerhalb der Welt – Glück, wie es die Welt definiert – ein vergebliches Unterfangen ist, gibt es eine größere Realität, die stets gegenwärtig ist – wenn wir Augen haben, sie zu sehen, und Ohren, sie zu hören. Widerfahren uns solche Augenblicke, öffnet sich Triviales zur Transzendenz hin – und dort ist Glück selbstverständlich.

Lange vor Proust und Goethe hatte noch jemand mit dem zerbrechlichen, trügerischen Wesen des Glücks gerungen, allerdings aus der entgegengesetzten Richtung kommend: Siddhartha Gautama – ein Prinz, der im sechsten Jahrhundert vor Christus im heutigen Nepal lebte. Siddhartha führte ein ideales Leben: Er hatte wundervolle Eltern (König und Königin), freundliche und treue Hofdiener, einen komfortablen Palast mit prächtigen eingefriedeten Ländereien, eine wunderschöne liebevolle Frau und aufgeweckte gesunde Kinder. Sein Leben strotzte nur so von Glück, es mangelte ihm an nichts. Doch eines Tages beschloss er, sich über die Grenzen des Palastgrundstücks hinauszuwagen. Den Warnungen zum Trotz, nicht hinauszugehen, ließ ihm seine Neugierde keine Ruhe und keinen Frieden in seinem behüteten Leben. Es drängte ihn einfach, mehr zu erfahren. Und was Prinz Siddhartha an diesem Tag jenseits der Palastmauern erfuhr, veränderte sein Leben für immer, zusammen mit dem Millionen anderer über die Zeitalter hinweg. Es säte den Samen für das, woraus später sein Erwachen zur Erleuchtung wurde, und inspirierte den Kern jener Lehren, die wir heute als Buddhismus kennen.

Was widerfuhr Prinz Siddhartha, als er das Eden verließ, das bisher sein Zuhause gewesen war? Er erblickte einen kranken Mann, einen alten Mann und einen Leichnam. Er wurde mit der Realität von Krankheit, Alter und Tod konfrontiert. Als dessen Zeuge konnte er nicht mehr in seinem paradiesischen Palast bleiben, denn er wusste, dass das eine Lüge war. Und so ging er für immer fort, verließ Eltern, Frau und Kinder und all die Vorteile eines königlichen Lebens, um sich auf die spirituelle Suche nach einem besseren Weg zu machen. Nach vielen Fehlschlägen fand er diesen besseren Weg und erlangte, unter einem Bodhi-Baum meditierend, Erleuchtung. Er hatte aufgehört,

Siddhartha zu sein, entledigte sich seiner persönlichen Identität und wurde zum ewigen Buddha.

Das Herzstück von Buddhas Lehren machen die Vier Edlen Wahrheiten aus. Davon betreffen uns hier nur die ersten zwei, denn sie befassen sich direkt mit dem Problem des Glücks, das nicht von Dauer ist. Die Erste Edle Wahrheit besagt, dass alles Leben Dukkha ist, was Unzufriedenheit oder Leiden bedeutet, und die Zweite, dass diese Unzufriedenheit und dieses Leiden ihren Ursprung im Durst haben: einer inneren Leere, die uns dazu antreibt, bestimmten Gegenständen, Personen und Zielen nachzujagen – im flüchtigen Versuch, diesen Durst zu löschen. Doch wie wir wissen, kann dauerhaftes Glück nicht in der Welt gefunden werden. In unseren verzweifelten Bemühungen, dies zu gewährleisten, gleichen wir halbverdursteten, schiffbrüchigen Seefahrern, die Meerwasser schlürfen, um ihren Durst zu löschen. Das Salz im Wasser trocknet sie aus und verstärkt den Durst nur, statt ihn zu stillen. Genauso dient jedes Ding, jede Person oder jedes Erlebnis, hinter denen wir her sind, um den Schlüssel zu unserem fehlenden Glück zu finden, nur dazu, unseren Durst und unsere Sehnsucht zu verstärken.

Die Wahrheit bist du selbst

Ein Kurs in Wundern® liegt mit der ersten der beiden Edlen Wahrheiten Buddhas völlig auf einer Linie. Er macht uns klar, dass wir, unseren eigenen Ratschlägen überlassen, nicht dauerhaft Frieden, Liebe oder Glück finden können. Woran liegt das? Wir suchen stets an den falschen Orten nach Liebe. Wir löschen unseren Durst mit Meerwasser. Schlimmer noch, wir wissen nicht, wo oder *wie* wir reines Wasser finden. Existiert so etwas überhaupt oder ist das nur ein Mythos, eine Fantasie? Doch gibt es noch ein grundlegenderes Problem, und darin wurzeln alle anderen: *Wir wissen nicht, wer wir sind.* Ja, so ist es. Wir liegen mit unserer Jagd nach Glück falsch, weil wir unser wahres Wesen nicht verstehen. Wir haben uns zu dem Glauben fehlleiten lassen, wir seien Meeresgeschöpfe und Salzwasser sei gut für uns.

Man kann es auch so betrachten, dass wir unwissentliche Opfer eines Identitätsdiebstahls geworden sind. Bevor wir unsere wahre Identität nicht von dem Eindringling (laut Kurs dem *Ego*), der sie gestohlen hat, zurückerlangt haben, wird die Suche nach Glück, Liebe und Zufriedenheit fruchtlos bleiben. Glück muss auf Wahrheit beruhen, sonst ist es wahnhaft. Und im Gegensatz zu Agent Mulder aus *Akte X* ist die Wahrheit nicht »da draußen« und wartet an der nächsten Ecke auf uns, sondern weilt im Inneren.

Man kann die Wahrheit nicht erreichen, wenn man von falschen Voraussetzungen ausgeht. Wenn du davon überzeugt bist, dass zwei plus zwei fünf ergeben (weil dir dein Vater das erzählt hat, irgendein Professor oder Politiker – oder dein neuester Facebook-Freund das gerade gepostet hat), dann werden alle nachfolgenden Rechnungen fehlerhaft sein. Sucht ein Adler Glück in dem Glauben, ein Strauß zu sein, wird er nie seine Flügel ausbreiten und in den Himmel aufsteigen, sondern kläglich herumhüpfen, sich verzweifelt im Boden festkrallen und nach dem ersten besten Loch Ausschau halten, in dem er sich einnisten kann. Doch kein Loch wird ihn je zufriedenstellen. Eine Katze wird niemals glücklich werden, solange sie Autos hinterherjagt und an Knochen herumnagt.

Wollen wir Glück finden, müssen wir erst das beseitigen, was uns daran hindert, unsere wahre Identität anzuerkennen, und die ist *Ein Kurs in Wundern*® zufolge reiner Geist. Alle zusammen sind wir Gottes Nachkommenschaft, Gottes Kind, Gottes Sohn, als Ebenbild unseres Schöpfers erschaffen. Doch auch hier benebelt uns die Verwirrung um unsere Identität und wir stellen uns Gott nach *unserem* Bilde vor: als Körper, für gewöhnlich männlich, weiß gewandet, der uns vom Himmel herunter beäugt und Urteile fällt, wer leben und wer sterben wird, wer wohlgedeihen und wer leiden wird, all das darauf beruhend, ob man unartig oder brav gewesen ist. Doch das ist nicht Gott, sondern bestenfalls der Nikolaus, ganz gewiss nicht der Gott von *Ein Kurs in Wundern*®.

Versuche dir Gott stattdessen als riesiges, unendliches, einheitliches Feld vollkommener Liebe zu denken – und nichts anderes sonst. (Begriffe, die dem ebenfalls entsprächen, wären Freude oder Glückseligkeit; auf Sanskrit *ananda.*) Da nur sehr wenige Menschen eine derartige Liebe je erlebt haben, ist sie kaum vorstellbar. Wenn aber Gott vollkommene Liebe ist und uns »nach Seinem Bilde« erschaffen hat, müssen wir ebenso vollkommene Liebe sein. Unser wahres Wesen ist weder der Körper, dessen Konterfei wir im Spiegel erblicken, noch der abgesonderte persönliche Geist, der in diesem Körper haust. Wenn wir glauben, wir seien nicht mehr als das, und auf dieser Grundlage nach Glück suchen, wird es sich uns immer wieder entziehen. Erst dann, wenn wir erkennen, was unserem wahren Wesen – der Präsenz der Liebe in uns und unseren Mitmenschen – im Weg steht, und diese Hindernisse beseitigen, erfahren wir, wer wir in Wahrheit sind. Und wie es in den Evangelien steht, kann uns nur die Wahrheit befreien. Nichts anderes.

Dieses Buch möchte dich motivieren, loszulegen und auf dem Weg zur Wahrheit loszumarschieren. Anschließend wird *Ein Kurs in Wundern*® dich noch viel weiterbringen – so weit, wie du es zulässt. Der Kurs ist dahingehend angelegt, dir die Erfahrung des reinen Geistes, von Wundern, Einheit und deinem wahren Selbst zu ermöglichen, das nichts anderes als Gott ist – jenes weite, ewige Energiefeld reinster Liebe. Ohne eine derartige Erfahrung bleiben wir Gefangene, egal wie viele Bücher wir lesen oder Workshops wir besuchen. Haben wir jedoch – auch nur ein einziges Mal – diese Erfahrung gemacht, *wissen* wir mit völliger Überzeugung, was wirklich ist und was nicht, wofür es sich zu kämpfen lohnt und was nicht die leiseste Anstrengung verdient. Fallen wir dann in Angst, Schuld oder Ärger zurück, verstehen wir auch den Grund dafür und können den Weg finden, der uns wieder hinausführt.

Dieser Weg ist einfacher, als du dir vorstellen kannst, und zugleich lächerlich schwer. Einfach, weil es um die Wahrheit geht, und was könnte direkter zum Ziel führen, als wenn man die Wahrheit – einfach – sie selbst sein ließe? Schwer jedoch, weil uns all unser gewohntes Lernen und Erleben in die entgegengesetzte Richtung treibt. Ohne wirkliche Bereitschaft werden uns unsere alten Denkmuster weiterhin beherrschen und sich einer Veränderung widersetzen. Sie kleben an uns und bremsen uns aus, so als würden wir uns in schweren Stiefeln durch dicken Morast schleppen. Auf den folgenden Seiten findest du einen Weg durch diesen Morast. Ich feuere dich an. Und das tun wir alle, denn wie es *Ein Kurs in Wundern*® klarmacht, wir legen diesen Weg gemeinsam zurück – oder überhaupt nicht.

Betrachte dieses Buch als einen Werkzeugkasten, der dir dabei hilft, der falschen Identität zu entkommen, die dich gefangen hält. Betrachte es als eine Art Leuchtturm, der dich durch die Finsternis dieser Welt leitet – durch seine falschen Versprechungen, seine schemenhaften Fehlwahrnehmungen und leeren Versuchungen hindurch – und dir den Pfad zur Freiheit erhellt. Betrachte es als eine Argumentationskette, die dir helfen soll, das schwere Gewand des falschen Egoselbst abzulegen, welches dich mit seinen Illusionen so geblendet und für dumm verkauft hat, dass du glaubst, das seist tatsächlich du. Wenn du das tust, wirst du schließlich entdecken, dass du nicht in irgendeiner existenziellen Krise steckst. Und du weder bedeutungslos noch allein bist. Nein, das Ergebnis ist nichts weniger als Freude: bedingungslose, vollkommene Freude, die nicht von dieser Welt ist, die du aber erkennen und gewiss mehr willkommen heißen wirst als irgendetwas anderes, was du bisher in deinem Leben erfahren hast.

1

Du bist, was du suchst – du suchst, was du bist

Es gibt niemanden, der sich nicht nach Freiheit sehnte und versuchte, sie zu finden. Doch wird er sie dort finden, wo er glaubt, dass sie sei und gefunden werden könnte.[1]

Doch was könnte mit größerer Sicherheit gewährleisten, dass Du die Erlösung nicht findest, als all deine Bemühungen darauf zu konzentrieren, sie dort zu suchen, wo sie nicht ist?[2]

Eine Frau läuft nachts eine Straße hinunter. Sie entdeckt einen alten Mann auf den Knien, der im Schein einer Straßenlaterne fieberhaft nach etwas sucht. In der Annahme, es ginge ihm nicht gut, hält sie an und fragt, was das Problem sei. Er antwortet, er habe seine Autoschlüssel verloren und könne ohne sie nicht nach Hause kommen. Verzweifelt versucht er, sie zu finden. Die Frau sucht geschwind den Lichtkegel um die Straßenlaterne herum ab und erkennt sogleich, dass dort kein Schlüssel liegt. Daraus schließt sie, der Mann sei vielleicht angetrunken oder nicht ganz bei Sinnen, und fragt ihn, wo er seine Schlüssel denn verloren haben könne. »Wahrscheinlich irgendwo dort drüben? Ich bin mir nicht sicher«, sagt er und weist vage in Richtung der im Dunkel liegenden Straße. »Weshalb suchen Sie denn dann hier?«, fragt sie. Da schaut er sie an, als wäre sie diejenige, die nicht alle Tassen im Schrank hat, und antwortet: »Na, weil es dort dunkel ist und ich nichts sehen kann.«

Wenn man nach etwas Bedeutsamem zu suchen beginnt, ist die Schlüsselfrage: Wo? Sucht man am falschen Ort – wie vertraut oder geeignet dieser auch immer sein mag –, kann man sicher sein, das Gesuchte nicht zu finden. Das gilt für alles, ob man seine Schlüssel sucht, seine Lesebrille, einen versunkenen Schatz oder die ewige Wahrheit. Wirst du durch einen schlechten Rat, in die Irre führende Anhaltspunkte oder eine ungenaue Karte von der Fährte abgebracht, verlierst du allmählich den Mut. Vielleicht gibst du dann auf, weil du den Schluss ziehst, dass das, was du suchst, unmöglich zu finden ist, oder höchstwahrscheinlich gar nicht existiert und es auch nie getan hat. Deine mühevolle Erfahrung hat dich gelehrt, dass jeder, der sich auf eine solche Suche begibt, ein Narr sein muss.

Das Traurige daran ist, dass du, wenn du an diesem Punkt angelangt bist, geradewegs an deinem Schatz vorbeilaufen könntest, ohne das je zu erfahren. Er könnte direkt vor deiner Nase auftauchen und »Buh!« rufen, du aber wendest dich ab mit einem dämlichen Grinsen und läufst weiter. Wenn wir also auf der Suche nach der Wahrheit sind – in diesem Fall der Wahrheit, wer und was wir sind –, wo fangen wir da an?

Wegeleuchten ins Nirgendwo

Es gibt drei althergebrachte Wegeleuchten, in deren Lichtkegel jene, die sich auf die Suche nach der Wahrheit gemacht haben, ihre Nachforschungen beginnen: Wissenschaft, Religion und Philosophie. Die Wissenschaft versucht, die Wahrheit durch Experimentieren zu finden, die Religion über den Glauben und die Philosophie durch die Vernunft. Wie der Witz über die drei blinden weisen Männer, die einen Elefanten zu beschreiben versuchen – der eine, indem er dessen unteren Körperbereich ertastet, der zweite dessen Torso und der dritte dessen Beine –, so bekommen Wissenschaft, Religion und Philosophie ein paar Aspekte zwar ganz gut in den Blick, nicht aber das Gesamtbild. Sehen wir uns kurz in dem Lichtkegel um, den eine jede von ihnen ausstrahlt, und schauen, was wir darin erkennen können.

Wissenschaft

Die wissenschaftliche Methode arbeitet mit dem Entwerfen einer Theorie, wie etwas funktionieren könnte, und beweist oder widerlegt diese dann durch Experimente. Die Zielsetzung jedes einzelnen Versuchs ist beschränkt, und statt des Gesamtbilds erhascht man mit jedem einzelnen mageren Ergebnis einen winzigen Aspekt der Wahrheit. Die Idee dahinter ist, dass sich die Einzelaspekte eines Tages sammeln und zusammensetzen lassen – und gemeinsam vielleicht die Wahrheit ergeben werden. Das muss aber nicht unbedingt stimmen. Denn wie bei dem Elefanten kann es sich erweisen, dass das Ganze mehr als die Summe seiner Teile ist. Und keines der Einzelteile selbst reicht aus, um das Wesen des Ganzen zu enthüllen.

Überdies sind Versuchsergebnisse Revisionen unterworfen, wenn neue Erkenntnisse die alten widerlegen und aufheben. Die Medizin ist ein Paradebeispiel dafür. In den 1960er Jahren beispielsweise dachte man, Magengeschwüre würden durch Stress ausgelöst, der zu exzessiver Magensäureproduktion führt. Doch in den 1980er Jahren entdeckte man, dass diese in Wahrheit durch das Bakterium *Helicobacter pylori* verursacht werden. Gleicherweise hinterfragte bis vor einiger Zeit noch kaum jemand die Theorie, nach der arteriosklerotische Herzerkrankungen hohen Cholesterinspiegeln geschuldet sind, wobei sich das

Cholesterin in chaotischen Plaques an den Arterieninnenwänden absetzt. Erst kürzlich haben Studien gezeigt, dass eine weitaus wichtigere Rolle dabei Entzündung spielt.

Doch das wissenschaftliche Experimentieren als Weg zur Wahrheit wirft noch ein größeres Problem auf. Forscher sind eingeschränkt durch (1) die ihnen zur Verfügung stehenden Mittel (selbst der brillanteste und entschlossenste Wissenschaftler hätte vor der Erfindung des Mikroskops keine Kenntnis von Bakterien haben können) und (2) durch ihr Verständnisniveau. Ist ihr Verständnis in irgendeiner Weise ungenau oder mit Vorurteilen behaftet, dann werden das ihre Ergebnisse ebenso sein.

Es gibt einen Witz, der dieses Dilemma sehr schön illustriert. Ein Amateurwissenschaftler fährt aufs Meer hinaus, um die genaue Größenordnung der Fische zu bestimmen, die entlang der Küste leben. Er lässt sein Boot dreißig Kilometer vor der Küste treiben, wirft mehrmals seine Netze ins trübe Wasser aus und misst jedes Mal die Länge der verschiedenen Fische, die sich darin gefangen haben. Nachdem er seinen Versuch ein Dutzend Mal oder mehr wiederholt hat, fühlt er sich bestätigt genug, behaupten zu können, dass sich im Ozean keine Fische befinden, die kleiner als zweieinhalb Zentimeter lang sind. Sein Fehler? Seine Netze hatten eine Maschenweite von zweieinhalb Zentimetern, die Zwischenräume zwischen den Netzsträngen waren also zweieinhalb Zentimeter groß. Kleinere Fische schlüpften durch die Löcher hindurch und blieben von dem Wissenschaftler unbemerkt, denn der hatte die Grenzen seiner Ausrüstung nicht miteinbezogen, als er seine Schlussfolgerungen zog.

Die Wissenschaft webt viele solche »Netze«, die sie dann in die Welt auswirft, ein jedes mit einer Hypothese, wie etwas funktioniert. Je nach »Fang« – Versuchsergebnis – wird die Hypothese entweder bestätigt oder widerlegt. Doch in diesen Netzen befinden sich Löcher. Diese »Löcher« sind Annahmen, die unbewusst in die Hypothese mit eingebaut, also nicht als Teil von ihr anerkannt sind. Am eklatantesten von ihnen ist die Vorstellung, die Welt sei eine objektive und völlig eigenständige Realität außerhalb von uns selbst, die unabhängig vom Geist existiert; daraus folgt, dass ein Experiment vom Geist des Forschers unabhängig ist, das eine das andere nicht beeinflusst. Die Quantenmechanik aber hat diese Annahme bereits ernsthaft in Frage gestellt. In Anbetracht solcher Infragestellungen ist es zweifelhaft, dass die Wissenschaft jemals in der Lage sein wird, die Wahrheit zu erreichen.

In ferner Zukunft, wenn sich die Instrumentarien vervollkommnet haben und die Theorien unfehlbar geworden sein werden, kann die Wissenschaft vielleicht sehr nahe an eine Erklärung der Wahrheit herankommen. Doch selbst dann könnte diese Wahrheit vom nächsten Versuchsergebnis überholt werden. Wahrheit hingegen bleibt wahr, unabhängig von Versuchsergebnissen und den ihr innewohnenden Tendenzen.

Religion

Was könnte der Zweck von Religion sein, wenn nicht der, die Wahrheit zu offenbaren? Kennen wir diese Wahrheit einmal, sollte auch alles andere in klarem Licht erscheinen: wie man richtig lebt und wie wir mit unseren Mitmenschen und der Erde angemessen umgehen. Doch unterschiedlich, wie sie sind, verstehen Religionen die Wahrheit auf unterschiedliche Art und Weise. Daraus ergibt sich wie bei den Vertretern der Wissenschaft, dass eine jede in Begriffen nach ihr sucht, die mit ihren Kernannahmen und Glaubenssätzen übereinstimmen. Um unser Bild wieder aufzugreifen, hält jede Religion im Lichtkegel ihres eigenen spezifischen Wegelichts Ausschau nach der Wahrheit. Wagst du es, im Schein eines anderen Wegelichts zu suchen oder gar deine eigene Taschenlampe zum Einsatz zu bringen, wirst du als Häretiker verurteilt.

Ein kluger Religionswissenschaftler brachte mir einmal bei, dass der Hauptunterschied zwischen den westlichen Religionen – Judentum, Christentum und Islam – und den östlichen Religionen – Hinduismus, Buddhismus und Taoismus – in der Grundfrage liegt, die diese zu beantworten versuchen. Für den Westen lautet die Frage: *Was ist die Welt?*

Die jüdisch-christliche Überlieferung setzt zunächst die Wirklichkeit der Außenwelt voraus und fragt dann nach der angemessenen Rolle des Individuums innerhalb dieser Welt. Ganz zu Beginn der Genesis erschafft Gott Himmel und Erde, das Tierreich und so ziemlich alles andere, bevor er sich am sechsten Tag mit der Person Adams der Erschaffung der Menschen zuwendet. Die Welt geht der Menschheit also voraus. Wir sind die letzten auf der Party – in eine Welt hineingeboren, die bereits da und von Gott selbst abgesegnet ist.

Für die Bibel ist die Außenwelt also real und absolut, und Gott kümmert es vor allem, wie ein Individuum sich innerhalb dieser Welt verhält. Daher haben der Körper und seine Taten Vorrang vor der inneren geistigen und gedanklichen Arbeit. Tatsächlich liest sich die gesamte hebräische Bibel wie eine Geschichte der Welt (es sei denn, man deutet sie als Gleichnis, so wie ich es in meinem Buch *From Plagues to Miracles* mit dem Exodus getan habe).

Doch der Gedanke, die äußere Welt sei ganz und gar real und Gott habe alles in ihr erschaffen, bringt unweigerlich Schwierigkeiten mit sich, nämlich in Gestalt der Frage des Bösen (auch als Theodizee bekannt). Dass es Böses in dieser Welt gibt, ist unbestreitbar. Menschen können äußerst grausam miteinander sein. Schuf Gott dieses Böse? Wenn nicht, wie kann es dann existieren? Wenn ja, welche Art Gott würde so etwas tun? Und wozu? Um das Problem des Bösen zu »lösen«, mussten Theologen eine andere Macht heranziehen, die sich Gott widersetzt: namentlich den Teufel. Doch das macht das Ganze nur noch komplizierter und führt zu weiteren Fragen. Schuf Gott auch den Teufel? Kann ein Gott der Liebe und Güte ein Wesen erschaffen, dessen Aufgabe es ist, sich der Liebe und Güte zu widersetzen? Und wenn Gott den Teufel *nicht* erschaffen hat, wie konnte er dann überhaupt existieren, es sei denn, er ist Gott in seinem Status ebenbürtig – also eine weitere Erstursache? Träfe das aber zu, wäre Gott nicht mehr allmächtig, Gott wäre nicht mehr Gott.

Diese verzwickten Fragen führen rasch in das unentwirrbare Gestrüpp der Theologie, aus dem es keinen zufriedenstellenden Ausweg gibt: Keine Antwort außer dem Glauben. Was die praktischen Fragen anbetrifft, wie man zu dauerhaftem Frieden und Glück gelangt, bieten westliche Religionen ein System von Verhaltensregeln an. Indes variieren diese notwendigerweise von Kultur zu Kultur und Epoche zu Epoche. Schalentiere sind in der hebräischen Bibel verboten, aber eine Tochter als Sklavin zu verkaufen ist erlaubt. Und aus all den genannten Gründen schaffen es westliche Religionen nicht, einen gangbaren Weg zur Wahrheit anzubieten.

Die östlichen Religionen gehen von einer anderen Prämisse aus. Sie legen den Fokus nicht auf die Frage *Was ist die Welt?* – und unterstellen folglich auch nicht, dass die Außenwelt real und also eine Schöpfung Gottes sei. Stattdessen fragen sie: *Was ist das Selbst?* Durch Meditationsarbeit gelangt der Suchende zu dem Verständnis, dass, wenn irgendetwas real genannt werden kann, es der Geist und nur der Geist ist. Die äußere Welt wird als Nebenprodukt des Geistes betrachtet – ein Traum, in dem wir vom Weg abgekommen sind und gewissermaßen herumstolpern, aus dem wir aber nur zu erwachen brauchen. Diese Position bezieht auch *Ein Kurs in Wundern*®, wie wir im nächsten Abschnitt sehen werden. Dieser Betrachtungsweise nach ist auch das Böse einfach nur ein Nebenprodukt des Geistes unter anderen und unterscheidet sich in keiner Weise von sonstigen Phänomenen. Gott hat es nicht erschaffen, etwa zu irgendeinem verborgenen

Zweck, der jenseits unserer Verständnisfähigkeit läge. Und man braucht auch keinen Teufel. Wir sind frei, unsere eigene innere Forschung zu betreiben, um herauszubekommen, was real ist. Und dann werden wir als einzige Gewissheit entdecken, dass Gewahrsein – Bewusstsein – existiert. Das entspricht in etwa dem berühmten Satz des Philosophen René Descartes *Cogito ergo sum*: *Ich denke, also bin ich*, was allerdings genauer heißen müsste: *Bewusstsein ist, und das bist du.*

Philosophie

Nachdem wir gesehen haben, wie unzulänglich Wissenschaft und Religion sind, bleibt uns als Weg zur Wahrheit nur noch die Philosophie. Und hier gibt es Gutes und Schlechtes zu berichten. Die Philosophie lebt im Reich hoher abstrakter Gedanken, was nicht notwendig etwas Schlechtes ist. Doch philosophischen Argumenten zu folgen ist sehr beschwerlich, denn sie sind weit von der normalen Lebenserfahrung entfernt. So neigen wir dazu, sie als irrelevant abzutun. Allerdings bemüht sich die Philosophie darum, in sich konsistent zu sein, und stimmt insofern mit der Wahrheit überein. Den Antworten aber, die sie auf die großen Fragen gibt, mangelt es an Anwendbarkeit auf die Wissenschaft und deren Anforderungen, und sie kommen auch nicht an das emotionale und transzendente Potenzial heran, das die Religion für sich in Anspruch nehmen kann. Selten erwirkt die Philosophie Veränderungen auf der Ebene des Herzens und des Geistes.

Ein Kurs in Wundern® ist philosophisch in seiner Argumentation, seiner Affinität zur Abstraktion und seinem absoluten Engagement für die Wahrheit. Wissenschaftlich (oder zumindest empirisch) ist er insofern, als er uns auffordert, das, was er sagt, nicht einfach zu glauben, sondern seine Prinzipien direkt in unserem Leben anzuwenden und zu beobachten, was dabei herauskommt. Und auch wenn er keine Religion darstellt, denn er involviert keine Führungspersonen, Kirchen oder Gesetze, ist er spirituell, weil er den Fokus unerschütterlich auf das Transzendente legt – das, was jenseits der Welt der Sinne liegt. Im Kurs geht es nur um Gott, aber nicht um den Gott, der einem sonntags in der Kirche nahegebracht wird. Der Gott von *Ein Kurs in Wundern*® ist identisch mit Wahrheit und Liebe.

Dieser Gott ist nicht der übermächtige Lehensherr, der Menschen aus einem Lehmklumpen formte und zu Zornausbrüchen neigt, der all deine Gedanken lesen kann, deine Taten kennt und über dich zu Gericht sitzt. Der Gott des Kurses existiert nicht außerhalb von dir in irgendeinem Himmel da oben, sondern in deinem eigenen Geist. Wie in der Einleitung gesagt, erschuf dich Gott tatsächlich, doch als reinen Geist, als Bewusstsein, nicht als Körper. Und Gott ist nicht für alles verantwortlich, was dir in der Welt da draußen widerfährt. Laut Kurs ist Gott sich der Welt nicht bewusst, denn sie ist unsere Erfindung, nicht seine Schöpfung. Um die Wahrheit zu finden, musst du nicht draußen in der Welt suchen, sondern innen in Gott.

Werdet wie die Kinder

Die Suche nach der Wahrheit kann einen auf viele verschiedene Weg führen. Moses erklomm den Berg Sinai, um Gott aus erster Hand zu begegnen. Mohammed zog sich in eine Höhle zurück, um zu Allah zu beten. Jesus wanderte in die Wildnis der Wüste. Buddha setzte sich meditierend unter die Zweige des Bodhi-Baumes. Bemühen wir uns aufrichtig um die Wahrheit, werden wir sie finden, manchmal an den merkwürdigsten Orten.

Kindergeschichten sind eine Fundgrube für die Wahrheit, die man leicht übersieht. Nehmen wir zum Beispiel diesen bekannten Ammenreim:

Row, row, row your boat,
Gently down the stream.
Merrily, merrily, merrily, merrily,
Life is but a dream.
[Ruder, ruder, ruder dein Boot
sanft die Strömung hinab,
heiter, heiter, heiter, heiter,
das Leben ist nur ein Traum.]

Hierin finden wir einige Richtlinien für ein bedeutsames spirituelles Leben. Vergewissere dich, dass du ruderst, ruderst, ruderst – damit beweist du, dass du dich anstrengst, wenn nötig, tu es oft. Doch tu es sanft und immer mit der Strömung, nicht gegen sie – und mit Freude, heiter. Das Wort »heiter« wird vier Mal wiederholt, das Wort »ruder« nur drei Mal, entsprechend der Gewichtung eines jeden. Und schließlich liefert die Koda dieses Verses den entscheidenden Grund für diese Leitlinie: »Das Leben ist nur ein Traum« – eine Wahrheit, der sowohl östliche Religionen wie auch *Ein Kurs in Wundern*® von Herzen beipflichten würden.

Neben ähnlichen Zeilen gibt es ein einfaches Kinderbuch – einen Klassiker, den ich meinen Kindern, als sie klein waren, besonders gerne vorlas, weil er die spirituelle Wahrheitssuche auf ungewöhnlich scharfsinnige und direkte Weise schildert. *Are You My Mother?* [Bist du meine Mutter?] von P. D. Eastman erzählt die Geschichte eines Vogelkükens, das aus dem Ei schlüpft und aus dem Nest fällt, während seine Mutter auf Futtersuche für es ausgeflogen ist. Ohne zu wissen, wie seine Mutter aussieht, wandert das Küken nun durch die Welt, um sie zu suchen, und läuft dabei allen möglichen Tieren und Dingen über den Weg (einem Hund, einer Kuh, einem Boot, einem Flugzeug und einem Bulldozer). Jedem von ihnen stellt es die einzige ihm wichtige Frage: »Bist du meine Mutter?« Und jedes antwortet »nein«.

Außer dem Bulldozer, der brummt und das Vögelchen mit einer überraschenden Schwenkbewegung in sein Nest zurück hebt, wo es endlich mit seiner Mutter wiedervereint wird.

Vielleicht fragst du dich, inwiefern diese Geschichte ein spiritueller Klassiker sein soll. Das Vogelküken erlebt einen schrecklichen Verlust, als es aus dem warmen und sicheren mütterlichen Nest fällt und sich ganz allein in einer Welt wiederfindet, die es nicht versteht. Wie Adam und Eva »fällt« es – allerdings in diesem »Fall« nur im buchstäblichen Sinn, und außerdem völlig schuldlos. Bei der Suche nach seiner Mutter geht es um Heimkehr und Wiedervereinigung, und diese sind für ein kleines Kind von großer Dringlichkeit, denn die Trennung von seinen Eltern stellt eine große Bedrohung für es dar. Bei einem Kind ist das offensichtlich, doch nicht nur Kinder erleben eine solche Angst und sind mit dieser Geschichte gemeint. Man braucht das Vogelküken nur gegen einen spirituell Suchenden im Allgemeinen auszutauschen, und schon findet man diesen auf der Wanderschaft von Italien nach Indien oder Bali nach Belize wieder, wie er einen Meister nach dem anderen fragt: »Bist du mein Guru? Bist du mein Lehrer? Bist du mein Heimweg?« Im Unterschied zum spirituell Suchenden erhält das Vogelküken die klare und unmittelbare Antwort »nein« und kann mit seiner Suche fortfahren, ohne Jahre in einem langen Prozess zu vergeuden.

Dasselbe Thema von Irrfahrt und Heimkehr taucht, wie bereits angemerkt, in der Geschichte von Adam und Eva in der *Genesis* auf, aber auch im *Buch Exodus* (Moses verirrt sich, wird in Ägypten versklavt und macht sich dann auf die Suche nach dem Verlorenen Land), in Homers *Odyssee*, *Parsifal*, Shakespeares *Der Sturm* sowie zahllosen Filmen und Werken der klassischen Literatur. Und es ist auch die Grundvoraussetzung zu *Ein Kurs in Wundern*®.

Laut Kurs ist die biblische Geschichte von Adam und Eva ein metaphorisches Abbild unserer Trennung von Gott. Irgendwo inmitten der Unendlichkeit der Liebe, die Gott und Seine Schöpfung sind, tat sich ein unmöglicher Spalt auf, in dem wir plötzlich von Gott getrennt zu sein schienen, allein und verloren in einer seltsamen, furchteinflößenden Welt, die ungeschützt, ohne Liebe und von der ewigen Einheit Gottes weit entfernt ist.

Man kann das auch so verstehen, dass wir in Schlaf verfielen – einen äußerst schlechten Traum, einen wahrhaftigen Albtraum von Trennung und Verlust, ohne uns daran zu erinnern, wie wir wieder aus ihm erwachen können. Und da wir uns in unser Träumen verloren haben, haben wir vergessen, dass es eine Alternative gibt. Der Traum ist zur Wirklichkeit geworden: alles, was wir kennen. *»Indessen heißt es in der Bibel, dass ein tiefer Schlaf auf Adam fiel, und nirgends findet sich ein Hinweis auf sein Erwachen.«*[3] Doch die Suche nach der Wahrheit und die Sehnsucht, in unser wahres Heim der Liebe zurückzukehren, wird so grundlegend für unser Erleben hier, dass sie, auch wenn wir uns dessen nicht bewusst sind, all unser Tun antreibt. Wir suchen überall nach Liebe, und wenn wir sie nicht finden, oder sie sich unserem Zugriff entzieht, begnügen wir uns an ihrer Statt mit Macht, Lobhudelei und Reichtümern.

Doch kommen wir noch einmal auf *Are You My Mother?* zurück. Der Verlust des Vogelkükens und seine Suche nach seiner Mutter machen nur die äußere Bedeutungsebene dieser Geschichte aus. Ja, wir wollen unseren Heimweg finden, zurück in die liebenden Arme der ewigen Mutter. Wir lechzen nach diesem Schutz und Zugehörigkeitsgefühl und versuchen es uns über Beziehungen, Familie und Gemeinschaft zurückzuholen. Der Suche des Vogels ebenso wie der unsrigen liegt aber noch eine weitere, tiefere Motivation zugrunde. Denn wenn das Vögelchen seine Mutter nicht ausfindig machen und identifizieren kann, bleibt es im Unwissen über sein eigentliches Wesen. Es kennt sich selbst nicht. Es könnte ebenso gut ein Hund, eine Kuh oder ein Bulldozer sein. In dem Moment aber, in dem es seine Mutter identifiziert, erkennt es auch sich selbst: Es ist ein Vogel. Es hat Flügel. Es kann fliegen!

> *Des Lehrers ungeachtet, den du wählst, ist das Ziel des Lehrplans: »Erkenne dich selbst.« Es gibt nichts anderes zu suchen.*[4]

Ein Kurs in Wundern® stellt fest, dass jeder Konflikt und jede Verirrung in dieser Welt letztlich das Ergebnis davon sind, dass wir nicht wissen, wer wir sind – es vergessen haben oder unseren Geist absichtlich abwenden und es verdrängen. *»Dies ist ein Kurs darüber, wie du dich selbst erkennst.«*[5] In dem Augenblick, in dem wir uns an unser wahres Selbst erinnern (hier in Großbuchstaben geschrieben, da es so viel mehr ist als das, was wir uns als selbst vorstellen), sind alle unsere scheinbaren Probleme gelöst, denn sie stammen alle aus dieser einen Quelle.

Das zu erreichen ist glücklicherweise nicht so schwierig, wie es sich anhören mag, denn dies Selbst hat uns nie verlassen. Es ist nur vernebelt und überschrieben worden von einem dramatischen Narrativ persönlichen Selbstseins – unserer Lebensgeschichte –, die uns so in Anspruch nimmt, dass wir unser wahres Wesen nicht mehr erkennen. Einer Kursanalogie gemäß ist unser wahres Wesen wie ein *»vergessene[r] Gesang«*,[6] dessen Melodie wir nur noch selten und schwach vernehmen, wie aus weiter Entfernung, und nie mehr als ein paar Töne zugleich; doch die wecken in uns die Erinnerung an einen so wundervollen Ort, eine so ruhige und freundliche Zeit, dass unsere Sehnsucht, dorthin zurückzukehren, größer ist als alles, was die Welt zu bieten hat.

Sich an diesen Gesang des Selbst zu erinnern ist leicht, weil er Realität ist, ja die einzige Realität. Er ist stets da und wartet. Zugleich aber ist es sehr schwer, sich an ihn zu erinnern, denn unser Geist übertönt diesen vergessenen Gesang mit lautem Getöse, das aus mehreren Kanälen mit voller Lautstärke plärrt. Selten nur wird er still und erlaubt der vergessenen Melodie durchzudringen. Da wir es sind, die diesen Krach geschrieben, aufgeführt und aufgezeichnet haben, da er eine Schöpfung unseres Geistes ist, drehen wir die Lautstärke nur mit äußerstem Widerwillen herunter und sind noch weniger bereit dazu, diesen Lärm ganz abzuschalten. Infolgedessen bleibt der vergessene Gesang ungehört. Wir verharren im Unwissen darüber, wer wir sind, und suchen immer weiter, ohne je fündig zu werden.

Allein die Tatsache, dass wir laut Kurs nicht wissen, was wir sind, beweist, dass wir verblendet sind. *»Ungewissheit darüber, was du unausweichlich bist, ist Selbsttäuschung in einem derart weiten Umfang, dass ihr Ausmaß kaum zu fassen ist.«*[7] Jener Teil von uns, der »wer bin ich?« fragt, kann nicht das wahre Selbst sein, sonst hätte er nicht das Bedürfnis, diese Frage zu stellen. Er wüsste es einfach.

Der Kurs nennt diesen abgesonderten unwissenden Teil des Geistes *Ego*, er verdient aber genauso den Namen *Nimmer-Geist*, weil er zu jenem Geistesanteil gehört, der *nimmer* erkennen kann, was er ist, der *nimmer*mehr die Wahrheit herausfinden kann und vor allem nie wirklich existiert. Und auf unser tiefes Verlangen, uns an unser Selbst zu erinnern und in das friedliche Nest zurückzukehren, aus dem wir gefallen sind, antwortet dieser Nimmer-Geist beharrlich: »Vergiss es! Du hast Wichtigeres zu tun, als dich darum zu kümmern.«

Alsdann wird die spirituelle Suche wirklich zu einer Erforschung der eigenen Identität, eine *innere* Reise, die der Frage nachgeht: *»Wer bin ich?«* Oder genauer: *»Was bin ich?«*

> *Es gibt keinen Zweifel, der hier nicht seine Wurzel hätte. Keine Frage gibt es, die nicht diese eine widerspiegelt. Es gibt keinen Konflikt, der nicht die eine, simple Frage nach sich zieht: »Was bin ich?«*[8]

Und diese Frage wird zur grundlegenden Frage, die wir uns stellen müssen, wenn wir jemals Glück und Frieden finden wollen. Wenn wir *hierauf* eine Antwort finden, *sind* wir zuhause, in den schützenden Armen der ewigen Mutter, von Der wir vergaßen, dass wir Sie verloren hatten; geborgen in Ihrem Geleit, von dem wir uns entfernt hatten; und frei von jeder Art von Konflikt oder Konfusion, denn jetzt wissen wir, was wir sind. Wir kennen unsere Herkunft. Kennen unser Selbst.

Wenn wir auf der Suche nach unserem wahren Wesen tief in uns blicken, treffen wir auf viele potenzielle Kandidaten, die sich alle als falsch erweisen werden. Doch das ist gut so, denn wir müssen sie ans Licht holen und an den Pranger stellen, so dass deutlich wird, was sie sind oder nicht, und wir uns allmählich aus der Identifikation mit ihnen befreien können. Wir müssen sie fragen: *»Bist du mein Selbst?«* Und ein *»Nein«* darauf erhalten, damit wir weitergehen und schließlich jenes Selbst entdecken können, das real ist. Demontieren wir nämlich alles Falsche, muss das, was übrigbleibt, weil es sich nicht verabschieden lässt, die Wahrheit sein. Wenn wir die Attribute des Nimmer-Geistes als nichtig entlarven – unbeständig und substanz- oder wertlos –, werden wir sehen, dass wir auf dem Pfad zum wahren Selbst ein ganzes Stück vorankommen, zu jenem Selbst, das ich im Folgenden *Immer-Geist* nenne.

Zur Frage »Wer bist du?«

Im antiken Griechenland erwartete die Bewerber, die das berühmte Orakel im Apollotempel von Delphi zu ihrem Schicksal konsultieren wollten, über dem Eingang eine Inschrift mit dem Aufruf: *»Erkenne dich selbst.«* Damit ist gemeint, dass, wer sich selbst kennt, auch sein Schicksal kennt. Persönlichkeit ist gleich Schicksal. Versteh das eine – und das andere wird unvermeidlich folgen. Wie das Vogelküken in *Are You My Mother?* müssen wir unser wahres Wesen erkennen, um zu wissen, wer wir sind und wessen wir fähig sind. Würde das Vögelchen glauben, es wäre eine Kuh, würde es ohne viel Erfolg auf der Weide grasen und zu muhen versuchen, aber niemals seine Flügel ausbreiten und in den Himmel aufsteigen.

Ein anderes aufschlussreiches Kinderbuch – *Stellaluna* von Janell Cannon – schildert genau dieses Dilemma. Ohne seine Gattungszugehörigkeit zu kennen, purzelt ein Fledermausbaby in ein Vogelnest und wird nun von Vögeln großgezogen. Doch die kleine Fledermaus gibt einen jämmerlichen Vogel ab. Sie mag die Würmer nicht, mit denen ihre Vogelmutter sie füttert, und wird ausgeschimpft, weil sie mit dem Kopf nach unten hängt und die Nacht dem Tag vorzieht. Doch als Stellaluna eines Tages von einer Gruppe Fledermäuse entdeckt wird, die sie daran erinnern, wer sie eigentlich ist, wird ihr klar, dass sie eine gar prächtige Fledermaus ist.

Welche Merkmale betrachten wir also als wesentlich für das, was unser *Selbst* ausmacht? Wenn Obst essen, kopfüber hängen und nachts mühelos fliegen können, Stellaluna zu einer Fledermaus macht, welche Eigenschaften machen uns zu dem, was wir sind?

Du bist auf einer Party. Ein Fremder taucht auf und fragt dich, wer du bist. Was antwortest du? Die meisten würden ihren Namen nennen. So würde ich sagen: »Ich heiße Bob«, oder in einer beruflichen Situation: »Guten Tag, ich bin Dr. Rosenthal.« Wir sagen unseren Namen, und das ist dann unsere Identität. Doch wie Shakespeares Juliette Romeo so scharfsinnig antwortet: »Was ist ein Name? Das Ding, das wir eine Rose nennen, würde unter jedem anderen Namen ebenso lieblich duften.«[9]

In der Tat, was *ist* schon ein Name? Nicht viel, wenn wir genau hinschauen. Ein Name mag etwas über unseren Hintergrund verraten, wenn er etwa irischen, asiatischen oder jüdischen Ursprungs ist, doch sagt er wenig darüber aus, wer wir sind. Die meisten unter uns haben sich ihren Namen ja nicht ausgesucht. Er ist vielmehr ein Label, das uns bei der Geburt übergestülpt wurde, ähnlich Namensschildern, die wir uns bei einer Konferenz an unsere Brust heften. Würde ein Name tatsächlich etwas von unserer wahren Identität widerspiegeln, dann müssten alle Bobs und alle Dr. Rosenthals etwas miteinander gemeinsam haben. Das ist ein bisschen so, wie wenn man sagt, man sei Amerikaner. Diese Bezeichnung trifft gleichermaßen für Ölhändler aus Texas, Surfer aus Hawaii, Bauern aus dem ländlichen Iowa und Hipster aus Manhattan zu – was heißt, dass sie nur äußerst wenig Information liefert. Namen dienen anderen als Identifikationsmittel, sagen aber nichts darüber aus, wie wir uns selbst betrachten oder was wir von uns zu wissen meinen. Und noch viel weniger über unser wahres Wesen – das, was wir zutiefst als unsere Seinsheit wahrnehmen.

Hättest du den Apollotempel in dem Glauben betreten, dein Name reiche aus, um »dich selbst zu erkennen«, wärst du wahrscheinlich abgewiesen worden. Was sonst aber, wenn nicht dein Name, definiert dann deine Selbstwahrnehmung? Eine naheliegende Antwort wäre dein Körper.

Vom Augenblick deiner Geburt an bist du mit deinem Körper identifiziert. Du lernst, seine Wahrnehmungen als Botschaften zu deuten (Schmerz, Wohlgefühl, guten oder schlechten Geruch) und seine Bewegungen zu kontrollieren. Deine Eltern halten dich vor einen Spiegel und sagen dir, der Körper, den du darin reflektiert sähest, seist *du*. Dein Körper war schon immer dein ständiger Begleiter – dein ganzes Leben lang, sogar weit über deine bewusste Erinnerung hinaus. Und nie hat es eine Zeit gegeben, in der du seine Essens-, Schlaf- und Entspannungsbedürfnisse nicht bevorzugt behandelt hättest.

Unsere Körper sind ihrer Erscheinung, Geschichte und ihren Fähigkeiten nach einzigartig. Sind wir groß oder klein, hübsch oder hässlich? Der eine kann im Sprung einen Basketball in den Korb legen, der andere wirft Körbe von einem Rollstuhl aus. Unsere Körper tragen (nahezu wortwörtlich) die Narben unserer Vergangenheit. Eine alte Verletzung mag für andere nicht ersichtlich sein, doch wir fühlen sie, wenn sie wieder einmal schmerzt! Wir haben unseren Körper unter Kontrolle. Er gehört einzig und allein uns. Weder können wir (außer in Filmen) unseren Körper gegen den eines anderen Menschen eintauschen, noch verwechseln wir unseren Körper mit dem eines anderen. Ist der Körper also eine hinreichende Antwort auf die Frage: Was bin ich?

Bei einer näheren Erwägung dieser Möglichkeit ergeben sich Einwände. Zunächst einmal altert der Körper und verändert sich dabei deutlich. In nur zehn Jahren wird aus einem niedlichen Fünfjährigen ein schlaksiger, von Akne geplagter Teenager. Und im Alter von zwanzig Jahren sieht ein Körper ganz anders aus und fühlt sich völlig anders an, als er es mit siebzig tut. Hat sich aber parallel zum körperlichen Alterungsprozess auch deine Selbstwahrnehmung verändert? Mein Vater vertraute mir im Alter von dreiundachtzig Jahren an, er *fühle* sich immer noch »wie er selbst«, obwohl er jetzt Mühe beim Laufen habe und sein Gedächtnis nicht mehr das sei, was es einmal war. Seine grundlegende Selbsterfahrung war unverändert und von seinem alternden Körper unabhängig.

Auch außerhalb jenes Bereichs, auf den deine Wahrnehmung Zugriff hat, durchläuft dein Körper unzählige Veränderungen. Die Zellen in deinem Körper erneuern sich fortwährend. Innerhalb einer Spanne von sieben Jahren bleibt nicht eine einzige dieselbe. Dein Körper hat sich einer Rundumerneuerung unterzogen, ohne dass diese – unglaublicherweise – eine Auswirkung auf deine Selbstwahrnehmung hat.

Wo genau innerhalb deines Körpers sollte außerdem dein Selbst zu lokalisieren sein? Niemand würde behaupten, ein Fuß oder Ellbogen sei der Sitz des Selbst. Dann wohl eher irgendwo im Kopf, am wahrscheinlichsten hinter den Augen. Und doch weißt du auch mit geschlossenen Augen noch, wer du bist. Du fühlst dich immer noch wie *du* an. Und auch in deinen Träumen stellst du dich, obwohl deine Außenwahrnehmung ausgeschaltet ist, dir selbst als Körper vor. Kannst du aber bestimmen, wo in deinem Traumkörper deine Identität liegt? Ich vermute nicht.

Der Körper agiert als Vermittler und Schnittstelle zur Außenwelt. (Mit der Realität dieser Welt befassen wir uns in Kapitel 2.) Du riechst, wie ein Topf auf dem Herd kocht, empfindest quälenden Hunger und nimmst dir, was du brauchst, um ihn zu stillen. Du siehst, dass deine Haare unordentlich sind, und kämmst sie. Du erhältst über die Sinnesorgane einen Input und kontrollierst den Output. Zumindest scheint es so. Doch kann dein Körper auch handeln, ohne dass du dir dessen bewusst bist. Dein Herz schlägt, dein Brustkorb hebt und senkt sich beim Ein- und Ausatmen, deine Augenlider öffnen und schließen sich, dein Magen verdaut – und all das geschieht außerhalb deines Bewusstseins oder deiner Kontrolle.

Noch verwirrender ist, dass man experimentell Gehirnaktivität (sogenannte »evozierte Potenziale«) festgestellt hat, bevor das betreffende Subjekt von irgendeinem bewussten Gewahrsein einer Handlungsabsicht berichten konnte. Etwas in uns weiß also vor uns, was wir tun werden! Es gibt auch Reflexe, die völlig am Bewusstsein vorbeigehen. Tritt nur auf eine Heftzwecke, und schon ist dein Bein in Bewegung und zieht den Fuß zurück, noch bevor du überhaupt Schmerz empfindest oder bewusst denkst, es wäre doch eine gute Idee, deinen Fuß von da wegzunehmen. Wer oder was zieht diesen Fuß zurück? Bist du es oder ist es dein Körper? Und was ist dann das reale *Du*? Vermag der Körper aber unabhängig zu agieren, kann er dann mit dem Selbst identisch sein?

Vielleicht wäre es einfacher und zudem genauer, den Körper nicht als Heimstatt für das Selbst zu betrachten, sondern eher als Symbol, als stellvertretendes Zeichen, mit dem du deine Lebensgeschichte bestreitest. Denk ihn dir als Brettfigur, die dich in einem Spiel vertritt, wie etwa das Auto oder der Hut in Monopoly. Diese Figur reist um das Brett, landet auf manchen Immobilien, kauft die eine oder andere, schuldet Mitspielern Geld, wird während des Prozesses reicher oder ärmer, und das alles hängt vom Würfel ab. Doch dieses Auto oder dieser Hut bist nicht du. Die Spielfiguren erfüllen nur eine kurze Weile lang einen Zweck. Sie ermöglichen es dir, dich auf dem Spielbrett zu bewegen und ein Spiel zu spielen, das zuweilen ganz schön intensiv werden kann. Doch wenn das Spiel vorbei ist, werden die Spielfiguren wieder in die Schachtel zurückgelegt, während *du* zu anderen, wichtigeren Dingen übergehst.

Alles in allem erweist sich der Körper als eine nicht besonders zufriedenstellende Wahl für die Verortung deines Selbst. Welche Optionen gibt es sonst noch?

Die meisten Menschen fangen mit ungefähr zwei Jahren zu sprechen an. Manche früher, manche später. Albert Einstein sprach erst mit fünf Jahren. Gibt es keine ernsthafte Beeinträchtigung, können wir mit Gewissheit sagen, dass wir zu irgendeinem Zeitpunkt in unserer Kindheit unsere Heimatsprache flüssig beherrschen werden, jedenfalls gut genug, um verstehen zu können, was andere sagen, und von anderen verstanden zu werden.

Der Spracherwerb ist ein gewaltiger Schritt in der Entwicklung eines Menschen, hat aber auch eine Schattenseite. Denn wenn wir lernen, den Menschen und Dingen um uns herum Wörter zuzuweisen, verstärken wir den Spalt zwischen uns und ihnen. Jene weniger verfestigte Realitätswahrnehmung, die es

Kindern erlaubt, sich beispielsweise mit ihren Müttern verschmolzen zu fühlen, kristallisiert sich zu einer Wahrnehmung, in der man von anderen getrennt ist und sich Selbst und Nicht-Selbst voneinander unterscheiden.

Diese Unterscheidung zwischen sich selbst und anderen wird dann weiter geschürt durch die Entwicklung eines inneren Monologs oder einer inneren Stimme, die sich von innerhalb unserer Köpfe an uns wendet. Und wenn sie einmal losgelegt hat, hält sie nie wieder ihre Klappe. Was diese innere Stimme sagt, ergibt sich weitgehend aus dem, was wir von unseren Eltern und älteren Geschwistern hörten, absorbierten und nachäfften. Doch was auch immer ihr Ursprung sein mag, sie kommentiert unaufhörlich, was wir gerade erleben, und wird nur vom Schlaf oder durch ein Koma (sowie Tiefenmeditation) unterbrochen. Zu allem hat sie eine Meinung.

Diese innere Stimme wird dann mit unserer Selbstwahrnehmung identisch. Wer sonst könnte derart persönlich vom Inneren unseres Kopfes her zu uns sprechen, wo sie sonst doch niemand hören kann? Wer sonst wäre in all unser Denken und Fühlen eingeweiht? Wer anders als das Selbst?

Doch auch hier ergeben sich Schwierigkeiten, denn die innere Stimme trifft nicht alle Entscheidungen für uns. Wie wir bereits sahen, laufen zahlreiche Körperfunktionen unabhängig von ihr ab – außerhalb unseres Bewusstseins. Außerdem hat diese innere Stimme auch keine absolute Macht über uns. Wir können ihre Worte hören, uns ihnen aber auch widersetzen. Wir können durchaus dieses zweite Stück Kirschkuchen da essen oder ein weiteres Glas Wein trinken. Wir können unserem »Bauchgefühl« folgen, einer auf dem Körper beruhenden Metapher, die besagt, dass wir unsere Intuition benutzen, um diese Stimme zu umgehen. Und auch wenn letztere Gefühle identifizieren und uns sagen kann, warum wir sie ihrer Meinung nach haben und was wir mit ihnen machen sollen, ist sie selbst doch emotionslos.

Sind Gefühle aber Teil der Selbsterfahrung – und wer könnte das bestreiten? –, woher kommen sie dann? Sie können von Umständen herrühren, die überhaupt keinen Bezug zu unserem Leben haben (zum Beispiel einem herzzerreißenden Film), von bloßen Gedanken (zum Beispiel, dass eine geliebte Person sterben könnte, obwohl sie sich bester Gesundheit erfreut) und von Erinnerungen. Nichts von all dem hat mit der inneren Stimme zu tun.

Außerdem haben viele Menschen (manche Psychologen behaupten sogar alle) mehr als nur eine innere Stimme. Ganze psychotherapeutische Ansätze – darunter Psychosynthese und Gestalttherapie – sowie das Sprachdialogsystem verfolgen den Zweck, diese unterschiedlichen Stimmen aufzudecken, um uns von ihrem überwältigenden Einfluss zu befreien oder sie uns zu Nutze zu machen. Der Kritiker, der Träumer, der Intrigant, das Opfer, der Perfektionist, der Komiker – sie alle können gleichzeitig in uns existieren. Selektiv drängen sie ins Zentrum der Aufmerksamkeit und geben Kommentare zu unserem Leben ab, für gewöhnlich auf eine nicht sonderlich hilfreiche Art und Weise. Im Extremfall einer dissoziativen Identitätsstörung (wir kommen darauf in Kapitel 5 zurück) gehen diese unterschiedlichen Stimmen tatsächlich auf unterschiedliche Persönlichkeiten zurück, die in ein und demselben Geist zusammenleben. Wäre die innere Stimme aber wirklich das einzige, alleinige Selbst, wäre das nicht möglich.

Bist du das, woran du dich erinnerst?

Auf unserer bisherigen Suche nach dem Selbst konnten wir den Namen, den Körper und die innere Stimme ausschließen. Was bleibt an Kandidaten übrig?

Jeder von uns hat eine Lebensgeschichte, die absolut einzigartig ist, in größerem Maße sogar als unser Körper. Niemand anderer hat erlebt, was wir erlebt haben, und keiner wird es jemals tun können. Vielleicht ist also die Lebensgeschichte das, was das Selbst definiert? In diesem Fall wäre unsere wahre Identität die Gesamtsumme all dessen, was wir erlebt haben – die unzähligen Eindrücke, die wir in unserem Gedächtnis angesammelt haben, lose herumgruppiert um einen roten Faden von Ichheit, der durch sie alle hindurchläuft.

Nehmen wir einmal an, irgendwann in der Zukunft könnte dein gesamtes Gedächtnis digitalisiert und in einen riesigen mobilen Speicher kopiert werden, so wie du derzeit einen Lieblingsfilm in deine Cloud lädst. Dein Upload enthielte nicht nur die einzelnen Szenen aus deiner Vergangenheit, sondern auch die Art und Weise deines Denkens und Fühlens und die Verhaltensmuster deines Körpers. Du hättest Zugang zum Geschmack des Geburtstagskuchens, den du gegessen hast, als du fünf Jahre alt warst, oder jenes Biers, das du getrunken hast, als du zwanzig warst, deiner ersten sexuellen Begegnung, deines ersten Gewahrwerdens deiner Sterblichkeit. Öffnest du dann diese Datei und scannst ihren umfangreichen Inhalt, ist kaum daran zu zweifeln, dass dieser *dein Selbst* ist, nur eben ohne Körper. Alles, was *du* bist, ist darin – deine Erinnerungen und Fantasien, dein Sinn für Humor, deine Ängste, deine nobelsten Taten und deine beschämendsten Geheimnisse – sie alle sind in jenem riesigen Datenspeicher enthalten, er könnte jede Frage über dein Leben beantworten. Wer außer dir könnte diesen Dreh hinkriegen?

Kann aber eine Sammlung deiner Erinnerungen, wie detailliert und umfassend auch immer sie sein möge, wirklich mit deinem Selbst identisch sein? Wäre dieser mobile digitale Speicher tatsächlich *du*?

Es lässt sich nicht leugnen, dass wir von unseren Lebenserfahrungen geformt werden. Die Freundin, die dir das Herz brach, das Pferd, das dir dein Bein brach, der Ehegatte, der sein Versprechen brach – all das war prägend. Jedes einzelne Erleben half, jenem

Selbst Gestalt zu verleihen, das du heute bist. Du gehst jetzt nicht mehr mit verrückten Rothaarigen aus und hältst dich auch von Pferden fern. Doch das sind eher Attribute, Verhaltensmuster, keine Identität. Etwas fehlt noch.

In einer Hinsicht ist unsere Erinnerung an die Vergangenheit unzuverlässig. Sie funktioniert nicht wie eine Videokamera-Aufzeichnung, die Sekunde um Sekunde mit vollkommener Wahrhaftigkeit arbeitet. Erinnerung ist geschmeidig, sie lässt sich durch spätere Umstände verändern. Ein kleines Mädchen, das von seiner Mutter unter vehementer Schelte gesagt bekommt, sein Onkel hätte es zu Weihnachten niemals *auf diese Art* berührt, wird das wahrscheinlich glauben, denn seine Beziehung zur Mutter ist wichtiger als das, woran es sich tatsächlich erinnert. Wenn ihr aber nun ein übereifriger Kriminalbeamter wiederholt Fahndungsfotos mit einem Zeugen vorlegt und während des Prozesses auf sie eindringt, ob das Gesicht, das ganz besonders auf dem einen Foto da zu sehen ist, denn nicht der Beschuldigte gewesen sei, wird sie dazu neigen, ihre Meinung zu ändern, und sich auf die Vermutung des Kripobeamten einlassen, selbst wenn ihre erste Antwort definitiv nein lautete. Aus diesem Grund sind Augenzeugenberichte, die in der Beweisführung bei Kriminalfällen einst das Nonplusultra waren, bei Gericht zunehmend suspekt geworden.

Eine andere Überlegung, wenn man die Erinnerung als Basis für das Selbst in Erwägung zieht, ist jenes Phänomen wert, das als zustandsabhängige Erinnerung bekannt ist. Hat sich unter dem Einfluss einer stimmungsverändernden Substanz wie Alkohol ein besonderes Ereignis ins Gedächtnis eingeprägt, ist es vermutlich nicht bei normalem Wachbewusstsein abrufbar. Nur wenn man sich die gleiche Substanz noch einmal zuführt, kehrt die Erinnerung zurück. Das ist so, als wäre die Erinnerung in einen Tresor gesperrt worden und der Schlüssel dazu ein veränderter Zustand, der mit einer ganz bestimmten Substanz verbunden ist.

Zustandsabhängige Erinnerung kann etwas so Einfaches betreffen wie das Verlegen des Hausschlüssels nach einem Saufgelage, oder wenn ein Student beim Büffeln für eine Prüfung Aufputschmittel nimmt. Nach ein paar Drinks fällt einem wieder ein, wo man den Schlüssel gelassen hat, während besagter Student einen Tag später kaum mehr die Hälfte des Gepaukten weiß. Erst wenn er das Stimulans noch einmal nimmt und sich damit erneut in einen drogenabhängigen hyperwachen Zustand versetzt, ist diese Information wieder zugänglich.

Starke Emotionen können wie Drogen wirken, insofern sie den Körper mit chemischen Hormonen überfluten. Und wie Drogen können auch sie zu zustandsabhängigen Erinnerungen führen. Ereignisse, die uns erschrecken oder wütend machen, können aus der normalen Erinnerung verschwinden, bis sie durch einen ähnlichen Gefühlszustand wieder hochgeholt werden. In der Tat hat *alles*, was mit solchen traumatisierenden Geschehnissen in Zusammenhang steht, das Potenzial, zustandsabhängige Erinnerung zurückzuholen. Ich habe mit Überlebenden von Kindesmissbrauch gearbeitet, bei denen scheinbare Harmlosigkeiten wie Feuerwehrsirenen, dunkle Klos, die Widerspiegelung des Vollmonds im Wasser, enganliegende Stiefel oder einsame Waldgegenden Panik auslösten, denn all das war mit einem verdrängten Psychoterror verbunden. Verständlicherweise wurde die Rückkehr dieser Erinnerungen von meinen Patienten nicht willkommen geheißen. Sie passten nicht zu ihrem Selbstbild eines kompetenten Erwachsenen, das sie der Welt vorzugsweise präsentierten. Das führt uns zu der Frage, was näher am wahren Selbst dran ist: die traumatische Kindheitserinnerung oder der erwachsene Träger dieser Erinnerung, der sich nicht bewusst an sie erinnert?

Wir können diese Frage aber auch bei normalen, nichttraumatischen Erinnerungen stellen. Wir erinnern uns, woran wir uns erinnern wollen, je nachdem ob es unserer aktuellen Sicht unser selbst und der Welt dient oder nicht, ganz gleich, ob es positiv oder negativ ist. Erinnerungen, die dieser Sicht widersprechen, werden vergessen oder als Verirrungen wegerklärt. Ist es beispielsweise wichtig für dich, an dem Glauben festzuhalten, dass deine Mutter eine Heilige war, sind Erinnerungen an ihre Wutausbrüche nicht gerade willkommen. Verändert sich aber das Selbstempfinden, können sich diese übersehenen Erinnerungen wieder zurückmelden, weil sie unser Selbstverständnis nicht mehr länger auf die Probe stellen, sondern, ganz im Gegenteil, unserem neuen Selbstempfinden sogar Glaubwürdigkeit verleihen. Als Therapeut habe ich das immer wieder aus erster Hand erlebt.

Cleos Erinnerungen

Cleo, eine professionelle Musikerin, hatte jahrzehntelang unter Panik und Depression gelitten. Um funktionsfähig zu bleiben, hatte sie auf Antidepressiva gebaut, und das so sehr, dass ihre Medizin eine idealisierte, fast magische Bedeutung für sie bekommen hatte, wie ein Glücksbringer. Beim ersten Anzeichen von Depressionssymptomen bat sie mich um eine höhere Dosis und fühlte sich dann besser, als wäre Magie im Spiel, jedenfalls eine Zeitlang. Doch lebte sie in ständigem Terror vor dem Tag, an dem sie die erlaubte Höchstdosis erreicht haben würde; denn dann würden ihre Medikamente nicht mehr funktionieren.

Zwar hatte Cleo eine starke genetische Prädisposition für Depression, doch sie und ich, wir spürten beide, dass es wichtig war, andere mögliche Ursachen für ihre Symptome ausfindig zu machen. Wir entdeckten diese in ihrem Kindheitsglauben, es sei ihre Aufgabe, ihre depressive Mutter glücklich zu machen, indem sie ständig »auf der Bühne« stand und performte – was natürlich das Risiko in sich barg, dass ihre Performance eines Tages nicht mehr den Erwartungen entsprechen würde, ihre Mutter wieder in einen depressiven Zustanden zurückversinken und das dann ihre Schuld sein würde. Das führte dazu, dass Cleo sich nur für ihre Performance geliebt fühlte, nicht für ihr wahres Selbst. Als Musikerin musste sie häufig auftreten, und jeden dieser Auftritte nahm sie schon Wochen vorher mit Schrecken vorweg. Danach fühlte sie sich erschöpft und verfiel oft in eine Depression.

Cleo fühlte sich auch von ihrem Vater verlassen und ungeliebt. (Beide Elternteile waren zu diesem Zeitpunkt bereits gestorben.) Er war ein zorniger, unnahbarer Arzt gewesen, der während ihrer ersten Lebensjahre in Korea gedient und sie deshalb erst kennengelernt hatte, als sie fast zwei Jahre alt war. Ihr Vater jagte ihr Angst ein, denn sie wurde immer wieder Zeugin seiner Wutanfälle und Gewalttendenz den jüngeren Geschwistern gegenüber. Zugleich aber gierte sie nach seiner Liebe und Anerkennung. Ihr Vater spielte Klavier und ermutigte sie, es ihm gleichzutun. Als ihr Talent aber das seine übertraf, bekam er schlechte Laune und begann mit ihr zu wetteifern; wollte Cleo also irgendwie eine Verbindung zu ihm halten, durfte sie von ihrer Seite keine Spitzenleistung zulassen. Wie mit ihrer Mutter konnte sie in seiner Gegenwart nie natürlich sein und die Musik einfach fließen lassen.

In einer Psychotherapiesitzung fragte ich sie, ob sie irgendwelche kleinen Mädchen kenne, die, anders als sie, glückliche und sorglose Beziehungen zu ihren Vätern gehabt hätten. Ja, sie hatte einen Freund, deren Tochter, als sie noch klein war, im Spiel auf ihm herumklettern durfte; die beiden hatten viel miteinander gelacht. Daraufhin stellte ich ihr die Frage, ob es in ihrer Kindheit andere erwachsene Männer, andere Vaterfiguren, gegeben habe, die keine Angst bei ihr auslösten. Da fiel ihr ein Onkel ein – ein ruhiger, bescheidener Mann, der sie in einer Weise auf dem Schoß gehalten hatte, dass sie sich vollkommen sicher und geliebt hatte fühlen können. Tatsächlich hatte sie diesen Onkel bereits gekannt, bevor ihr Vater aus dem Krieg zurückgekehrt war. So war er in gewisser Weise ihr erster wirklicher Vater, doch hatte sie ihn und seinen liebevollen Einfluss total vergessen.

Erinnerungen wie diese führten dann zu weiteren, auch positiven Erinnerungen an ihren Vater selbst – wie sie Seite an Seite am Klavier saßen, während sie die Melodie und er die Begleitung spielte. Ihr fiel das glückliche Lächeln auf seinem Gesicht wieder ein, und wie stolz er auf sie war. Sie nahm diese Erinnerung an ihren Vater, fügte ihren Onkel, wie er hinter ihr stand, mit ins Bild und verließ meine Praxis mit einem Gefühl der Liebe und Zugehörigkeit, wie sie es bisher nicht gekannt hatte. Sie fühlte, dass eine wahre Heilung mit ihrem Vater in Gang gekommen war.

Nach unserer Sitzung wieder zuhause, fand sie einen Brief von einer lieben alten Freundin vor, die weit entfernt lebte. Diese Freundin war beim Löschen alter eMails auf eine von Cleo gestoßen, die diese ihr vor etwa fünfzehn Jahren geschrieben hatte, sechs Monate bevor Cleos Vater starb. In dieser eMail berichtete Cleo von einem Klavierkonzert und der gewohnten Angst davor:

> *Dem Publikum gefiel das Konzert sehr. Wir haben so gut gespielt, ich war wirklich stolz und habe es genossen, im Rampenlicht zu stehen: eine regelrechte Heilung für das kleine Mädchen, das dieser ganze Applaus immer nur terrorisiert hatte. Und das Schönste bei alledem war, dass mir mein Vater Blumen geschickt hatte, die man mir am Ende des Konzerts brachte. Wir hatten zuvor jeden Abend miteinander gesprochen, und ich hatte ihm von den Fortschritten berichtet [die ich gerade machte]. Zum ersten Mal in meinem Leben fühlte ich, dass ich etwas mit einem [wirklichen] Vater teilte, einem, der sich für seine heißgeliebte Tochter begeisterte. Am Abend vor dem Konzert weinte er am Telefon und sagte mir, ich solle den Kopf hochhalten, er wüsste,*

ich würde wundervoll sein. Ich spürte, wie etwas in mir, das blockiert gewesen war, zu fließen begann … Was für eine Heilung.

Dieses unerwartete Fenster zu ihrer Vergangenheit öffnete sich für Cleo genau in dem Moment, als sich ihre Vorstellung von sich selbst und ihrer Beziehung zu ihrem Vater zu verändern begonnen hatte. Dass sie jemals so ganz andere Gefühle gehabt hatte, hatte sie vergessen, doch nun diente die Erinnerung als Bestätigung für die Verwandlung, die in ihr gerade stattfand. Als ihr Selbstgefühl wärmer und lichter wurde, konnte ihre Vergangenheit damit Schritt halten.

Cleos Geschichte ist aber nur ein weiteres Beispiel dafür, dass Erinnerung nichts Festes ist. Sie bestimmt nicht, wer wir sind. Ganz im Gegenteil: Wer wir sind – unser Selbstverständnis – bestimmt, woran wir uns erinnern. Also kann die Erinnerung nicht gleichbedeutend mit dem Selbst sein.

Es gibt noch einen letzten Grund, aus dem das Selbst nicht einfach die Gesamtsumme aller bisherigen Erlebnisse sein kann. Wir leben nicht in der Vergangenheit, als jene Erlebnisse stattfanden. Selbst wenn Opfer von Traumata durch zustandsabhängige Erinnerung zu Flashbacks angeregt werden und in ihrem Geist Horrorszenen noch einmal durchleben, als wären sie wirklich und setzten sich fort, bleiben sie dort nicht hängen. Irgendwann tauchen sie aus dem Flashback wieder auf und kehren ins Heute zurück.

Nicht in der Vergangenheit bringen wir unser Selbstgefühl in Erfahrung. Die Vergangenheit ist vorbei. Fort. Wir leben in einer permanenten Gegenwart. *Jetzt* ist die einzige Realität, und deshalb müssen wir auch unser wahres Selbst im *Jetzt* suchen. Suchen wir woanders, kehren wir mit leeren Händen zurück.

Das Selbst ausstaffieren: Rollen und Werte

Wir haben eine ganze Reihe von Kandidaten für die Rolle des Selbst vorsprechen lassen, doch sie alle ließen zu wünschen übrig. Ein paar aber sind noch übrig. Denn es gibt komplexere Wege, auf denen wir unser Selbstgefühl ausbilden, Wege, die wir für selbstverständlich halten, weshalb wir sie erst wahrnehmen, wenn wir auf die Probe gestellt werden. Und diese Wege führen uns in die Welt der Rollen und Werte.

Im Laufe unseres Lebens werden die Rollen, die wir übernehmen, und die Werte, die wir hochhalten, zum Grundgerüst, auf dem unser Selbstgefühl aufbaut. Sie sind unser ganzer Stolz. Wir halten an ihnen fest, ja sogar bis in den Tod. Um voll und ganz zu verstehen, wer und was wir sind, müssen wir diese Rollen und Werte als jene Ketten entlarven, die sie in Wirklichkeit sind. Und dann müssen wir uns von ihnen befreien.

Rollen und Werte greifen ineinander, sind miteinander verflochten. Wir ziehen gewisse Wertmaßstäbe aus den Rollen, die wir spielen, und übernehmen Rollen, weil sie unseren Werten entsprechen. Dieses Thema ist so komplex, dass es problemlos ein Buch für sich rechtfertigen könnte.

Doch für unseren Zweck brauchen wir nur zu verstehen, wie diese zu unserem Selbstbild beitragen.

Werte

Werte bilden das Rückgrat des Selbstverständnisses, weil sie bestimmen, wie wir uns verhalten und mit wem wir uns verbünden. Wenn wir eine Person wertschätzen, scheuen wir keine Mühe, ihr zu helfen. Ist es eine Idee, der wir Wert beimessen, werden wir sie tatkräftig verteidigen, sogar bis in den Tod, und uns mit anderen verwandt fühlen, welche dieselbe Idee verfolgen. Gemeinschaften wurden früher um solche gemeinsamen Werte herum definiert; diese waren häufig religiöser Natur, aber auch von miteinander geteilten Zielen und Lasten geprägt. Wenn die ganze Stadt dieselbe Kirche besucht, von derselben Fabrik eine Lohnzahlung erhält oder sich bei Aufkommen eines Sturms versammelt, um Sandsäcke gegen einen rasch ansteigenden Fluss aufeinanderzustapeln, werden solche geteilten Werte die Bewohner dieser Stadt innig miteinander verbinden.

Werte variieren merklich von einer Person zur nächsten. Beispielsweise wählen du und ich vielleicht dieselbe politische Partei und beten in derselben Synagoge, haben aber sehr verschiedene Ansichten darüber, wie man Kinder erzieht. Tatsächlich ist diese Unbeständigkeit das zweischneidige Schwert von Werten: Wir wollen uns mit Menschen verbünden, die unsere Werte teilen, doch genau dieselben Werte trennen uns wieder von anderen Menschen mit Werten, die sich den unsrigen entgegensetzen. (Wir sehen uns dieses Phänomen in Kapitel 4 genauer an.) In Extremfällen werden entgegengesetzte Werte zu einer derartigen Bedrohung, dass jeder, der sie unterschreibt, als anders, fremd, ja unmenschlich betrachtet wird. Und das gibt uns dann das Recht, diese Leute umzubringen – natürlich stets zu unserer Selbstverteidigung; gleichwohl zeigen wir uns schockiert und entrüstet, sollten sie es wagen, sich zu rächen.

In jedem Krieg wird der Feind als Fremdling, als der andere dargestellt, bei herabsetzenden Namen genannt und rassistisch verunglimpft, was Soldaten dann dazu befähigt, sich psychologisch von der Tatsache zu distanzieren, dass sie gleich ihre Mitbrüder, menschliche Wesen, töten werden. Denn Feinde können uns auf gar keinen Fall ähnlich sein. Sie sind unmenschliche Monster, die auf unseren Werten herumtrampeln und die Absicht haben, unsere Lebensweise und alles, was wir lieben, zu zerstören – es sei denn, wir vernichten sie vorher. Treten wir aber dem Feind zufällig in einem persönlichen Kontext von Angesicht zu Angesicht gegenüber, stellt sich heraus, dass dieser weitaus mehr mit uns gemeinsam hat, als wir es uns vorgestellt hatten.

Ein beeindruckendes Beispiel dafür ereignete sich in der Anfangszeit des Ersten Weltkriegs: der sogenannte »Weihnachts-Waffenstillstand«. Deutsche, französische und englische Truppen hatten sich in tiefen Schützengräben verbunkert, voneinander getrennt durch ein stacheldrahtgesäumtes Stück Land, das zu keiner Seite gehörte und treffenderweise als Niemandsland bezeichnet wurde. Es war eine Zone des Tötens; niemand konnte es wagen, diese zu betreten und dabei zu hoffen, lebend wiederzukommen. Die Truppenlinien waren nur etwa hundert Meter weit voneinander entfernt, ungefähr die Länge eines Fußballfeldes – nahe genug, damit ein jeder die Gespräche und die Kochgerüche des anderen mitbekam. Und so brach am Weihnachtsabend 1914 inmitten der Kämpfe Frieden aus. Auch wenn niemand sicher weiß, wie der Waffenstillstand begann, scheint es so gewesen zu sein, dass beide Seiten Weihnachtslieder sangen und gemeinsam die lateinische Hymne *Adeste Fideles* anstimmten. Darauf riefen sie sich »Frohe Weihnachten« zu und gaben sich das Versprechen, nicht anzugreifen: »Wir schießen nicht, wenn ihr es nicht tut.« Die Kampfgegner tauschten Geschenke wie Zigaretten, Essen und Kleidung aus. Und beide Seiten konnten endlich ihre gefallenen Kameraden begraben, deren Leichen im Niemandsland lagen und verwesten.

Die einzigen, denen der Waffenstillstand nicht gefiel, waren die Generäle und, Berichten zufolge, ein junger deutscher Korporal namens Adolf Hitler, der den »Mangel an Ehre« der deutschen Soldaten anprangerte. Während der kurzen Zeit dieses Weihnachtsfriedens hatten die gemeinsamen Werte von Weihnachten über die patriotische Pflicht triumphiert und unterhöhlten das stereotype Feindbild. Im Grunde waren sich die deutschen, französischen und englischen Truppen gar nicht so fremd, sondern hatten mit Weihnachten eine tiefe Tradition gemeinsam.

Selbstverständlich dauerte der Waffenstillstand nicht an. Letztlich gewannen die begrenzteren Werte, die den Krieg entfacht hatten, die Oberhand, und der Beschuss wurde wieder aufgenommen. Als der Krieg dann zu Ende war, sollte er fünfzehn Millionen Menschen das Leben gekostet haben.

In der heutigen Welt haben sich unter dem Einfluss der sozialen Medien und ihrer Fähigkeit, Meinungen, die sich von den unsrigen unterscheiden, herauszufiltern, Werte so verfestigt, wie es jene Kampflinien im Ersten Weltkrieg gewesen sind. Wir geben uns keine Mühe mehr, einander ausreden zu lassen. Wir *wollen* es nicht. Diese zunehmende Polarisierung maskiert die Werte, die wir miteinander gemeinsam haben, Werte, die es uns erlauben würden, für- und miteinander menschlicher zu werden und Zusammenarbeit an die Stelle von Spaltung treten zu lassen. Republikaner verachten Demokraten und umgekehrt, häufig ohne sich die Mühe zu machen, nachzuforschen, welche Wertesysteme die jeweiligen Label überhaupt repräsentieren. Stehen Geschäftsleben und Unternehmerschaft wirklich in einem solchen Widerspruch zu Anliegen wie der Unterstützung Benachteiligter und Umweltverantwortung? Würden wir unseren Geist offenhalten und Facebook oder TV-Kanäle wie Fox ignorieren, kämen wir darauf, dass wir häufiger mit unseren vermeintlichen Gegnern einer Meinung sind, als wir glauben. Wir würden gemeinsame Werte entdecken. Wer weiß? Vielleicht könnte eines Tages wieder Frieden ausbrechen.

Aufrichtig betrachtet, ist ein Wert eher eine Meinung, die wir in den Rang einer absoluten, unerschütterlichen Wahrheit erhoben haben. Meinungen lassen sich hinterfragen und verändern, wenn neue Information verfügbar wird – nicht so Werte. Die werden zu einem Teil unserer selbst. Deshalb werden wir sie auch eher blind verteidigen, als uns auf eine Veränderung einzulassen, selbst dann, wenn uns das in Opposition zur halben Welt bringt. Ja sogar, wenn es uns alle vernichtet. Wie anders kann man eine

Erklärung für Menschen finden, die bereit sind, ihr Leben in den Dienst einer Ideologie zu stellen, wie es beispielswiese Selbstmordattentäter tun?

> *Denn was du wertschätzt, machst du zu einem Teil von dir, so wie du dich selbst wahrnimmst. Alle Dinge, die du suchst, um deinen Wert in deinen Augen zu erhöhen, begrenzen dich nur noch mehr, verbergen deinen Wert vor dir und fügen eine weitere Sperre vor der Tür hinzu, die zum wahren Gewahrsein deines Selbst führt.*[10]

Wir mögen lauthals und stolz verkünden, dass wir die Anliegen »lieben«, die wir wertschätzen, doch diese Beziehung ist keine Liebe, sondern Versklavung. Wir erlauben diesen Anliegen, die Art und Weise zu kontrollieren, in der wir unsere Mitmenschen betrachten und behandeln. Aber wir dürfen hier keinen Fehler machen: Werte haben absolut nichts mit dem wahren *Selbst* zu tun, nicht mehr als die Kleider, die wir tragen, oder die TV-Sendungen, die wir uns ansehen.

Werte können sich mit der Erfahrung und zunehmendem Alter verändern und tun das auch. Kein Wert ist absolut oder universell. Keiner von ihnen wird sich unter allen Umständen als wahr erweisen. Und dann gibt es immer Leute mit anderen Werten, die die unseren infrage stellen.

Rollen

Das Leben weist uns viele Rollen zu. Die einen werden uns aufgezwungen, andere wählen wir selbst. Vom Augenblick unserer Geburt an betreten wir eine Welt der Erwartungen und Annahmen darüber, wer wir sein und was wir erreichen werden. Diese gehen in erster Linie von den Eltern aus, aber auch von Verwandten und der kulturellen Umgebung im weiteren Sinne.

Fast die ganze Menschheitsgeschichte über bestimmten die Geburtenreihenfolge und das biologische Geschlecht die Rollen im Leben. Die Männer waren die Versorger und dominierten dank ihrer Körperstärke und Gewaltbereitschaft. Frauen hatten weniger Optionen und waren durch die Erwartung eingeschränkt, dass sie Kinder zu gebären und aufzuziehen hatten. Glücklicherweise verändert sich diese rigide Rollentrennung allmählich. Nichtsdestoweniger entscheidet immer noch weitgehend das Geschlecht, wie wir erzogen und über die Welt belehrt werden. Jungs kämpfen offen um ihre Vormachstellung, Mädchen sind darum bemüht, irgendwie klarzukommen (während sie hinter den Kulissen lernen, wie man manipuliert).

In einem Experiment wurde Erwachsenen beiderlei Geschlechts ein kurzer Videoclip mit einem schreienden Baby gezeigt. Als man ihnen sagte, das Baby sei ein Mädchen, reagierten sie mit Sympathiebekundungen: »Oh, sie ist ja ganz traurig!« Hieß es aber, es sei ein Junge, kamen ganz andere Reaktionen: »Schaut nur, wie zornig er ist!« (Im folgenden Kapitel nehmen wir die Rolle unter die Lupe, die der Wahrnehmungskontext dabei spielt.) Von klein auf lernen wir, dass Wut bei Jungs nicht nur akzeptabel ist, sondern sogar von ihnen erwartet wird, während Tränen und Traurigkeit natürlich für Mädchen sind. Frauen, die es wagen, Wut zu zeigen, werden hart verurteilt, denn das passt nicht zu den konventionellen Rollen, die man ihnen zugeschrieben hat: Mutter und Ehefrau. Dasselbe gilt für Männer, die weinen, wenn sie traurig sind, oder zugeben, dass sie Angst haben. Solche Gefühle haben keinen Platz in den kalten wettbewerbsorientierten Welten des Geschäftslebens und der Kriegsführung, in denen die Parole herrscht: Jeder gegen jeden.[11]

Wenn Kinder heranwachsen, übernehmen sie zusätzliche Rollen, die von ihren jeweiligen Persönlichkeiten und spezifischen Fähigkeiten herrühren. Bist du gerissen oder langsam, beweglich oder schwerfällig, jemand, der eher führt oder folgt, Risiken eingeht oder scheut, ein Gruppenmensch oder jemand, der das Alleinsein vorzieht? Hast du Freude daran, Regeln zu befolgen, oder brichst du sie lieber? Jeder Zug deines Charakters drängt dich in Richtung ganz bestimmter Rollen und stößt dich von anderen ab.

Natürlich können wir Rollen verändern, die wir nicht mögen. Die Zeit von Pubertät und frühem Erwachsenenalter sind wundervoll dazu geeignet, unterschiedliche Rollen auszuprobieren und mit ihnen herumzuexperimentieren. Wir lehnen uns auf gegen die Zuschreibungen unserer Eltern, machen neue Rollenmodelle ausfindig und versuchen, ihnen nachzueifern. Und wenn wir dann reifer werden, entdecken wir plötzlich Fähigkeiten, die von unseren Familien nicht anerkannt wurden – Fähigkeiten, die es uns aber möglich machen, andere, höhersituierte Rollen zu übernehmen.

Arbeit und Erziehung fügen diesem Selbstgefühl noch weitere Rollenschichten hinzu. Ein Arzt ist darauf trainiert, auf Abruf bereit zu sein und rund um die Uhr zur Verfügung zu stehen, und zwar ohne Bezahlung seiner Überstunden. Ein Feuerwehrmann setzt sein Leben aufs Spiel, um andere Menschen zu retten, und begegnet dem Tod in Formen, bei deren Anblick den meisten unter uns übel werden würde. Doch all das gehört zur Routine ihres Jobs. Eine Prostituierte bietet ihren Körper da draußen als Ware an, lernt, welche Bewegungen uns anturnen, und täuscht gegen Bezahlung Intimität vor. Ich könnte noch unendlich viele solcher Beispiele aufzählen. In meinem Buch *From Plagues to Miracles* erzähle ich die Geschichte von einem Mann, der von seinem Vater beigebracht bekommen hatte, wie man ein Weißer-Kragen-Krimineller wird. Seine rollengemäße Fähigkeit, einen ahnungslosen Mitarbeiter reinzulegen, erfüllte ihn mit Stolz. Zugleich aber empfand er Scham, weil er wusste, dass das falsch war und er seine Tat vor Jedermann verbergen musste; hinzukam, dass es ihm an einer Ausbildung fehlte, die es ihm erlaubt hätte, seine Situation zu ändern und eine einträgliche Arbeitsalternative zu finden.

Wenn wir neue Leute auf einer Party kennenlernen, ist das, was wir in Wirklichkeit über sie wissen wollen, mehr als nur ihr Name. Wir wollen wissen, wer sie sind, erfahren, welche Rollen sie spielen und welche Werte sie besitzen, und ob wir mit ihnen etwas gemeinsam haben oder nicht. Haben sie Kinder? (Gehört also das Mutter- oder Vatersein zu ihren primären Rollen?) Haben ihre Kinder dasselbe Alter wie unsere? Sind sie gute Eltern? (Was der Frage gleichkommt, ob wir die gleiche Erziehungsphilosophie vertreten.) Oder sind sie alleinstehend (kommen also als potenzielle Partner in Frage)? Was arbeiten sie, wie war ihre berufliche Laufbahn? (Haben sie einen höheren oder niedrigeren Status als wir?) Wo sind sie aufgewachsen und gingen zur Schule? Was sind ihre Interessen, Hobbies, politische und religiöse Überzeugungen? (Könnten wir zusammenkommen und Freunde werden?) All diese Elemente zusammen machen in einem bestimmten gesellschaftlichen Kontext unsere Identität aus. Aber sind diese unser *Selbst*? Wenn ja, würden wir davon ausgehen, dass sie ein fester Bestandteil von uns sind, unerschütterlich bis zum Tod. Doch das ist eindeutig nicht der Fall, denn jede Rolle, die wir spielen, verändert sich und endet irgendwann. Kinder verlassen ihre Eltern, Alleinstehende werden Paare, Berufskarrieren enden in Ruhestand, Entlassung oder Krankheit, Freunde und Liebhaber brechen miteinander, ziehen weg oder sterben möglicherweise.

In seinem wundervollen Buch *Who dies: Wege durch den Tod* bittet der buddhistische Schriftsteller Stephen Levine, der Tausende von präfinalen Patienten durch ihren Sterbeprozess hindurch begleitet hat, seine Leser, sich die Frage zu stellen, was passiert, wenn Krankheit und drohender Tod uns von unseren gewohnten, komfortablen Rollen abziehen. Wenn eine ernsthafte Krankheit dich daran hindert zu arbeiten, wer bist du dann? Wenn deine Beine versagen und du nicht mehr laufen kannst, wenn dich die Kontrolle über deine Urin- und Darmausscheidungen verlässt, wer bist du? Und ganz besonders extrem, wenn die Alzheimer-Krankheit dich deines Gedächtnisses beraubt, so dass du die Gesichter deiner eigenen Kinder nicht mehr erkennst, wer bist du dann? Unter all diesen Umständen stellt sich die Frage, was das ist, was übrigbleibt, und ob es noch *Selbst* genannt werden kann.

Offensichtlich ist es ein schlüpfriges Geschäft, das Wesen des Selbst genau zu bestimmen. Zwar helfen Werte und Rollen uns, uns gesellschaftlich miteinander zu verbinden, doch man kann nicht behaupten, dass sie das Selbst definieren. Wenn das Wissen darum, wer und was wir sind, aber wesentlich ist, um Frieden und Glück zu finden, dann ist es kein Wunder, dass selbige sich uns entziehen. Wir haben wirklich nicht die leiseste Ahnung!

Nimmer-Geist

Wie das Vogelküken in *Are You My Mother?* haben wir unterschiedlichen Kandidaten die Frage gestellt: »Bist du mein wahres Selbst?« Dabei stellte sich heraus, dass unsere Namen nicht unser Selbst waren. Auch unser Körper fiel bei dem Test durch. Und ebenso diese hartnäckige Stimme in unserem Kopf. Unsere Erinnerungen und Lebensgeschichte haben sich als zu unzuverlässig herausgestellt, als dass sie als Fundament dienen könnten, auf dem sich das Selbstgefühl aufbauen ließe. Außerdem ist das Gedächtnis in der Vergangenheit verankert, während das Selbst in der Gegenwart existiert. Und die heißgeliebten Werte und Rollen, mit denen wir unsere Identität schmücken, werden letztlich alle verschleißen und wegfallen. Keiner und keine von ihnen beschreibt unser wahres Selbst auf angemessene Weise.

Und doch schienen alle Kandidaten etwas Wichtiges von dem zu erfassen, was und wie wir über uns selbst denken. Sollten wir sie irgendwie miteinander kombinieren und uns ein loses, arbeitsfähiges Selbstmodell daraus zusammenschustern? Tatsächlich entspricht eine solche Kombination ja ziemlich genau unserem Blick auf uns selbst. Wir sind die Gesamtsumme all dessen, was uns in der Vergangenheit widerfahren ist, auf dem Spielbrett des Lebens vertreten durch unseren physischen Körper, gelenkt von einer inneren Stimme und interpretiert von einer Mixtur aus multiplen Rollen, die mit unserem unverwechselbaren Wertesystem übereinstimmen. Und das ist unter dem Strich dann unsere Identität: unser Selbstverständnis.

Das scheint zu funktionieren, wenigstens kommen wir über die Runden. Doch stellt uns dieses Selbstverständnis vor zwei ernsthafte Schwierigkeiten. Laut Kurs ist Wahrheit – mithin das wahre Wesen unseres Selbst – unveränderbar und unveränderlich. (Das leuchtet ein. Könnte die Wahrheit, wenn sie sich verändern würde, immer noch wahr sein? Oder wäre dann die alte oder die neue Version wahrer?) Wahrheit ist auf ewig sie selbst. Der Körper aber, die Erinnerung, Werte und Rollen verändern sich, wie wir gesehen haben, sehr wohl. Wie geschickt auch immer wir versuchen, diese in ein kohärentes Selbstgefühl zu packen, wir werden dabei nie etwas Stabiles, Dauerhaftes und Wahres herausbekommen. Von der rein praktischen Seite her betrachtet, wäre diese Kombination tatsächlich die Gesamtsumme dessen, wer und was wir sind, doch hat sie es offensichtlich nicht geschafft, uns anhaltendes Glück und Frieden zu bringen. Wir sollten wohl gewillt sein, nach einer Alternative Ausschau zu halten, die bessere Aussichten hat.

Faktisch ist es doch so, dass das Gebräu, das aus dem Zusammenschütten, Verrühren und Verquirlen all dieser Anwärter auf unser Selbst entsteht, zwar nicht das wahre Selbst ergibt, aber wenigstens etwas, womit wir uns stark identifizieren. *Ein Kurs in Wundern*® nennt es das falsche Selbst – das *Ego*. Ich habe ihm den

Namen *Nimmer-Geist* gegeben. Doch egal, wie man es nennt, es stellt das einzige und größte Hindernis auf dem Weg zu Wahrheit, Frieden, Freiheit und Glück dar. Und es treibt uns an, endlos nach letzteren zu suchen, indem wir auf ewig im schwachen Schein einer inexistenten Straßenlampe umhertasten.

> *»Das Konzept des Selbst steht wie ein Schild, wie eine stumme Barrikade vor der Wahrheit, die sie vor deiner Sicht versteckt.«*[12]

Ein Kurs in Wundern® ist sehr deutlich: Das Ego – der Nimmer-Geist – muss bei seinem Versuch, die Wahrheit zu erreichen, scheitern, weil es selbst unwahr ist. *Es existiert nicht.* Bei näherer Betrachtung erweist sich sein Selbstverständnis als bloßer Schall und Rauch. Es ist eine Lüge.

> *Was ist das Ego? Nichts, aber in einer Form, die wie etwas zu sein scheint. [...] Es gibt keine Definition für eine Lüge, die dazu dient, sie wahr zu machen.*[13]

Doch wie kann Nichtigkeit zufriedenstellen? Wie kann sie irgendetwas Wirkliches, Dauerhaftes und Substanzielles erschaffen?

Es ist nicht möglich, von Unwirklichkeit zu Wirklichkeit zu gelangen. Wir können nicht in einem Traum reisen und irgendwo ankommen. Vielleicht denken wir, wir würden Fortschritte machen, doch all das kann sich in einem Augenblick ändern oder gar verschwinden, und dann sind wir wieder dort zurück, wo wir begonnen haben, in derselben Klemme wie zuvor. Per Definition ist eine Illusion unter keinen Umständen jemals wahr; noch kann die Wahrheit auf irgendeine Weise Illusionen irgendeiner Art umfassen und dabei wahr bleiben. Man kann in seinem Trinkwasser nicht ein paar winzige pathogene Keime dulden und behaupten, es sei immer noch rein.

Der Nimmer-Geist ist ein Hochstapler, der unser wahres Selbst entführt und inmitten einer Welt schwindelerregender falscher Wahlmöglichkeiten und unlösbarer Konflikte versteckt hat: einer Welt, in der separate Körper aufeinanderstoßen, die mit ihrer Vergangenheitsträumerei eine Art Schattenboxen betreiben, einer Welt, die in Werte und Rollen vertieft ist, die uns von dem einzigen Ziel ablenken, das tatsächlich einen Unterschied machen würde. In dieser Welt werden Ungleichheit und Leid nicht nur geduldet, sondern sogar verehrt. Und der Nimmer-Geist hat uns davon überzeugt, *dass dies unvermeidbar, ja unser Leben ist*: ein winziger Punkt inmitten dieses zufallsbedingten, herumwirbelnden Chaos mit geringer Macht, um irgendetwas zu verändern, und null Überlebenschance. Wir sehen keinen Ausweg – falls sich überhaupt jemand unter uns damit behelligt, danach Ausschau zu halten, was die meisten nicht tun. Denn der Nimmer-Geist hat uns versichert, dass das nichts bringt. Wie Shakespeares Macbeth es so wunderschön ausdrückt, als die Welt um ihn herum zusammenbricht: »Das Leben ist nur ein Schatten, der verschwindet. Wie ein armer Spieler, der sein Stündchen auf der Bühne hampelt und strampelt, und dann wird es dunkel. Es ist ein Märchen, erzählt von einem Idioten. Voll mit Lärm und Wut. Und es bedeutet nichts.«[14]

Doch zum Glück gibt es eine Alternative zu diesem doch recht düsteren Bild.

Immer-Geist

Wenn du der Wahrheit auf den Fersen bist – das sollte mittlerweile klar geworden sein –, musst du dich all dessen entkleiden, was falsch ist. Sehnst du dich nach Glück, so musst du alle *Wurzeln* ausreißen, die Unglück hervorbringen. Willst du Freiheit, musst du die Ketten erkennen, die dich gefangen halten, egal, welche Gestalt sie annehmen, und sie lösen. Und wenn du Frieden möchtest, dann musst du getrennter Wege mit jenem Anteil von dir gehen, der im Streit aufblüht. Um Wahrheit, Freiheit, Frieden und Glück zu erlangen, musst du nichts Besonderes unternehmen oder planen. Du musst überhaupt nichts *tun*, denn *Tun* involviert notwendig einen physischen Körper und einen Geist, der sich selbst als etwas betrachtet, dem es an einer gewissen wesentlichen Eigenschaft fehlt, die nur durch Intervention eines Körpers erlangt werden kann. Richtungsloses Handeln dreht sich im Kreis und bringt dich nirgendwohin. Du bleibst ein Gefangener vom Nimmer-Geist und rennst wie ein Wahnsinniger in den Wänden deiner selbst errichteten Zelle herum.

Zu *tun* ist nichts, aber eine Menge *ungeschehen* zu machen. Willst du die Wahrheit erkennen, musst du die Fassade des Selbst niederreißen und die Schranken zertrümmern, die du selbst vor ihr errichtet hast. Die Wahrheit lässt sich nicht in der Vergangenheit oder irgendeiner vorgestellten, idealisierten Zukunft finden. Sie ist hier, jetzt, in diesem Augenblick. *Hier. Jetzt. Augenblick.* Und auch nicht irgendwo außerhalb von dir, denn (wie wir im nächsten Kapitel sehen werden) außerhalb des Geistes gibt es nichts.

> *Diejenigen, die das Licht suchen, bedecken nur ihre Augen. Das Licht ist jetzt in ihnen. Erleuchtung ist gar keine Veränderung, sondern nur ein Wiedererkennen.*[15]

Gib den Glauben auf, irgendwo da draußen gäbe es ein spezielles Straßenlicht, in dessen strahlendem Glanz du den fehlenden Schlüssel zu deiner Freude finden wirst, den Glauben, dass du sie eines Tages finden wirst, indem du weiterhin diesen abgegrasten Boden da absuchst. Das Licht, das den Weg zur Wahrheit erhellt, lebt in deinem Inneren. Freude und Frieden gehören dir, nicht weil du irgendetwas Bestimmtes tust, sondern weil du bist, was du bist: dein wahres Selbst. *Ein Kurs in Wundern*® nennt dieses wahre Selbst, das wir alle miteinander teilen, *Christus* oder Gottessohn. (Man beachte, wie der Kurs diesen konventionellen christlichen Begriffen eine völlig neue und radikal andere Bedeutung verleiht.) Ich werde dieses Selbst Immer-Geist nennen, nicht nur um es dem Nimmer-Geist entgegenzusetzen, sondern weil es für immer und ewig es selbst ist: beständig und unveränderlich. Reiner Geist in seiner pursten, abstrakten Essenz – nichts mehr, nichts weniger, denn es gibt nichts anderes.

Das Wesen des Immer-Geistes ist Liebe – unermessliche, brennende, bedingungslose Liebe ohne irgendwelche Grenzen. Seine Attribute in dieser Welt sind Friede, Freude und Freiheit. Identifiziere dich mit dem Nimmer-Geist, und diese müssen sich dir entziehen. Erwache zu deiner Wirklichkeit als Immer-Geist, und sie gehören fraglos dir. Alles in einem Paket.

In meinem Buch *From Plagues to Miracles* habe ich die Charaktere von Moses und Pharao aus der Exodus-Geschichte als Symbole von reinem Geist und Ego beziehungsweise Immer-Geist und Nimmer-Geist interpretiert. Den Kontrast zwischen ihnen beschrieb ich folgenderweise:

> *[Der Immer-Geist] ist nicht von Zeit und Raum begrenzt, und auch nicht vom physischen Körper. Er muss nicht ums Überleben kämpfen und braucht daher nicht vorauszuschauen. Er vergleicht sein Los nicht mit dem anderer. Während uns das Ego [der Nimmer-Geist] ständig mit seinem Gejammer in den Ohren liegt, versteht sich [der Immer-Geist] aufs Schweigen. Er lenkt, drängt aber nie. Er kennt keine Schuld, weil er unfähig ist, jemandem Böses zuzufügen. Er handelt durch Wunder, nicht Aktion unter Druck, und somit ist auch das Gesetz von*

> *Ursache und Wirkung nicht auf ihn anwendbar. … Vor allem aber bringt er ein tiefes Gefühl des Friedens mit sich. Die Frage oder das Problem, mit dem wir rangen, ist nicht so sehr gelöst worden, sondern hört auf zu existieren. Durch die Augen des [Immer-Geistes] betrachtet, gibt es keine Frage, kein Problem mehr. Wir haben nur falsch verstanden. Und jetzt, wo wir klarsehen, ist auch unser Geist wieder im Frieden.*[16]

Hier ist eine von vielen Stellen des Kurses, die sich mit der Unterscheidung zwischen diesen beiden Versionen des Selbst befassen:

> *Der Teil deines Geistes, in dem die Wahrheit weilt, steht in ständiger Kommunikation mit Gott, ob du dir dessen bewusst bist oder nicht. Es ist der andere Teil deines Geistes, der sich in der Welt betätigt und den Gesetzen der Welt gehorcht. Dieser Teil ist es, der ständig zerstreut, durcheinander und in höchstem Maß unsicher ist.*
>
> *Der Teil, der auf die Stimme für Gott hört, ist gelassen, immer ruhig und vollkommen sicher. Er ist in Wirklichkeit der einzige Teil, den es gibt. Der andere Teil ist eine wilde Illusion, rasend und verzweifelt, aber ohne jede Wirklichkeit.*[17]

Um diesen Unterschied besser zu verstehen, können wir eine Computeranalogie heranziehen. Sagen wir, es gäbe zwei verschiedene Betriebssysteme (BS) für deinen Geist: BS1 und BS2. BS1 ist der Immer-Geist. In diesem Betriebssystem dreht sich, wie der Name besagt, alles um Einheit oder Verbindung. Es basiert auf Wahrheit und existiert unabhängig von der Außenwelt. Läuft dein Geist mit BS1, passt alles, was du siehst und tust, zusammen, und du bist im Frieden. Egal, wie stürmisch oder schwierig die Außenwelt zu sein scheint, du bleibst innerlich ruhig. Das natürliche und unausweichliche Ergebnis davon ist Glück.

Ein Kurs in Wundern® nennt BS1 *Sühne* oder *Erlösung*. Du akzeptierst es in deinem Leben, indem du dich für es entscheidest und dich dann in allen weiteren Entscheidungen von ihm lenken lässt, denn du hast die Sinnlosigkeit erkannt, auf der Grundlage deines alten Selbstverständnisses für dich selbst zu entscheiden. Wie Alkoholpatienten mit Hilfe der Anonymen Alkoholiker übergibst du dein Leben einer höheren Macht. Der Kurs nennt diese höhere Macht den *Heiligen Geist*. Der Heilige Geist ist dafür verantwortlich, den Sühneplan auszuführen. Er leitet seine Entfaltung, und dazu gehört auch deine besondere Rolle darin. Wenn du die Führung des Heiligen Geistes annehmen lernst und Ihm erlaubst, dein Leben für dich einzufädeln, erhältst du wahre Antworten in Gestalt von Wundern.

Das andere Betriebssystem ist BS2, der Nimmer-Geist. Wie sein Name verlauten lässt, entspringt es der Zweiheit, einer irrtümlichen Dualität: dem Glauben an ein getrenntes und einzigartiges individuelles Selbstverständnis, das sich aus der Einheit – das heißt Gott und Gottes Sohn – abgespalten und ihr entgegengesetzt hat. Da sich die Programmierung von BS2 auf falsche Annahmen gründet, müssen auch die Fragen, die es stellt, und die Antworten, zu denen es gelangt, falsch sein. Ein defektes Betriebssystem liefert fehlerhafte Antworten, und zwar jedes Mal. (Erinnern wir uns an das 2 + 2 = 5 vom Beginn!)

»An ihren Früchten werdet ihr sie erkennen … So bringt jeder gute Baum gute Früchte, aber der faule Baum bringt schlechte Früchte.« (Matthäus 7:16, 18)

Unwahrheit kann keine Wahrheit hervorbringen und Wahrheit keine Falschheit. Da gibt es keine Ausnahmen.

Gott setzte das Betriebsprogramm BS1 auf, als Er uns nach Seinem Ebenbild schuf, das heißt als Ausdehnung von reinem

Geist und Immer-Geist. BS2 hingegen haben wir gemacht, als wir den Immer-Geist verließen und – in unserer Furcht und Verwirrung – irgendeinen Weg brauchten, auf dem wir versuchsweise verstehen konnten, was niemals verstanden werden konnte: das Ego und seine Welt. Da nur Gott wirklich ist, muss alles, was nicht Gott zu sein meint, was glaubt, es sei von Gott verschieden und getrennt, unwirklich sein. Mithin ist BS2, der Nimmer-Geist, eine Fiktion, die wir uns selbst auferlegt haben, eine Illusion, die wir eigenhändig fabriziert haben und in die wir uns willentlich eingelullt haben.

> *Das Selbst, das du gemacht hast, ist nicht Gottes Sohn. Und deshalb existiert dieses Selbst überhaupt nicht. Und alles, was es scheinbar tut und denkt, bedeutet nichts. Es ist weder schlecht noch gut. Es ist unwirklich und nicht mehr als das. … Welche Macht kann dieses Selbst, das du gemacht hast, denn besitzen, wenn es dem Willen Gottes widerspricht?*[18]

Jeden Augenblick hast du die Wahl, welches Betriebssystem du einsetzen willst. Und diese Entscheidungsmacht verlierst du deshalb nicht, weil du deine ewig wahre Wahrheit nicht verlieren kannst. Selbst wenn du mitten im Nimmer-Geist-Traum befangen bist und vor dich hinschlummerst, bleibt diese Wahl stets für dich verfügbar. Du kannst jahrelang das BS2 verwenden und dein Leben nach seinen mangelhaften Gesetzen einrichten – wenn du willst, sogar dein ganzes Leben lang – und doch im nächsten Augenblick deine Geisteshaltung ändern! Gemäß *Ein Kurs in Wundern®* ist dies die einzige wirkliche Entscheidung, derer du und wir alle fähig sind: die einzige Entscheidung, die irgendeine wahre Konsequenz hat.

Mit BS2 bleiben wir durstig und verwirrt angesichts der Frage, wer und was wir sind, mit BS2 bleiben wir auf der Wanderschaft und Suche, ohne je fündig zu werden oder Zufriedenheit zu erlangen. BS1 hingegen bietet Wunder an: Antworten aus dem Reich der Wahrheit, die alle scheinbaren Probleme lösen, weil alle Probleme aus derselben Wurzel entspringen: dem falschen Selbst, dem Ego. Wie wir aber in Kapitel 6 sehen werden, ist das, was sich für den Geist, der mit BS2 arbeitet, wie ein Wunder anfühlt, für BS1 völlig natürlich. Ist man daran gewöhnt, ständig falsche Antworten zu erhalten und sein Leben nach ihnen auszurichten, dann wird einen eine Antwort, die tatsächlich funktioniert, wortwörtlich ver-wundern.

Diese beiden Betriebssysteme schließen sich gegenseitig aus, man kann sie nicht gleichzeitig verwenden. Man kann nicht zwei Meistern gleichzeitig dienen. Benutzt du BS1, gibt es kein BS2 mehr. Wähle BS2, und BS1 verschwindet … wenngleich es, wie wir bemerkten, niemals völlig verschwindet, denn Illusionen können die Wahrheit nicht ersetzen.

> *Der Heilige Geist ist, wie das Ego, eine Entscheidung. Zusammen bilden sie die einzigen Alternativen, die der Geist annehmen und denen er gehorchen kann. Der Heilige Geist und das Ego sind die einzigen Entscheidungsmöglichkeiten, die dir offenstehen. Gott hat die eine erschaffen, somit kannst du sie nicht austilgen. Du hast die andere gemacht, somit kannst du sie tilgen.*[19]

Das Betriebssystem, das du wählst, entscheidet auch über dein Selbstverständnis mit. Bist du nichts als ein Ego, Nimmer-Geist? Oder bist du Immer-Geist, das eine ewige Kind Gottes? Du bist es, der diese Entscheidung trifft. Und eigentlich ist es die einzige Entscheidung, die du zu treffen hast. Doch aus dieser einen Entscheidung folgt alles andere.

2

Glauben ist Sehen

Die Wahrnehmung wählt aus und macht die Welt, die du erblickst. Sie wählt sie buchstäblich so aus, wie es der Geist bestimmt.[1]

Das, wonach du verlangst, das wirst du sehen.[2]

Mein Großvater Arthur wanderte 1922 aus Russland in die Vereinigten Staaten ein. Er hatte die Revolution der Bolschewisten 1917 erlebt und viele Geschichten aus dieser tumultuösen Zeit zu erzählen, darunter auch jene, wie er sich nicht nur einmal, sondern gleich zweimal vor einem Erschießungskommando wiederfand. Doch eine Geschichte machte, obwohl sie weitaus weniger dramatisch war, einen ganz besonderen Eindruck auf mich.

Die Marxisten kamen 1917 an die Macht und hatten die Absicht, dem russischen Volk zu beweisen, dass ihr neues Regierungssystem dem Kapitalismus des Westens überlegen war. Zu diesem Zweck zeigten sie in der Öffentlichkeit eine kurze Filmsequenz, in der geschildert wurde, wie elend die Lebensbedingungen in der Vereinigten Staaten waren: Eine Gruppe junger Männer, die am Verhungern zu sein schienen, hatten einen Laib Brot auf dem Boden erspäht und wie verrückt begonnen, Jagd darauf zu machen. Sie rannten um ihr Leben und stießen einander beiseite, um an dieses kostbare Brot heranzukommen. So rar war Brot also in den Vereinigten Staaten, dass sie sich kopfüber aufeinander stürzten, um zu versuchen, das Brot mit Gewalt an sich zu reißen oder wenigstens ein Stückchen davon zu ergattern, um ihren Hunger zu stillen. Dieser Film beeindruckte meinen Großvater sehr.

Da er aber auch ganz andere Gerüchte über den Westen hörte, reiste er nach Europa und schiffte sich schließlich auf einem Dampfer nach New York ein. Er wollte die Vereinigten Staaten mit eigenen Augen sehen. Zum damaligen Zeitpunkt ging er davon aus, danach zu seiner Familie nach Russland zurückzukehren, doch dazu sollte er keine Gelegenheit mehr haben. Der Großteil seiner Familie kam in den Konzentrationslagern der Nazis um. (Unter Tränen gestand er mir, er habe sich nie richtig von seiner Mutter verabschiedet, da er gedacht hatte, er würde sie wiedersehen.)

In den USA angekommen, nahm er Kontakt zu Verwandten auf, die ihm bei der Arbeitsfindung halfen, und bald schon besaß er einen eigenen kleinen Laden. Mit ein paar Dollar in der Tasche begann mein Großvater, oft ins Kino zu gehen. Eines Tages saß er im bereits verdunkelten Kinosaal und wollte sich einen Charlie-Chaplin-Film anschauen, als er plötzlich in ein unkontrollierbares Gelächter ausbrach. Ich kann nur versuchen, mir den Gesichtsausdruck der Menschen vorzustellen, die um ihn herumsaßen, denn der Film hatte noch gar nicht begonnen. Der Vorfilm, den er so erheiternd fand, zeigte einen Auszug aus einem Footballspiel. Und wie die Spieler so nach einem gefumbelten Punt in die eigene Hälfte hasteten und sich regelrecht übereinander türmten, um wieder an den Ball heranzukommen, wurde ihm klar, dass das genau das war, was ihm damals in Russland vorgeführt worden war. Doch die Männer waren nicht einem Brotlaib auf den Fersen, sondern es ging einfach nur um Football. Sie waren weder verzweifelt noch am Verhungern. Es war bloß ein Spiel! Die Bolschewisten hatten Sequenzen eines Sportfilms aus ihrem Kontext gerissen, um ihre Ideologie aufzupolstern und zu beweisen, dass der Kommunismus dem Kapitalismus überlegen war. In Russland in langen Schlangen auf Brot zu warten, war nicht leicht, aber immer noch viel besser, als sich in Amerika wortwörtlich darum zu schlagen.

Wenn es um Wahrnehmung geht – die Frage, wie wir die Welt sehen –, ist immer der Kontext entscheidend. Mischt man einen durchschnittlich großen Erwachsenen unter ein Team von Basketballspielern, wird er mickrig wirken. Stellt man dieselbe Person neben eine Kindergartenklasse, wirkt sie wie ein Hüne. Wahrnehmung hängt stets vom Kontext ab. Und das gilt von der Größe einer Zelle aufwärts. Ohne Kontext können wir das, was wir sehen, hören oder berühren, nicht einschätzen. Wir brauchen einen *Kontext*, der für *Kontrast* sorgt. Anderweitig ist es unmöglich, jene Unterscheidungen zu treffen, auf denen die Wahrnehmung beruht.

Fotografen ist das wohlbekannt. Wollen sie die Erhabenheit eines Alpenpanoramas vermitteln, müssen sie einen Menschen darin platzieren. Die winzige Gestalt gestattet es dem Betrachter, das enorme Ausmaß der Berge um sie herum einzuschätzen. Wir benötigen sowohl ein Zentrum, auf das man sich fokussieren kann, als auch einen Hintergrund, von dem sich das Zentrum absetzen kann. Mit einem Wort, wir brauchen einen Kontext. Ohne ihn verliert Wahrnehmung ihre Bedeutung.

Wenn der Kontext fehlt

Vor ein paar Jahren informierte mich in meiner Psychotherapiepraxis ein neuer Patient darüber, er habe mit einer Kollegin von mir, Dr. B., zwei Sitzungen gemacht, es hätte aber nicht funktioniert. Ich kannte Dr. B. nicht persönlich, doch sie hatte einen soliden Ruf in Kollegenkreisen, so dass ich erstaunt darüber war, dass er das Gefühl gehabt hatte, nicht mit ihr arbeiten zu können. Laut seiner Aussage hatte er in besagten beiden Sitzungen schmerzhafte Details einer beschämenden sexuellen Missbrauchserfahrung aus seiner Kindheit preisgegeben – es war das erste Mal überhaupt gewesen, dass er einem anderen menschlichen Wesen davon berichtet hatte –, und obwohl sie mitfühlend auszusehen und zu klingen versucht hatte, sei ihr das, was er ihr erzählte, ganz offenbar unangenehm gewesen. Denn nachdem sie sich auf ihrem Stuhl gedreht und gewunden hatte, richtete sie sich an einem bestimmten Punkt kerzengerade auf, lief im Zimmer auf und ab, wandte ihren Blick von dem Mann ab und starrte aus dem Fenster. Daraus schloss mein Patient verständlicherweise, dass Dr. B. selbst ungelöste Probleme mit sexuellem Missbrauch hatte. Doch wie konnte er mit einer solchen Therapeutin zusammenarbeiten? So sehr ich mich auch bemühte, ich konnte ihm nur zustimmen. Entgegen ihrem Ruf war Dr. B. ganz offensichtlich keine kompetente Therapeutin. Zumindest in diesem Bereich schien ihre Arbeit beeinträchtigt zu sein.

Doch als Schüler von *Ein Kurs in Wundern*® kannte ich die Warnsignale des Egos nur allzu gut. Die Intensität meiner negativen Reaktion auf Dr. B.s Verhalten setzten mich ins Bild, und so traf ich die bewusste Entscheidung, meine Urteile über sie loszulassen. Ich wollte auch nicht versuchen, ihr Verhalten meinem Patienten gegenüber zu entschuldigen, denn das wäre nur kontraproduktiv gewesen. Wie vielen missbrauchten Kinder wurden immer nur wieder Entschuldigungen dafür gegeben, warum ihre Schänder taten, was sie taten? Doch in meinem Geist vergab ich Dr. B. ihr Fehlverhalten. Wer war ich denn überhaupt, um sie zu verurteilen und über die vermeintlichen Dämonen aus der Vergangenheit zu richten, mit denen sie zu kämpfen hatte? In meinem Geist wünschte ich ihr Gutes.

Kurze Zeit darauf aß ich mit einem anderen Kollegen zu Mittag, und aus irgendeinem Grund kam Dr. B.s Name zur Sprache. Ich hütete meine Zunge über das, was ich von meinem Patienten erfahren hatte, und hörte einfach zu. So erfuhr ich, dass Dr. B. tatsächlich eine schwere Zeit hinter sich hatte, aber nicht in der Weise, wie mein Patient oder ich es gedacht hatte. Dr. B. hatte sich kürzlich einer schwerwiegenden Rückenoperation unterziehen müssen, und die hatte keinen guten Ausgang genommen. Die meiste Zeit über hatte sie große Beschwerden, ganz besonders während ihrer Arbeit, denn sie weigerte sich, Schmerzmittel zu nehmen, während sie Patienten empfing. Sie konnte nur in kurzen Intervallen sitzen, bevor der Schmerz so zunahm, dass sie aufstehen und sich bewegen musste.

Jetzt verstand ich, weshalb sich Dr. B. auf ihrem Stuhl gewunden hatte und dann auf- und abgegangen war. Jetzt hatte ich den Kontext dazu – und der hatte nichts mit den Missbrauchserinnerungen meines Patienten zu tun, wie schwer und widerwärtig die auch anzuhören gewesen sein müssen.

Nein, Dr. B. hatte körperliche Schmerzen. Meine einzige Frage war noch, warum sie das ihrem Patienten nicht mitgeteilt hatte. Ich nahm an, dass sie eine professionelle Grenze zu wahren versuchte, und wie konnte ich ihr das verdenken?

Was genau war hier geschehen? Mein Patient, der innerhalb des mächtigen Kontextes seines sexuellen Missbrauchs und der darüber empfundenen Scham unterwegs war, ging davon aus, dass jeder – einschließlich seiner Therapeutin – ähnlich empfinden musste. So schoss er sich als Beweis dafür, dass seine Vermutung stimmte, auf eine reduzierte Bandbreite an Informationen ein – Dr. B.s offensichtliches Unbehagen. Und bemüht darum, seinem Standpunkt gegenüber Empathie zu zeigen, ging auch ich davon aus, dass er recht hatte, und zwar so weit, dass ich die Kompetenz einer Kollegin infrage stellte. Unser beider Wahrnehmungen waren von den jeweiligen Kontexten beeinflusst, die wir von unserer Vergangenheit her mitbrachten: die meines Patienten von seinem Missbrauch, meine von dem traurigen Umstand, dass ich über die Jahre hinweg nicht gerade wenige Therapeuten getroffen hatte, die ihre eigenen Wunden mit denen ihrer Patienten zu heilen versuchten. Doch keiner von uns beiden verfügte über alle relevanten Informationen – weit gefehlt!

Im Internet zirkulierte jahrelang ein lehrreicher Videoclip über das selektive Wesen der Wahrnehmung.[3] Darin ist eine Gruppe von sechs Leuten zu sehen, die in einem mittelgroßen Raum einen Kreis bilden. Die Hälfte von ihnen trägt weiße T-Shirts, die andere Hälfte schwarze. Sie würden sich zwei Basketbälle zuspielen, heißt es in der Anweisung unter dem Video, und unsere Aufgabe bestünde darin, aufmerksam zuzusehen und die Ballpässe zwischen den weiß gekleideten Spielern zu zählen; am Ende erführen wir, wie gut wir abgeschnitten hätten.

Während wir nun den Ball fixieren und die Pässe zwischen den weißen T-Shirts zählen – eins, zwei, drei … –, läuft jemand in einem Gorillaanzug mitten durch den Raum und den Kreis der Spieler, hält sogar inne, um in die Kamera zu starren und sich auf die Brust zu schlagen, doch die meisten unter uns bemerken ihn gar nicht! Wir sind zu sehr mit den Ballpässen beschäftigt, übermäßig darauf konzentriert, worauf wir unsere Aufmerksamkeit lenken sollten, und verpassen deshalb das, wonach wir nicht gesucht haben, obwohl dies ziemlich auffällig und – unter normalen Umständen – unmöglich zu übersehen gewesen wäre.

In diesem Fall haben wir den Kontext ausgeblendet, da unsere ganze Sorge dem Verfolgen des Balls und korrekten Zählen galt. Basierend auf den erhaltenen Anweisungen, hatten wir im Voraus entschieden, was wichtig war, weshalb uns der Blick aufs Ganze entglitt.

So machen es auch Magier mit ihren Taschenspielertricks. Sie lenken unser Augenmerk von ihren heimlichen Manipulationen ab, um den Gesamtkontext ihres Tuns vor uns zu verbergen, und wir spielen in der Vorfreude auf die Überraschung am Ende des Zaubertricks bereitwillig mit. Politiker bedienen sich einer ähnlichen Lockvogeltaktik, um schwierige Themen zu meiden, für die sie eigentlich keine Lösungen haben, und stattdessen die Aufmerksamkeit ihrer Wähler auf stark vereinfachende Parolen zu lenken.

Doch die bewusste Manipulation der Wahrnehmung durch Ablenkung und Kontextverengung beschränkt sich nicht auf Magier, Politiker und Leute in Gorillaanzügen, sondern wir alle setzen sie ständig ein. Zum Beispiel sind wir so sehr darauf bedacht, einen Liebespartner zu finden, dass wir Warnzeichen wie Eifersucht, Alkoholismus oder Aggressivität im Straßenverkehr beflissentlich übersehen. Wir reden sie uns klein und fegen sie beiseite, um unseren Fokus auf positive Eigenschaften zu reduzieren, die in unserem Liebesinteresse stehen. Aber mit der Zeit, wenn sich gewisse Vorfälle wiederholen, wird es immer schwieriger werden, diese Fiktion aufrechtzuerhalten. Dann bricht sich der weitere Kontext Bahn und wir machen dem Ganzen ein Ende.

Um ihre jeweilige Zielscheibe um Summen in Millionenhöhe zu bringen, werden Betrüger (und Betrügerinnen) zu regelrechten Experten in Sachen Kontextmanipulation. Sie stellen überdimensionierte Erträge in Aussicht und versprechen, welches Komplott auch immer sie feilbieten, einen todsicheren Gewinn. All die neidischen Schwarzseher möge das Opfer einfach ignorieren, man brauche nur genügend Bargeld, um dabei zu sein. Die Zielscheibe des Betrügers ist dann irgendwann so überzeugt, so sicher, dass man leicht reich werden kann, dass sie sich weigert, gegenteilige Beweise in Betracht zu ziehen. Als ein notorischer Hochstapler beim Abschluss eines Betrugs festgenommen wurde, informierte die Polizei seine Zielscheibe darüber, dass sie Opfer eines Betrügers geworden war. Doch die Polizei staunte nicht schlecht über die Reaktion des Betroffenen, denn der war keineswegs dankbar, wie erwartet, sondern wütend, weil er glaubte, die Polizei hätte ihm den Deal seines Lebens vermasselt.

Wir mögen erstaunt über eine derartige Starrköpfigkeit sein, doch wir lassen uns alle dieselbe Art von Verhalten zu Schulden kommen. Denn wir alle sind Opfer von Hochstapelei – jener nämlich, die durch den Nimmer-Geist in unser Leben eindringt. Dieser hält uns mit Glücksversprechen in Gestalt von Liebe, Ruhm, Reichtum und Macht hin. Werden diese aber nicht eingelöst und entpuppen sich als der Betrug, der sie in Wirklichkeit sind, ärgern wir uns, statt erleichtert zu sein. Wir bestehen auf dem Schwindel. *Ich weigere mich zu glauben, dass er mich betrogen hat, sagte er mir doch gerade, er würde mich lieben. Diese Aktie wird schon wiederauftauchen, da bin ich mir sicher. Mein nächstes Musikvideo wird auf YouTube einen Riesenerfolg landen, mich berühmt und reich machen.*

Die Fallstricke der Wahrnehmung

Die Neigung, den Kontext zu ignorieren und sich stattdessen auf das zu konzentrieren, was man sehen will, ist tief verwurzelt in der Art und Weise, wie unsere Sinne funktionieren. Augen brauchen einen Fokus, wenn sie sehen wollen, Ohren müssen überflüssige Klänge herausfiltern, wenn sie hören wollen. Die Wahrnehmung muss eine Gestalt aus dem Hintergrund oder ein Signal inmitten des Lärms auswählen. Denn soll sie einen Sinn ergeben, kann man unmöglich alles gleichzeitig auf sich einströmen lassen. Und selbst wenn das physische Auge Licht registriert und das Ohr Klang hört, ist immer noch Erfahrung vonnöten, um zu verstehen, was man sieht und hört. Um sich einen Reim auf das Ganze zu machen, muss man den Vorder- vom Hintergrund unterscheiden, das Zentrum von der Peripherie, den Gegenstand von seinem Umfeld.

Angeborener Katarakt (also Katarakt von Geburt an) war eine der Hauptursachen von Blindheit, bevor zuverlässige Operationsverfahren dafür entwickelt worden waren. Als diese dann vorlagen, erwarteten die behandelnden Ärzte, dass, wenn der

Katarakt einmal entfernt worden sei, die Blindheit sofort geheilt sein würde und die Patienten zum ersten Mal in ihrem Leben ihre volle Sehkraft wiedererlangt hätten. Doch zum großen Erstaunen der Chirurgen konnten ihre Patienten nicht sehen – jedenfalls erst einmal nicht. Zwar »sahen« ihre Augen etwas da draußen, aber nur vage Schatten und Farben ohne Kontext und Bedeutung. Erst mit der Zeit lernten sie, Formen und Farben zu erkennen und ihre Sehfähigkeit soweit zu verfeinern, dass sie zu jener wurde, die wir als normal betrachten.

Ähnlich verhält es sich mit indigenen Stämmen, die noch nie einen Fernseher gesehen haben: Sie sind unfähig, auf dem Bildschirm Bilder zu erkennen, wie wir es tun. Ihr Gehirn hat nicht gelernt, wie man die Zigtausende von Pixeln (oder ihr digitales Äquivalent) zu wiedererkennbaren, bedeutsamen Formen zusammenfügt. Erst bei wiederholtem Ausgesetztsein und Interaktion mit der Umgebung reifen die Sinnesorgane und verfeinern sich.

Bei näherer Betrachtung sollten wir eigentlich nicht überrascht sein, denn unsere Sinnesorgane funktionieren selbst ein wenig wie Pixel auf einem Fernsehbildschirm. Eine Vielzahl von verschiedenen Berührungsrezeptoren in der Hautoberfläche registrieren Druck, Schmerz, heiß und kalt, doch erst mit der Zeit und Erfahrung lernen wir, dem, was wir berühren, *Bedeutung* zuzumessen: der weichen Wange unserer Mutter versus einer heißen Bratpfanne. Zellen in der Retina des Auges antworten auf eckige oder runde Bereiche unterschiedlich. Doch die Rohdaten, die sie liefern, setzen sich ohne einen höheren Grad von Integration im Gehirn nicht zu einem Bild zusammen, und das erfordert einen Lernprozess. Winzige Haarzellen in der Gehörschnecke des Innenohrs reagieren auf unterschiedliche Tonfrequenzen selektiv, doch auch hier gilt, dass wir erst lernen müssen, wie man diese zusammenfügt und als einen Vortrag oder eine Mozartsonate »hört«. Und wenn eine bestimmte

Klangnuance in einer Sprache nicht existiert, wie beispielsweise das englische »R« und das »L« im Japanischen, wird der erwachsene Nutzer jener Sprache es nicht hören. Es ist für ihn einfach nicht existent. (Interessanterweise ist eine solche Nuance aber durchaus vernehmbar, wenn die Töne als reiner Klang und nicht im Kontext von Sprache präsentiert werden.)

Ähnlich, nur in entgegengesetzter Richtung, verhält es sich mit südamerikanischen Vögeln, die, wie wir wissen, das ultraviolette Lichtspektrum sehen können, also ein Spektrum jenseits der Frequenzen, die das menschliche Auge wahrzunehmen fähig ist. Wie mag das aussehen? Wir haben keine Ahnung, denn in der Welt, die wir wahrnehmen, gibt es das einfach nicht. Hunde verfügen über ein weitaus empfindlicheres Hörvermögen als wir, und ihr Geruchssinn ist so fein, dass man ihnen beibringen kann, die Moleküle von chemischen Explosionsstoffen und Krebszellen aufzuspüren. Sie wissen es, wenn ein anderer Hund sein Territorium markiert hat, und hinterlassen ihrerseits eine Markierung: ein olfaktorischer Handshake von Markierungen, der über mehrere Tage hinweg Bestand hat. Damit nehmen Hunde eine andere Welt wahr als wir. Was für eine ist das? Auch das geht über unsere Erkenntnisfähigkeiten hinaus.

Geben wir dem Geist den Vorrang, so ist es wesentlich zu verstehen, dass die Welt, wie sie uns über die fünf Sinne vermittelt wird, keineswegs objektiv ist. Ja schlimmer noch, wir können nicht mit Sicherheit wissen, dass »da draußen« überhaupt *irgendetwas* unabhängig vom Geist existiert, denn unsere gesamte Information ist subjektiv – von den Sinnesorganen und dem Gehirn gefiltert, umgewandelt oder vielleicht sogar fabriziert. Nach unserem derzeitigen Kenntnisstand wäre es durchaus möglich, dass wir uns die ganze Sache ausgedacht haben! Das entspricht jener Doktrin, die wir als *Solipsismus* kennen und die besagt, dass das Einzige, wovon wir wahrhaft Kenntnis haben, das eigene Selbst ist. Solipsismus ist nicht gerade wohlgelitten, sondern der

Fluch von Philosophen und Wissenschaftlern gleichermaßen. Doch das liegt vielleicht daran, dass er unmöglich widerlegbar ist. Die Vorstellung, dass das von uns Wahrgenommene in jeglichem Sinne »real« ist, ist eine Fiktion, eine konstruierte Konvention, die wir alle absegnen. Aber wir bezahlen dafür einen Preis – einen enorm hohen Preis. Denn wir bleiben dem gegenüber mit Blindheit geschlagen, was uns fehlt. Schlimmer gar, wir leugnen, dass es überhaupt etwas gibt, was uns fehlt.

Ein Kurs in Wundern® sagt uns immer wieder, dass uns tatsächlich das Gesamtbild fehlt. Wir sind so sehr von der wahrgenommenen Welt gefangen, dass wir eine weitaus größere Realität verpassen, eine, die im Inneren, im Geist, existiert. Unsere Abhängigkeit von der Wahrnehmung zieht erhebliche Kosten und Konsequenzen nach sich. Denn wenn die Welt des Egos real ist, gibt es keinen Raum für die Realität des reinen Geistes. Erinnern wir uns: Entweder man verwendet BS1 oder BS2, nie beide gleichzeitig. Sind das Ego und seine Wahrnehmungswelt real – sozusagen unsere Basisrealität –, dann sind wir verdammt zu »ein[em] sinnlose[n] Umherirren ohne Sinn und Zweck und ohne irgendetwas zu erreichen«.[4] Unsere Hoffnungen auf Glück werden immer wieder zerschlagen werden. Wir werden niemals Erfüllung erreichen, denn wir suchen im Schein des falschen Wegelichts außerhalb unserer selbst in einer Welt wechselnder Wahrnehmungen, die keinen Bezug zur Wahrheit im Inneren haben.

> *Der Glaube an Rangordnungen von Schwierigkeiten ist die Basis für die Wahrnehmung der Welt. Sie beruht auf Unterschieden, auf ungleichmäßigen Hintergründen und wechselnden Vordergründen, auf ungleichen Höhen und verschiedenen Größen, auf veränderlichen Graden von Dunkelheit und Licht und Tausenden von Gegensätzen, in denen jedes gesehene Ding mit jedem anderen konkurriert,*

um wahrgenommen zu werden. Ein größerer Gegenstand überschattet einen kleineren. Ein helleres Ding entzieht einem anderen, dessen Anziehungskraft weniger intensiv ist, die Aufmerksamkeit. Und eine bedrohlichere Idee oder eine, die man sich nach den Maßstäben der Welt als wünschenswerter vorstellt, bringt das geistige Gleichgewicht vollständig durcheinander. Was die Augen des Körpers erblicken, ist nur Konflikt. Wende dich nicht an sie um Frieden und Verständnis.[5]

Die Vergangenheit als Kontext

Die Tätigkeit des Nimmer-Geistes beginnt zwar mit den fünf Sinnen, endet dort aber nicht. Um der Welt, die wir wahrnehmen, Bedeutung zu verleihen, müssen wir die Rohdaten, die unsere Sinnesorgane liefern, mit Hilfe von komplexeren, höherrangigen Mechanismen weiterverarbeiten. Wir stellen Vergleiche an und fällen Urteile. Diese basieren notwendigerweise auf vergangenen Erfahrungen und hindern uns weitaus effektiver daran, die Wahrheit zu erkennen, als alles, was uns die Sinnesorgane darbieten.

Unser Gehirn ist aufs Lernen hin angelegt. Haben wir eine bestimmte Erfahrung einmal auf eine bestimmte Weise interpretiert, neigen wir dazu, andere Erfahrungen auf dieselbe Art und Weise zu deuten. Wir haben aus dieser Erfahrung gelernt. Erklimmen wir einen steilen Hügel mit großer Mühe und erblicken in der Entfernung einen weiteren, nehmen wir vernünftigerweise an, dass der Aufstieg genauso hart sein wird. Vielleicht versuchen wir dann, diesen Hügel zu umgehen, und halten nach einem Umweg Ausschau. Werden wir von einem ungewohnten Geräusch aus dem Schlaf geholt, also einem, welches wir nicht direkt zuordnen können, werden wir wahrscheinlich Einbrecher vermuten, zu einer Taschenlampe greifen, um nachzusehen, oder einem Gewehr, falls wir eines besitzen. Vielleicht sind wir aber auch so erschreckt, dass wir uns ins Badezimmer einschließen. Oder wir verwerfen dieses Geräusch als unbedeutend, drehen uns um und schlafen weiter. Wie wir reagieren, hängt davon ab, was wir aus vergangenen Erlebnissen gelernt habe: Unser Kontext entscheidet über die Bedeutung, die wir besagtem Geräusch zumessen.

Jemand, der schon seit Jahrzehnten in einem alten Haus mit ungewöhnlichem Knarren lebt, wird dieses mit höherer Wahrscheinlichkeit überhören als jemand, der gerade erst dorthin gezogen ist. Doch vergangenes Erleben verwebt sich auch mit unserer Identität, das heißt unserer Lebensgeschichte. Ein ehemaliger Marinesoldat, der bei Schlachten dabei gewesen ist, reagiert anders als eine achtzigjährige Witwe oder eine Jugendliche, die nachts in ihrem Schlafzimmer vergewaltigt worden ist. Die jeweilige vergangene Erfahrung bestimmt, wer ein jeder ist, und gibt eine Bandbreite an Reaktionsmöglichkeiten vor.

Eines Nachmittags saßen meine Frau und ich auf unserer Gartenterrasse, von der aus man auf ein kleines Waldgebiet hinausblickt. Ein Baum war halb umgefallen und lehnte sich an seinen Nachbarn an, der ihn in seinen starken Armen auffing. Ich dachte laut darüber nach, dass wir ihn vielleicht fällen sollten; musste für den gesünderen Baum ein derartiges Gewicht doch eine schreckliche Belastung darstellen und er eine große Erleichterung empfinden, wenn er von seiner Last befreit werden würde. Da rief meine Frau: »Nein! Wir dürfen ihn nicht fällen. Der andere Baum wird sich sonst einsam fühlen.« Unsere unterschiedlichen psychologischen Verfassungen, wurzelnd in unserer Kindheit, hatten uns zu entgegengesetzten Blicken auf die beiden Bäume geführt: Last versus Gesellschaft, Erleichterung versus Einsamkeit. Wenn derartige Differenzen sogar in einer Liebesehe auftauchen, muss man sich dann noch wundern, dass die Welt so voller Konflikte ist? (Und falls sich jemand die Frage stellen sollte: Wir ließen die beiden Bäume unbehelligt stehen – oder, anders betrachtet, überließen sie sich selbst. Es kommt auf den Blickwinkel an.)

Dass unser Verlass auf die Vergangenheit dem, was wir in der Gegenwart sehen, seine Bedeutung verleiht, trifft sogar für die einfachsten Dinge zu. Gestützt auf die folgende Argumentation gelangt *Ein Kurs in Wundern*® zu der kühnen Aussage, dass wir nichts so sehen, wie es in Wahrheit ist – wir sehen nur die Vergangenheit:

> *Betrachte zum Beispiel eine Tasse. Siehst du eine Tasse oder lässt du nur deine vergangenen Erfahrungen an dir vorbeiziehen, in denen du eine Tasse in die Hand nahmst, durstig warst, aus einer Tasse trankst, den Rand einer Tasse an deinen Lippen spürtest, frühstücktest und so weiter? Beruhen nicht auch deine ästhetischen Reaktionen auf die Tasse auf vergangenen Erfahrungen? Wie sonst würdest du wissen, ob diese Art von Tasse zerbricht oder nicht, wenn du sie fallen lässt? Was weißt du über diese Tasse außer dem, was du in der Vergangenheit gelernt hast? Du hättest keine Ahnung, was diese Tasse ist, wäre da nicht dein vergangenes Lernen. Siehst du sie also wirklich?*[26]

Es ist unmöglich, irgendeinen Gegenstand – sogar eine einfache Tasse – ins Auge zu fassen und ihm Bedeutung zu verleihen, umso weniger komplexen Geschehnissen, ohne die Vergangenheit heranzuziehen.

Vergangenes Erleben wird besonders mächtig, wenn es uns erschreckt, Schaden zufügt oder jemandem zusetzt, der uns nahesteht. Sind wir einmal auf einer dunklen Straße in einem schlechten Stadtviertel mit vorgehaltener Waffe ausgeraubt worden, jagt es uns Angst ein, wenn ein Freund vorschlägt, einen Nachtclub in derselben Gegend aufzusuchen. Das Umfeld dort ist zu einem Angstauslöser geworden. *Hier ist einmal etwas Schlimmes passiert, und das könnte sich wiederholen.* Solch ein Lernprozess ist ein Vorteil fürs Überleben. Wir haben einen Zusammenhang hergestellt, der Angst auslöst, doch diese Angst ist nützlich, weil sie uns von einer potenziell gefährlichen Situation fernhält. Dabei sollten wir aber auch festhalten, dass sich unsere Sicht auf die Welt jedes Mal verengt, wenn wir einen solchen Zusammenhang herstellen. Sie verhärtet sich zu einer Form, die von vergangener Erfahrung vorherbestimmt ist. Du importierst die Furcht, die du damals fühltest, in die Gegenwart und erhältst sie aufrecht, indem du ihre Wiederkehr vorwegnimmst. Dadurch wird die von dir wahrgenommene Welt immer mehr von Bedrohung, Gefahr und Leid definiert. Du wirst weniger dazu bereit sein, neue Viertel der Stadt zu erkunden, ganz besonders, wenn sie einen schlechten Ruf haben. Furcht beherrscht dich, nicht Freude.

In den 1980er Jahren examinierte ich einen jungen Vietnamesen, der infolge eines Motorradunfalls über schreckliche Kopfschmerzen klagte, obwohl seine Scans und Untersuchungsergebnisse völlig normal waren. Keiner seiner Fachärzte konnte die Ursache für seine Kopfschmerzen finden, deshalb überwiesen sie ihn zu mir, einem Psychiater.

Mit Hilfe eines Übersetzers führte ich mit ihm ein langes, sorgfältiges Gespräch. Das Erste, was ich entdeckte, was, dass dieser Mann eigentlich gar keine Kopfschmerzen hatte, jedenfalls nicht solche, wie wir sie kennen. Er empfand *Schmerzen im Kopf*, die von dem Unfall herrührten. Des Weiteren fand ich heraus, dass er als kleines Kind den Vietnamkrieg erlebt hatte. Ein Onkel von ihm war von einem Granatsplitter am Kopf getroffen worden. Er erholte sich davon zwar, und es gab auch keine weiteren Vorfälle, doch er klagte weiter über Schmerzen im Kopf. Monate nach seiner Verletzung verstarb dieser Onkel ganz plötzlich und ohne Erklärung. Als mein Patient nach seinem eigenen Unfall fortgesetzte Schmerzen im Kopf verspürte, nahm er an, dasselbe Los warte auf ihn, war aber zu bange, um das irgendjemandem zu erzählen. Jeden Morgen starrte er in den Spiegel und fragte sich, ob dieser Tag sein letzter sein würde, denn er hatte Angst, wie sein Onkel plötzlich zusammenzubrechen und auf der Stelle tot zu sein. Aufgrund seiner vergangenen Erfahrung waren für diesen Menschen Schmerzen im Kopf, die nach einer Verletzung andauerten, gleichbedeutend mit einem Todesurteil. Folglich war der Schmerz akuter und fügte ihm mehr Leid zu.

Sobald ich diese Verbindung mit seinem Onkel ans Licht gebracht hatte, konnten wir beide darüber sprechen. Ich erklärte ihm die bedeutsamen Unterschiede zwischen seiner Verfassung und seinem verstorbenen Onkel. Mit dieser neuen Information in der Hand konnte er jedes Mal, wenn er diese Schmerzen im Kopf spürte, seinen Kontext über den Tod seines Onkels hinaus erweitern und so seine Furcht überwinden. Dadurch nahm die Sorge über die Schmerzen in dramatischer Weise ab und er deutete sie nicht mehr als Vorboten des Todes. Es schmerzte zwar noch, stellte aber keine Bedrohung mehr dar. Infolgedessen wurden die Schmerzen weniger und verschwanden in Kürze vollständig.

> *Wenn du etwas glaubst, hast du es für dich wahr gemacht.*[7]

Netzwerke und Erkennen

Wer den Südwesten Amerikas bereist, wird von der Überfülle an Arroyos regelrecht erschlagen: Tief eingemeißelte Spalten, die sich kreuz und quer durch die karge Landschaft ziehen. Von der Größe her reichen sie von einfachen Rinnen bis hin zu Canyons, die über fünfzehn Meter tief und fünfundvierzig Meter breit sind. Natürlich ist der Wüstenboden sehr trocken. Fällt heftiger Regen, überspült das Wasser den Grund und reißt erhebliche Mengen Boden mit sich, was zur Auskehlung einer Rinne führen kann. Jedes Unwetter füllt diese Rinnen erneut und gräbt sie noch tiefer in die wüste Landschaft. Ist ein Arroyo einmal da, verschwindet er nicht mehr, sondern wird immer tiefer und breiter.

Ein ähnlicher Prozess findet im Gehirn statt. Etwas ereignet sich. Die sensorischen Komponenten dieses Ereignisses (»Was war das für ein seltsames Geräusch?«) und unsere kognitive Deutung desselben (also die dem Geräusch zugewiesene Bedeutung: »Es muss ein Einbrecher sein«) werden im Gehirn verschlüsselt und aktivieren einen ganz bestimmten Verlauf der Nervenbahnen: ein neuronales Netzwerk. Ereignet sich ein ähnlicher Vorfall, wird dieser sehr wahrscheinlich den gleichen neuronalen Verlauf aktivieren, so wie Wasser in die Arroyos strömt und sie vertieft. Das bewahrheitet sich auch bei ganz einfachen Wahrnehmungen – beispielsweise vier Beine plus Schwanz und Bellen ist gleich *Hund*, ob es nun ein Chihuahua ist oder eine Deutsche Dogge – ebenso wie komplexere Verhaltensmuster. Es ist ein Charakteristikum der Gehirnfunktion: Jede Erfahrung verstärkt sich selbst.

Ich behandelte einmal eine Frau, die mich just in dem Augenblick, in dem sie zum ersten Mal durch meine Tür trat, darüber informierte, dass sie keinesfalls mit mir arbeiten könne. »Weshalb denn nicht?«, fragte ich sie. »Weil Sie groß sind und schwarze Haare haben. Ich bin von einem großen schwarzhaarigen Mann missbraucht worden.« Diese Frau hatte auf eine ziemlich primitive Weise gelernt, diese beiden Aspekte einer gewissen männlichen Erscheinung mit leidvollem Missbrauch zu assoziieren. Ihre Augen registrierten *groß* und *schwarzhaarig*, und ihr neuronales Netzwerk tat den Rest und ordnete diese Züge einem *Missbrauchstäter* zu. Sie war in einem sich selbst verstärkenden Loop gefangen. Ich entgegnete ihr, dass ich ebenso eine Brille und einen Spitzbart trüge. Hatte auch das auf den Missbrauchstäter zugetroffen? »Nein«, sagte sie, als wäre das eine entscheidende Offenbarung für sie. »Ich denke, ich kann doch mit Ihnen arbeiten.«

Indem ich ihr neue Information lieferte, holte ich sie aus dem neuronalen Kreislauf heraus, den ihre traumatische Vergangenheit etabliert hatte. Doch Achtung: Hätte ich ihr diese neue Information *nicht* gegeben, so hätte ich ihrem panischen Verlassen meiner Praxis Vorschub geleistet und nicht nur an ihrem neuronalen Loop nichts geändert, sondern diesen sogar noch verfestigt. Ihr Glaube an dessen prophetische Kraft und Fähigkeit, sie vor Schaden zu bewahren, wäre verstärkt worden, denn in ihrem Geist hätte sie einmal mehr einen großen, dunkelhaarigen Missbrauchstäter getroffen und es geschafft, ihm zu entfliehen. Wie bei den Arroyos im Südwesten der USA zieht jeder Sturm tiefere Furchen in den Boden.

> *Die Wahrnehmung scheint dich zu lehren, was du siehst. Sie legt jedoch nur Zeugnis ab für das, was du gelehrt hast. Sie ist das äußerliche Abbild eines Wunsches, ein Bild, von dem du wolltest, dass es wahr sei.*[8]

Es gibt einen Spruch, der besagt, für einen Hammer sehe alles wie ein Nagel aus. Ein medizinischer Laie tut mit einem Schulterzucken ab, was für die Ohren einer Ärztin Warnsignale für eine Krankheit sind, und zwar egal, ob das stimmt oder nicht. Eine Rechtsanwältin setzt einen Vertrag auf, der alles vorwegnimmt, was irgendwie schiefgehen könnte, und weitet diese Wachsamkeit auch auf das Verhalten ihres festen Freundes aus, obgleich sich in Beziehungen Konflikte weder vermeiden noch vertraglich regeln lassen. Ein Chefkoch kann kein Mahl zu sich nehmen, ohne ausfindig zu machen, welche Zutaten und Gewürze zu dessen Geschmack beigetragen haben könnten und wie es sich verbessern ließe. Eine jede dieser Personen ist zu einer ganz bestimmten Sicht auf die Welt gelangt und konzentriert sich selektiv auf das, wovon sie gelernt hat, dass es wichtig sei. Doch keiner von ihnen ist so angetreten.

Niemand wird als »Hammer« geboren. Wir durchlaufen einen Lernprozess. Unser neuronales Netzwerk passt sich immer weiter an, bis es sicher ist, dass es weiß, was es da verarbeitet, und es festschreibt. Von nun wird es, statt sich neuer Information anzupassen, andersherum diese assimilieren und seinem vorgefertigten Rahmen angleichen. Die Ärztin kann nicht umhin, ihr Wissen auf ihre eigenen Kinder anzuwenden, und macht sie damit Krankheiten gegenüber unnötig furchtsam. Wegen trivialer Brüche ihres unausgesprochenen Vertrags setzt besagte Rechtsanwältin guten, fürsorglichen Beziehungen ein verfrühtes Ende. (»Er kam – wieder! – zehn Minuten zu spät und wir haben beinahe den Film verpasst. Das ist rücksichtslos. Ich bin fertig mit ihm.«) Wenn neuronale Netzwerke zu festgefahren sind und unfähig werden, irgendetwas Neues außerhalb des früheren Lernziels zu integrieren, werden wir zu Gefangenen unserer Vergangenheit.

An diesem Punkt beginnt tatsächlich alles wie ein Nagel auszusehen. Wir können nur noch sehen, was uns die Vergangenheit zu sehen gelehrt hat. Was wir nicht sehen, wird als unwahr – oder schlimmer noch – inexistent erachtet. Wir widersetzen uns ihm. Jeder, der nicht unserer Meinung ist, ist ein Narr, dessen Meinung getrost übergangen werden kann, oder aber solche Leute werden sogar als Bedrohung eingeschätzt und sollten folglich ausgemerzt werden.

Neuronale Netzwerke lassen sich noch besser begreifen, wenn wir ein Konzept aus der Computerwelt heranziehen. Verbindet man auf einem Computer unterschiedliche Funktionen miteinander und aktiviert sie mit einer einzigen Tastenkombination, nennt man das ein Makro. Statt getrennt voneinander fünf unterschiedliche Vorgänge durchzuführen, weist man sie einem Schlüssel zu, drückt auf die Taste – und siehe da, alle fünf Vorgänge werden automatisch nacheinander durchgeführt, und man spart Zeit und Mühe.

Wahrnehmung funktioniert weitgehend auf dieselbe Art und Weise. Haben wir eine Reihe von Hunden gesehen, brauchen wir keinen Wahrnehmungsalgorithmus mehr zu durchlaufen, der schlussfolgert: *vier Beine + Schwanz + Bellen = Hund.* Wir »sehen« einfach einen Hund. Dasselbe gilt für Autos. Gesichter. Häuser. Räume. Ich denke, das ist klargeworden.

Ein neuronales Netzwerk ist ein Makro, das ein bestimmtes Wahrnehmungsset auf ein präexistentes Gleis rangiert, welches diesen Wahrnehmungen automatisch Bedeutung zuweist, die auf früherer Erfahrung basiert – ohne dass dazu ein bewusster Denkprozess erforderlich wäre. Das ist wie eine Vereinbarung. Uns wird die Mühe erspart, aktiv zu denken und das, was wir wahrnehmen, zu verarbeiten, allerdings auf Kosten eines breiter aufgestellten Gewahrseins. Das gilt nicht nur für unser persönliches Leben, sondern auch für die Welt, in der wir leben.

Wahrnehmung: zerstückelt und zerschnitten

Wenn du morgens in dein Auto steigst und zur Arbeit fährst, musst du dann darüber nachdenken, wie du das anstellst? Natürlich nicht. Du folgst einfach dem Weg, den du kennst. Vielleicht musst du den Straßenverhältnissen geschuldete kleine Veränderungen – Verkehr, Schnee oder einen Unfall – berücksichtigen, und gewiss wird dir ein Ferrari oder eine hinter dir aufheulende Ambulanz nicht entgehen. Doch während dieser

Fahrt wird die Straße zu deiner ganzen Welt und spult sich in absehbaren Abschnitten vor deinen Augen ab: Zuerst kommt deine Nachbarschaft, dann die Schnellstraße, die Ausfahrt, es folgen weitere Straßen, und schließlich der Parkplatz deiner Arbeitsstelle. Was unbemerkt bleiben, sind das Land und seine Umgebung, auf dem die Straße gebaut wurde. Du fährst über unterirdische Wasserleitungen mit strömendem Wasser und wirst das nie wissen. Du erklimmst Hügel und folgst Kurven, ohne dem Beachtung zu schenken. In einer City mit ihren verschachtelten Straßen und hohen Gebäuden kennst du wahrscheinlich nicht einmal den Sonnenstand oder die Himmelsrichtung, in der du unterwegs bist.

Aus einer anderen Perspektive wiederum – wenn du zum Beispiel eine Landschaft überfliegst –, erkennst du keine einzelnen Straßen und Wälder, Hügel und Täler, sondern siehst alles gleichzeitig in einem und demselben Rahmen. Von oben gesehen ist der größere Kontext wiederhergestellt. Das ist einer der Gründe dafür, weshalb Fliegen so beglückend ist.

Wir zerschneiden die naturgegebene Kontur des Landes aber nicht nur mit Straßen, sondern auch, indem wir sie in Grundstücke unterteilen, auf die wir Häuser und Gebäude bauen, von denen ein jedes seine eigene Straßennummer zugeteilt bekommt. Diese Häuser und Gebäude befinden sich in unterschiedlichen Kommunen, Klein- und Großstädten, Staaten und Ländern. Sie alle besitzen ihre eigene Geschichte, ihren eigenen Dialekt und Akzent, ihre besondere Küche sowie ihre eigenen Gesetze und Gebräuche. Und doch sind – wie alle Ego-Dinge – die Grenzen, die all dies definiert und voneinander trennt, völlig künstlich.

Der künstliche Charakter von Grenzen wird in einer Szene des Films *Die große Illusion* von dem französischen Filmemacher Jean Renoir aus dem Jahr 1937 wunderbar deutlich gemacht. Zwei französische Kriegsgefangene – der eine aus einer wohlhabenden Familie, der andere aus der Arbeiterklasse – werden trotz ihrer

Differenzen gute Freunde. Gemeinsam fliehen sie aus einem Gefangenenlager des Zweiten Weltkriegs. Ihr Ziel ist es, wohlbehalten aus Deutschland in die neutrale Schweiz zu gelangen. In der Schlussszene des Films rennen sie auf die Schweizer Grenze zu und laufen dabei über ein weites schneebedecktes Feld. Eine Panoramaaufnahme zeigt zwei winzige Gestalten, die sich inmitten einer riesigen Ausdehnung weißen Schnees vorwärts kämpfen. Ein deutscher Soldat erspäht sie und setzt sein Gewehr zum Schuss an. Doch ein anderer Soldat hält ihn auf und sagt, die beiden hätten die Schweizer Grenze doch bereits überschritten. Die Grenze ist unsichtbar: Nichts ist zu sehen, nur das unbefleckte Schneefeld. Und doch entscheiden ein paar Meter über Leben und Tod. Das ist nicht nur ein Kriegssonderfall. Verirr dich nur zufällig über die Grenze von Colorado nach Nebraska, während du gerade Marihuana rauchst, und schon könntest du für eine ganze Weile im Knast landen.

Es liegt in der Natur des Egos, Trennungen und Unterscheidungen zu vollziehen, wo es keine gibt, denn es ist selbst ein Kind der Trennung: seines eigenwilligen Fortgangs aus dem Eins-sein, das Gott ist. Abseits vom und im Gegenzug zum Einssein meißelt sich das Ego seine Wahrnehmungswelt zurecht und teilt und unterteilt sie immer weiter in Myriaden von Leuten, Dingen und Geschehnissen. Und jedes Mal, wenn wir uns umschauen und diese Welt der getrennten Dinge erblicken, können wir gar nicht anders, als Vergleiche zwischen ihnen zu ziehen und damit des Egos Herrschaft über uns zu verstärken. Doch diese Unterschiede und Abgrenzungen sind künstlich. Ihre schwindelerregende Vielfalt macht uns blind für ihren wahren Zweck, insbesondere jenen, uns im Unbewusstsein festzuhalten und die Realität von Gott und dem reinen Geist vergessen zu machen. Wir fürchten, dass ohne die uns bekannte Welt alles nur Chaos wäre. Doch der Kurs versichert uns, dass ***»ohne das Ego alles Liebe wäre«***.[9]

Dem Verständnis von Zeit nähert sich das Ego mit demselben Rezept an: Sie wird feinsäuberlich in Würfel und Scheibchen geschnitten. Dabei ist das tatsächliche Vorüberziehen der Zeit ausgesprochen veränderlich und höchst subjektiv. Sitzt man stundenlang im Wartezimmer fest, weil der Arzt im Verzug ist, und hat nichts anderes zur Unterhaltung zur Verfügung als ein paar alte Illustrierte, dann verrinnt die Zeit nur langsam. Ist man aber mit irgendeiner begeisternden Aktivität wie Sport oder Kino beschäftigt, scheint sie nur so dahinzufliegen. Doch wir konzipieren Zeit nicht auf diese Weise, sondern zerschneiden sie in Stunden, Minuten und Sekunden – und bündeln, anders herum, unsere Tage zu Wochen, Monaten und Jahren. Das verhängt eine gewisse Gleichförmigkeit, ist aber völlig künstlich.

Ich habe an einwöchigen Workshops teilgenommen, bei denen eingangs Uhren und iPhones eingesammelt und erst am Ende des Workshops wieder zurückgegeben wurden. Das Gefühl für die verstreichende Zeit war ganz anders und ziemlich befreiend. Wenn wir unsere Routinen mit bestimmten Uhrzeiten verbinden, sind wir dazu gezwungen, uns nach einem unbeugsamen Schema zu richten, das uns sagt, wann wir arbeiten, essen und schlafen sollen, wann wir uns in Bewegung setzen müssen und wann wir ausruhen und uns entspannen dürfen. Dieses Schema überschreibt unsere natürlichen Rhythmen in etwa auf die gleiche Weise, wie es das Straßennetz mit der Landschaft tut.

Begib dich von einer Zeitzone in die andere, was ändert sich? Du hast einen Kilometer zurückgelegt und gewinnst oder verlierst bereits eine Tagesstunde. Der Staat von Arizona hält keine Sommerzeit ein, das Volk der Navajos, die innerhalb der Grenzen Arizonas leben, aber schon, während der Stamm der Hopi, deren Grenzen innerhalb des Territoriums der Navajos liegen, es wiederum nicht tut. Fährt man also im Sommer durch Arizona, springt die Zeit so oft um eine Stunde vor und zurück, dass sie bedeutungslos wird. Es hat keinen Zweck zu versuchen, sie aufrechtzuerhalten.

Ich flog einmal an einem Silvesterabend von Auckland in Neuseeland nach Honolulu. Da mein Flug die internationale Datumsgrenze überquerte, feierte ich Sylvester auf dem Flughafen von Auckland mit einer Flasche Scotch und, als ich am Silvestermorgen auf Hawaii ankam, schickte ich mich an, am späteren Abend ein zweites Mal anzustoßen. Die Konventionen, die über die Zeit verfügen, erweisen sich sogar als noch willkürlicher als die Grenzen, die Staaten und Länder voneinander trennen.

Selbstverständlich haben diese künstlichen Konstrukte auch Vorteile. Bevor es Straßen gab, mussten die Leute ihren Weg zu Fuß oder auf dem Pferd über holpriges Gelände zurücklegen. Die Ausblicke mögen hübscher gewesen sein, man konnte sich aber auch sehr leicht verirren. Und ohne unser System der Zeitmessung könnten wir als Gesellschaft nicht funktionieren. Es wäre schwierig, sich mit Freunden zum Abendessen zu verabreden oder einen Flug zu buchen, und noch weniger würde ein jeder »rechtzeitig« zur selben Uhrzeit bei der Arbeit erscheinen können.

Die mentalen Strukturen, die uns der Nimmer-Geist auferlegt, helfen uns, in dessen Welt von Raum und Zeit zu funktionieren. Doch sie schränken uns auch ein, denn sie drängen uns auf die vertrauten Nebenstraßen einer Konsens-»Realität«, die uns von einer Wahrheit fernhält, die ab- und jenseits von ihr liegen könnte, ob das nun die tatsächliche Lage des Landes ist, das natürliche Auf und Ab der Zeit – oder der weiträumige, grenzenlose Immer-Geist.

Makros dekonstruieren

Wer jemals versucht hat, einen Sport wie Baseball, Golf oder Tennis zu erlernen, weiß, wie leicht es ist, in schlechte Angewohnheiten zu verfallen. Ohne es zu wollen, bekommt unser Schlag plötzlich eine charakteristische Wendung – gewissermaßen einen Haken, der unserem Körperbau, unserer Muskulatur oder Geschicklichkeit geschuldet ist. Gewöhnen wir uns dann aber an diesen Schlag, neigen wir dazu, uns – besagtem Haken zum Trotz – mehr und mehr auf ihn zu verlassen. (Das ist ein weiteres Beispiel für unser neuronales Netzwerk in Aktion.) Er hat uns weit gebracht und zu einem kompetenten Spieler gemacht, was an und für sich eine gute Sache ist. Kommt nämlich ein Fastball mit Hochgeschwindigkeit auf uns zu geflitzt, bleibt uns keine Zeit, den Mechanismus unseres Schlags zu analysieren; in dieser Situation *wollen* wir, dass das Makro – das neuronale Netzwerk – die Kontrolle übernimmt, obwohl es einen unnötigen Haken hat.

Schränkt uns jene Angewohnheit, jener Haken, aber in unserem Schlag ein und hindert uns daran, ein besserer Spieler zu werden, müssen wir ihn korrigieren. Um das zu erreichen, müssen wir genau beobachten, was wir falsch machen. Wir müssen das alte Makro dekonstruieren, bevor wir es durch ein neues ersetzen können. Wir müssen das neuronale Netzwerk neu programmieren. Das stellt sich als schwerer heraus, als wir anfangs gedacht haben, und man kann es kaum alleine hinbekommen, denn uns fehlen Abstand und richtige Perspektive. Wir können nicht gleichzeitig spielen und uns selbst beobachten. Deshalb haben wir Trainer und Coachs. Ihre Aufgabe ist es herauszufinden, was wir falsch machen, es uns zu erklären und Alternativen vorzuschlagen.

Als ich Mitte Dreißig war, begann ich, bei einem hervorragenden Musiker Gitarrestunden zu nehmen. Um mir ein paar Griffe zu zeigen, musste er diese ganz langsam spielen. Er musste also seine antrainierten Muster analysieren, seine Makros in Einzelteile zerlegen. Ich beobachtete, wie seine Frustration immer größer wurde, während er damit rang, sich ins Bewusstsein zurückzuholen, was seine Finger seit Jahrzehnten automatisch taten.

Denk darüber nach: Wie lange, würdest du sagen, hat es gedauert, bis du laufen gelernt hast? Natürlich erinnerst du dich nicht daran, aber ich bin mir sicher, dass das nicht sofort geklappt hat. Zuerst hast du auf wackeligen Beinen dagestanden, dich an Kaffeetischen und Sofas entlang gehangelt, hast dich an die Hände deiner Eltern geklammert, während du zögerlich die ersten Schritte ausprobiertest. Und du bist hingefallen. Oft. All das, um deine Beinmuskeln so koordinieren zu lernen, dass sie das Gleichgewicht halten und dich vorwärtsgehen lassen konnten. Schließlich hast du es in den Griff bekommen. Du konntest rennen, tanzen und springen, ohne mehr irgendeinen Gedanken daran zu verschwenden. Nun steh einmal auf. Geh ein paar Schritte und sag mir *genau*, was deine Beinmuskeln tun. Du kannst es nicht. Das ist unmöglich. Das Makro funktioniert zu gut, ist zu tief eingepflanzt, um analysiert werden zu können. Bekämst du aber einen Schlaganfall und müsstest von Neuem laufen lernen, würdest du jenen Muskeln und dem, was sie tun, große Aufmerksamkeit zuwenden.

Versuch einmal, nach demselben Motto die Bewegung deiner Zunge zu beobachten, während du sprichst. Offenkundig hast du sie unter Kontrolle, doch es fühlt sich nicht so an. Du denkst die Wörter, und deine Zunge formt sie automatisch über eine komplexe Reihe von Bewegungen, die du gelernt hast, als du um die zwei oder drei Jahre alt warst, die jetzt aber zu Makros verbunden sind. Und auch hier ist es so, dass, wenn ein Schlaganfall jenen Gehirnbereich ausschaltet, der für die Sprache zuständig ist, oder wenn du in ein fremdes Land ziehst, wo man eine andere Sprache spricht, du jene Zungenbewegungen wieder ganz und gar neu lernen musst, bis sich in einem langsamen und mühevollen Prozess neue Makros bilden.

Will man eine neue Sprache, ein neues Instrument spielen lernen oder seine Schlagtechnik im Tennis verbessern, wird einem das nicht leicht erscheinen. Jene alten neuronalen Netzwerke setzen Veränderungen Widerstand entgegen. Seien wir uns dessen bewusst, dass sie dafür gemacht wurden. Es ist, als hätten die

Tausenden von Wiederholungen in der Vergangenheit ein eigenes Gravitationsfeld aufgebaut, welches uns jetzt in die alten Muster zurückzieht, ob uns das gefällt oder nicht. Tatsache ist, dass wir instinktiv an dem festhalten, was uns vertraut und angenehm ist, *weil es bisher ja immer funktioniert hat.* Wir wollen nicht das Risiko eingehen, am Ende der neunten Spielrunde bei besetzten Basen eine neue Schlaghaltung auszuprobieren. Es ist uns peinlich, wenn Tennisbälle hoch über das Netz fliegen oder Golfbälle mehrmals über alle Löcher hinweg in unwegsamem Gelände landen, nur weil wir eine neue Schlagtechnik ausprobieren. Da greifen wir lieber auf unser altbewährtes Prozedere zurück. Das schränkt uns zwar ein, stellt uns aber auch nicht bloß. Wir verändern nur dann etwas, wenn wir wirklich entschlossen sind, ein besserer Spieler zu werden.

Das trifft nicht allein auf Musik und Sport zu, sondern gilt auch für unser Verhalten in Beziehungen. Wir entwickeln bestimmte Erwartungshaltungen, bestimmte Verhaltensmuster, die auf frühen Lebenserfahrungen beruhen (und wir für gewöhnlich von unseren Eltern übernommen haben). Diese schlechten Angewohnheiten übernehmen wir dann unbewusst ins Erwachsenenalter. Wir unterdrücken Ärger, wie es Vater tat – bis sich dieser in einem Wutanfall entlud. Wir manipulieren, wie es Mutter und unsere Schwestern taten. Wir überhäufen unsere Partner mit Aufmerksamkeit, in der Hoffnung, sie würden unsere Bemühungen anerkennen und dasselbe auch für uns tun. Wir ertränken unsere Hemmungen und Ängste im Alkohol. Wir vertiefen unsere »Arroyos« immer weiter. Und solche Angewohnheiten hindern uns daran, aufrichtige, in vollem Maße liebevolle Beziehungen zu führen. Gegen Veränderungen wehren wir uns natürlich, weil wir nicht zugeben wollen, dass irgendetwas mit uns oder unserem Verhalten nicht stimmt. Manchmal schauen wir uns das Problem lieber gar nicht erst an, sondern brausen, sobald wir darauf hingewiesen werden, wütend auf.

Anders als beim Sport, wo wir wenigstens zugeben können, dass wir eine Schwachstelle in unserer Schlagtechnik entwickelt haben und uns helfen lassen könnten, kommen Beziehungen mit einem Nachteil daher, einem allseits einsatzbereiten Sündenbock: unserem Partner. Es ist weitaus leichter, ihm für alles, was falschläuft, die Schuld in die Schuhe zu schieben, statt unsere eigenen fehlerhaften Überzeugungen und Verhaltensweisen ins Visier zu nehmen – und umso unwilliger sind wir, uns Hilfe zu holen. Konsultiert man einen Paartherapeuten, stigmatisiert man sich weitaus mehr, als wenn man sich bei einem Golfprofi zum Unterricht anmeldet. Wir klammern uns an unsere festgefahrene Position und haben eher das Bedürfnis, »recht« zu haben, als zu versuchen, uns zu ändern und Glück zu finden. Und so ändern wir uns eben nicht. Wir urteilen und machen Vorwürfe und gehen in den Angriff. Wir wissen von nichts, weichen aus und legen uns eine Fassade zu. Wir hauen immer wieder mit demselben defizitären Schlag auf unsere Beziehung ein – und sind dann überrascht, ja regelrecht wütend, wenn wir immer wieder dasselbe Ergebnis erhalten und unser Partner sich nicht ändert. Vielleicht finden wir sogar einen neuen Partner, jemanden, der uns einfach so liebt und annimmt, wie wir sind, mit all den schlechten Angewohnheiten und so weiter. Und der Kreislauf beginnt von Neuem.

Der Nimmer-Geist lebt und nährt sich von diesem Automatismus. Würden wir nämlich das Tempo drosseln und unsere Makros auseinandernehmen, würden wir tief in jene Glaubenssätze hineinschauen, die unsere Weltsicht ausmachen, würden wir ihre Fragwürdigkeit ans Licht bringen.

Wir könnten einen neuen Ansatz ausprobieren, eine effektivere Schlagtechnik, einen besseren Weg. Genau das versucht *Ein Kurs in Wundern®* uns beizubringen, allerdings auf die Wahrnehmung in ihrer Gesamtheit bezogen. Und genau das ist es, was das Ego bis zu seinem letzten Atemzug bekämpfen wird.

Die Gegenwart finden

Der Wert von Makros und neuronalen Netzwerken liegt in ihrer Fähigkeit, Erfahrung zu kodifizieren, so dass kein bewusstes Nachdenken mehr erforderlich ist. Wir erkennen einen Hund als Hund und bücken uns, um ihn zu streicheln, wir misstrauen großen dunkelhaarigen Männern und halten Distanz zu ihnen. Doch hierin liegt zugleich die Gefahr von Makros. Sie liefern uns eine Wahrnehmungsabkürzung, bringen uns direkt zu einer Schlussfolgerung, einer Interpretation dessen, *was ist,* die fest in der Vergangenheit verankert ist, ohne uns zu veranlassen, diese in der Gegenwart zu überprüfen. Sie führen zu einem Wahrnehmen, das sich mit Ausweichmanövern begnügt, und begrenzen dadurch unser Vermögen, eine andere Antwort zu wählen.

Im Grunde haben wir die Gegenwart gegen die Vergangenheit eingetauscht: Wir überschreiben gegenwärtige Erfahrung mit Glaubenssätzen, die wir lange zuvor erlernt haben. Das kettet uns an die Vergangenheit, und wir bleiben im wahrsten Sinne des Wortes ihr Gefangener. Ob aus Furcht oder Gewohnheit, wir erlauben dem Nimmer-Geist seinen Kopf gegen uns durchzusetzen, wie ein verrückter Diktator, der seine Herrschaft aufrechterhält, indem er seinem Volk mit Terrorgeschichten Angst einjagt. *Nur ich kann euch Sicherheit gewähren. Ohne mich werden schreckliche Dinge passieren. Ihr werdet Mangel erleiden. Ihr werdet zugrunde gehen. Ich allein kann euch beschützen. Vertraut mir!* Wir glauben ihm und geben unsere Macht ab. Oder wir glauben ihm nicht ganz, haben aber das Gefühl, das Wagnis einzugehen, ihn in Frage zu stellen, würde zu viele Schwierigkeiten bereiten.

Um dem Nimmer-Geist zu begegnen und seinen todsicheren Rückgriff auf die Vergangenheit zu lockern, empfehlen die Buddhisten die Praxis des *Anfängergeistes.* Damit ist gemeint, dass man alles, was man in der Vergangenheit gelernt hat, aufhebt, um die Welt neu zu sehen – so, als begegnete man ihr zum allerersten

Mal. Fährt man eine Straße das erste Mal entlang, ist man aktiv und aufmerksam. Man achtet auf die Schönheit um sie herum und die interessanten Läden, an denen sie vorbeiführt. Und man registriert Kreuzungen und Orientierungspunkte, schwierige Kurven und Tankstellen.

Genauso ist es, wenn du jemanden zum ersten Mal triffst: Du achtest auf die Art und Weise, wie diese Person dich ansieht. Hörst wirklich zu, was sie sagt: nimmst nicht nur ihre Worte wahr, sondern auch die Nuancen, den Klang ihrer Stimme. Du gehst mit Sorgfalt und Engagement vor, du interessierst dich für sie. Hast du dich aber einmal mit ihr bekannt gemacht, beschränken sich deine Eindrücke alsbald auf das vertraute Bild, welches du aufgrund deiner bisherigen Erfahrung in deinem Geist entworfen hast. Das Makro hat übernommen. Die Vergangenheit ist an die Stelle der Gegenwart getreten.

Der Anfängergeist bringt dich zum gegenwärtigen Augenblick zurück, in dem alles frisch und neu ist und die Tür zum Immer-Geist allezeit offensteht. Deine neuronalen Netzwerke wurden von der Vergangenheit geprägt, doch dort lebst du nicht. Nur der gegenwärtige Augenblick existiert. Wollen wir Glück, kann es uns nur dort finden, wo wir leben, im Jetzt, nicht in irgendeiner vergangenen Erinnerung oder einer Zukunftsfantasie, die in der Vergangenheit gründet.

Die Wahrnehmung verändern

Wir haben gesehen, dass Wahrnehmung nicht ohne Kontext und Kontrast möglich ist, wie sie von vergangener Erfahrung abhängt, die in neuronalen Netzwerken und Makros kodiert ist und fortan dem Wahrgenommenen seine Bedeutung verleiht, wie sie die Gegenwart mit der Vergangenheit überschreibt und wie sehr sie sich der Veränderung widersetzt. Doch machen wir uns klar: Die Welt der Wahrnehmung ist das, was wir kennen. Alles, was wir kennen. Wir sind offenbar ihre Gefangenen, aber gibt es überhaupt eine Alternative?

Es ist möglich, den sich selbst verstärkenden neuronalen Netzwerken zu entkommen, die die Wahrnehmung beherrschen, doch nur dann, wenn wir offen für neue Information sind. Diese erreicht uns durch neue Erfahrung, die sich deutlich von der Vergangenheit unterscheidet. Mein vietnamesischer Patient musste erst mit einem amerikanischen Psychiater zusammentreffen, um zu lernen, dass er nicht das Los seines Onkels würde teilen müssen. Mein Großvater musste erst einen Ozean überqueren, um eine Filmspule zu entdecken, die die Bolschewisten der Lüge überführte.

Indem wir neue Information zulassen und so unseren Kontext erweitern, verändern wir die Beschaffenheit dessen, was wir wahrnehmen. Mein Großvater würde nie wieder einen Football mit einem Laib Brot verwechseln. Und dasselbe gilt für den Vietnamesen und seinen Kopfschmerz oder die weibliche Patientin, die mich fälschlicherweise für einen Missbrauchstäter hielt. Hatte sich im Zuge neuer Information die Einsicht dieser Leute einmal verändert, konnten sie nie mehr Kopfschmerzen als unvermeidliches Schicksal oder große, dunkelhaarige Therapeuten als Verfolger interpretieren, zumindest nicht ohne weitere Beweise.

Aber die Veränderung geht noch tiefer, denn wenn sich auf Grund neuer Information die Wahrnehmung verändert, *verändert sich auch der Wahrnehmende.* Beide Patienten gingen aus der Behandlung mit einer Erfahrung der Angstüberwindung heraus. Und das schafft wieder ein neues neuronales Netzwerk. Von nun an war die Wahrscheinlichkeit, dass jene alte Furcht auf den Plan gerufen werden würde, deutlich reduziert. Überdies hatte jeder von ihnen jetzt eine Erfahrungsgrundlage für die Zuversicht, dass sie auch anderer Ängste Herr werden konnten. Sie waren insgesamt weniger angstanfällig, weniger leicht bereit, in die Opferrolle zu fallen. Sie erlebten sich selbst als stärker. Wenn sich unsere Weltsicht verändert, verändert sich auch unser Selbstkonzept.

> *Die Welt an sich ist nichts. Dein Geist muss ihr Bedeutung geben. … Es gibt keine Welt losgelöst von deinen Wünschen, und darin liegt deine letztendliche Befreiung. Du brauchst nur dein Denken über das zu ändern, was du sehen willst, und die ganze Welt muss sich entsprechend auch verändern.*[10]

Doch zieht *Ein Kurs in Wundern®* in Zweifel, dass *jede* Erfahrung als wahrhaft neu und anders erachtet werden kann, solange sie deine Identifikation mit dem Ego verstärkt. Du magst noch so sehr deinen Kontext zu erweitern versuchen: Solange du an die Welt der Wahrnehmung und des Nimmer-Geistes gebunden bist, werden diese dich weiterhin beherrschen und kontrollieren. Wie solide auch immer du dein Haus bauen oder wie viel Geld du zurücklegen magst, du wirst dich niemals völlig in Sicherheit und Frieden fühlen in einer Welt, die von ihrem Macher, dem Ego, dazu erschaffen ist, Furcht einflößend zu sein. Hol dir die besten Ärzte und Personal Trainer, hol dir die perfekte Zusammenstellung von Nahrungsergänzungsmitteln, und doch wirst du keine Garantie für deine Gesundheit bekommen. Ja schlimmer noch, was auch immer du tust, wo auch immer du hinfährst oder deinen Lebensort wählst, mit wem auch immer du dich anfreundest, dein Körper wird schlussendlich sterben. Das ist garantiert. Das Ego lässt dir die »Wahl deines Giftes« – aber ist die Wahl zwischen verschiedenen Giften denn wirklich eine Wahl? Wir sind so sehr konditioniert zu glauben, dass die Welt, die wir wahrnehmen, real und eine Gegebenheit ist, zu der wir keine Alternative haben, dass wir gar nicht erst nach einer solchen suchen.

Der sicherste Weg, um Menschen gefangen zu halten, ist, sie davon zu überzeugen, dass es gar kein Gefängnis gibt, sondern sie frei sind zu tun, was immer sie wollen. Weshalb sollte jemand aus etwas zu entkommen versuchen, von dem er glaubt, dass es gar nicht existiert? Der berühmte Film *Matrix* aus dem Jahr 1999 visualisiert eine Welt, die mit unserer identisch ist, sich aber als gigantische Computersimulation entpuppt: eine virtuelle Gefängnisrealität. Doch nur ganz wenige realisieren das. Da die Simulation so treffend, so real ist, ist es praktisch unmöglich, ihr auf eigene Faust zu entkommen. Es ist Hilfe von außen nötig, von jemandem, der weiß, dass diese Matrix eine Lüge ist, da er aus ihren verwirrenden Illusionen bereits ausgebrochen ist – von jemandem, der sein Wissen mit anderen teilen will, um ihnen zu helfen, sich ebenfalls zu befreien.

Im Film geht diese Hilfe von menschlichen Wesen aus, die außerhalb der Computersimulation leben. In *Ein Kurs in Wundern®* kommt sie vom Heiligen Geist. Der Heilige Geist lebt außerhalb der Welt der Wahrnehmung. Er nimmt an den Ego- oder Nimmer-Geist-Spielen nicht teil, sondern erkennt sie als Aktionen der Usurpatoren, die sie in Wirklichkeit sind, und erreicht uns ihrem Widerstand zum Trotz, um uns zu helfen, uns selbst zu befreien.

Der Kurs beschreibt den Heiligen Geist als Brücke zwischen der Wahrnehmungswelt des Egos und dem, was er die reale Welt nennt, einer Welt, die vom Einfluss des Egos reingewaschen und dafür bereit gemacht worden ist, uns zu unserem wahren Selbst als Gottes Sohn zurückkehren zu lassen. Dieses Selbst existiert außerhalb der Grenzen der Zeit und hat das ewige Einssein mit Gott niemals verlassen. Mehr über diese reale Welt im nächsten Kapitel.

Der Heilige Geist ist ein Aspekt des Immer-Geistes. Er ist dazu da, uns beim Erwachen zu helfen – doch nur dann, wenn wir um Hilfe bitten. Denn unser Wille ist frei, wie der Kurs in seiner Einleitung klarstellt:

Freier Wille bedeutet nicht, dass du den Lehrplan bestimmen kannst. Er bedeutet nur, dass du wählen kannst, was du zu einer gegebenen Zeit lernen willst.[11]

Wir können die Wahl treffen, an das zu glauben, was nicht existiert, selbst wenn uns das Schmerz zufügt. Wir können, solange wir wollen, im Ego-Wettrennen mitlaufen, der ständig zurückweichenden Ziellinie hinterher. Der Heilige Geist wartet geduldig, wissend, dass uns unser Leid am Ende in die Knie zwingen wird und wir die Hand nach Hilfe ausstrecken werden. Doch wir können diesen Prozess auch beschleunigen.

Die Fallstricke des Urteilens

Akzeptieren wir es als Tatsache, dass wir zu freiwilligen Gefangenen des Nimmer-Geistes geworden sind, so stellt sich die Frage, was genau uns denn gefangen hält. Denn wenn wir diese Faktoren identifizieren können, haben wir eine bessere Chance, auszubrechen.

In der Egowelt der Wahrnehmung, in der Kontext und Kontrast dominieren, ist es fast unmöglich, keine Urteile zu fällen. Diese können so einfach sein, wie Größen miteinander zu vergleichen, oder so komplex, wie eine neue Wohnstatt auszuwählen. Am häufigsten aber urteilen wir über andere Leute: Leute, die wir kennen, oder öffentliche Personen, von denen wir gehört oder gelesen haben. Auch über globale Situationen sowie Herausforderungen, denen wir in unserem persönlichen Leben gegenüberstehen, fällen wir Urteile.

Solche Urteile liefern das Futter für den inneren Monolog: jene Stimme in unserem Kopf, die sich als *Selbst* maskiert. Sie ist ein nicht endender Urteilsschwall: über unser Lebensgefühl, weshalb dieses gerechtfertigt ist, was andere von uns denken, was wir von ihnen wollen, was sie von uns wollen, wie wir uns verhalten sollten, um zu bekommen, was wir wollen – und natürlich, wie wir uns in Sicherheit und außerhalb von Gefahr bringen.

> *Wahrnehmung ist ein fortwährender Prozess des Annehmens und Zurückweisens, Ordnens und Neuordnens, des Wechselns und Veränderns. Bewertung ist ein wesentlicher Bestandteil der Wahrnehmung, weil Urteile nötig sind, um auswählen zu können.*
>
> *Was geschieht mit Wahrnehmungen, wenn es keine Urteile gibt und nichts als vollkommene Gleichheit? Die Wahrnehmung wird unmöglich. Die Wahrheit kann man nur erkennen. Alles, was zu ihr gehört, ist gleichermaßen wahr, und einen Teil von ihr zu erkennen, heißt sie ganz zu erkennen.*[12]

Wenn wir Frieden erleben wollen, wenn wir dem Ego entkommen und die Stimme des Nimmer-Geistes zum Schweigen bringen wollen, dann müssen wir uns vom Urteilen befreien. Ohne Urteil können wir uns nicht mehr so sicher sein, was richtig oder falsch ist – und das gilt für uns selbst wie jeden anderen auch. Wir erkennen an, dass wir begrenzt sind in unserer Fähigkeit zu verstehen, was irgendetwas wirklich bedeutet. Selbst wenn wir wahrscheinlich nicht imstande sind, uns des Urteilens zu enthalten, so können wir doch zumindest damit anfangen, die Gültigkeit unserer Urteile in Frage zu stellen und sie weniger ernst zu nehmen. Wir müssen uns nicht mehr mit ihnen identifizieren oder sie unserem Selbstkonzept einverleiben. Folglich ist der Egozugriff auf uns ausreichend gelockert, um dem Heiligen Geist Zugang zu gewähren und ihm zu erlauben, uns eine neue Interpretation anzubieten, in etwa so, wie ein weiser Verwandter einem Kind Rat in Sachen Schulhofstreitereien gibt.

Machen wir uns klar: Der menschliche Geist ist unfähig, den Gesamtkontext eines jeden Umstandes zu erfassen. Der Hauptzweck dieses Kapitels ist zu zeigen, dass, was auch immer wir sehen oder zu sehen glauben, notwendig von unserer vergangenen Erfahrung kontaminiert ist. Deshalb steht es außer Zweifel, dass wir so einiges verpassen. Wichtiges.

Ein Kurs in Wundern® führt mächtige Argumente für die Hinfälligkeit aller Urteile an:

> *Das Ziel unseres Lehrplans, im Unterschied zum Lernen der Welt, ist die Einsicht, dass Urteilen im üblichen Sinne unmöglich ist. Das ist keine Meinung, sondern eine Tatsache. Um irgendetwas richtig zu beurteilen, müsste man sich einer unvorstellbar weiten Bandbreite von Dingen völlig bewusst sein, vergangenen, gegenwärtigen und solchen, die noch kommen werden. Man müsste im Voraus alle Wirkungen seiner Urteile auf jeden und auf alles, was irgendwie damit zu tun hat, erkennen. Und man müsste sich sicher sein, dass es keine Verzerrungen in der eigenen Wahrnehmung gibt, so dass das Urteil gänzlich gerecht wäre jedem gegenüber, auf dem es jetzt und in der Zukunft liegt. Wer ist in der Lage, das zu tun? Wer würde dies für sich in Anspruch nehmen, außer in größenwahnsinnigen Phantasien?*
>
> *Erinnere dich, wie viele Male du dachtest, dass du alle »Tatsachen« kenntest, die du zum Urteilen brauchtest, und wie sehr du dich geirrt hast! Gibt es irgendjemanden, der diese Erfahrung nicht gemacht hat? Möchtest du wissen, wie viele Male du bloß dachtest, Recht zu haben, ohne jemals zu bemerken, dass du Unrecht hattest? Warum würdest du eine*

derartig willkürliche Basis wählen, um Entscheidungen zu treffen? Weisheit ist nicht Urteil, sie ist das Aufgeben des Urteils.[13]

Und ganz knapp zusammengefasst:

Urteilen heißt, unehrlich zu sein, denn urteilen heißt, eine Position einzunehmen, die man nicht hat.[14]

Bei jeder Gelegenheit, in der du deine eigene Urteilskraft einsetzt, betreibst du Selbsttäuschung. Du schenkst der Wahnvorstellung Glauben, dass du über ausreichend Information verfügst, um ein Urteil fällen zu können, obwohl das nicht stimmt. Eigentlich gibst du dann vor, Gott zu sein.

Ein angesehener Professor einer renommierten Universität erzählte einer *Ein Kurs in Wundern*®-Gruppe die folgende Geschichte. Während er vor Hunderten von Studenten seine gut besuchten Vorlesungen hielt, erwartete er verständlicherweise, dass seine Studenten still dasitzen und zuhören würden. Sollten sie Fragen haben, würden sie diese für das Ende der Vorlesung aufheben. Eines Tages kam eine junge Frau hereingestürmt und setzte sich in die erste Reihe des großen Vorlesungssaals, und es hatte nicht den Anschein, als wäre irgendetwas nicht in Ordnung mit ihr. Doch mitten in der Vorlesung streckte sie plötzlich ihre Hand in die Luft und machte auf sich aufmerksam. Sie hatte eine Frage. Er ignorierte sie, doch sie ließ sich nicht beirren, so dass er seine Vorlesung schließlich unterbrach und sie aufrief. Sie stellte ihre Frage, er antwortete und setzte dann seine Vorlesung fort. Kurze Zeit später hob sie erneut ihre Hand, um eine weitere Frage zu stellen. Da gemahnte er sie, bitte zu warten und ihn nach der Vorlesung anzusprechen. Doch als die Vorlesung zu Ende war, wartete sie nicht, sondern verließ eilig den Saal. Bei der nächsten Vorlesung in der folgenden Woche saß sie wieder in der ersten Reihe, unterbrach wieder seine Vorlesung und überschüttete ihn mit Fragen. Er konnte nicht glauben, dass sie derart hartnäckig war. Bemüht, die Geduld zu bewahren und höflich zu bleiben, gab er ihr Antwort. Und so ging es in mehreren Vorlesungen weiter. Wissend, wie sie drauf war, ließ sich der Professor immer weniger durch ihre Anwesenheit beirren, und gewöhnte sich gewissermaßen an sie. Dann war sie plötzlich verschwunden. Auch in der folgenden Woche tauchte sie nicht wieder auf und auch in der danach nicht. Da stellte er Nachforschungen an und erfuhr, dass diese junge Frau verzweifelt darum gekämpft hatte, seine Vorlesung hören zu können. Weshalb? Weil sie dabei war zu sterben und wusste, dass sie sonst keine Gelegenheit mehr dazu hätte. Der Grund für ihre abrupte Abwesenheit war, dass ihre Krankheit sie eingeholt hatte und sie gestorben war. Seine Urteile über sie und ihr unhöfliches, aufdringliches Benehmen waren solange angemessen gewesen, wie seine Information gereicht hatte. Doch ihm war der größere Kontext, ihre Krankheit, entgangen. Ihm hatte wesentliche Information gefehlt, als er sein Urteil über sie fällte. Hätte er das gewusst, hätte er anders empfunden und sich völlig anders verhalten.

Dieser Professor liefert uns ein dramatisches Beispiel für das Problem, welches Urteilen darstellt, selbst dann, wenn es vollkommen gerechtfertigt, ja sogar selbstverständlich erscheint. Vielleicht hast du nichts erlebt, was der Geschichte dieses Professors gleicht, doch gewiss hast auch du schon Urteile gefällt, die nicht stimmten und die du später bereut hast. Vielleicht hast du in einem Restaurant gesessen und zu lange warten müssen, bis deine Bestellung endlich kam, und dich gewundert, was zum Teufel dein Kellner für ein Problem haben mochte. Als das Essen dann schließlich kam, war es kalt, und dein Ärger kochte über. Du hinterließt ein lausiges Trinkgeld, um klarzustellen, was Sache war. Aber du hast nicht in Erwägung gezogen, ob das vielleicht der erste Abend im Job dieses Kellners war oder ob er kurz vor seiner Schicht erfahren hatte, dass seine Mutter in einen Unfall verwickelt worden war, oder er krank war, aber trotzdem arbeiten musste, weil er sich das nicht anders leisten konnte. Vielleicht hast du diese Frau verflucht, die dich auf der Autobahn anhupte und dann plötzlich mitten im Verkehr drei Spuren auf einmal überquerte, um zur Ausfahrt zu kommen? War sie eine fürchterliche Autofahrerin oder gehörte gar zu dieser berüchtigten aggressiven Gang, die sich an keine Verkehrsregeln hält? Oder war sie in Eile, weil sie ihr Kind von der Schule abholen oder zu einem Notfall ins Krankenhaus fahren musste? Und was ist mit der Ärztin, die mit ihrem Terminplan immer eine Stunde in Verzug zu sein scheint und dich in ihrem Warteraum in Verdruss und Langeweile dahinschmoren lässt? Ist sie unprofessionell und langsam? Eine schlechte Planerin? Oder könnte es nicht sein, dass sie sich so sehr um das Wohl ihrer Patienten kümmert, dass sie es in Kauf nimmt, ihrem Terminplan hinterherzuhinken, um jedem die bestmögliche Behandlung zu gewähren, derer sie fähig ist?

Als Psychotherapeut habe ich häufiger Patienten in Behandlung, die sich wiederholt über ihre Ehefrauen beschweren. In mir entsteht dann ein geistiges Bild von diesen Ehefrauen, demgemäß sie herrisch, übergriffig, distanziert, verurteilend und hoffnungslos mit ihrer Arbeit beschäftigt sind oder einfach keine Ahnung von den rudimentären Erfordernissen einer Beziehung haben. An einem bestimmten Punkt kommen wir dann überein, besagte Ehefrau mit in die Therapiesitzung zu nehmen, und ich entdecke – sehr zu meiner Überraschung und meinem Vergnügen –, dass sie ganz und gar nicht so ist, wie ich sie mir vorgestellt habe. Mein Urteil hatte auf begrenzter, subjektiver und notwendigerweise parteiischer Information beruht.

Dieser Hang zum Urteilen geht aber über das bloße Fehlen des größeren Kontextes einer Situation hinaus. Er spiegelt eine Bereitschaft wider, ja sogar eine Freude daran, stur bei der Gewissheit zu bleiben, dass du weißt, wie die Leute sind und wie die Welt funktioniert, und nichts das ändern wird. Der erste Schritt, um das Urteilen zu umgehen, liegt in der einfachen Anerkennung der Tatsache, dass du nicht über alle Fakten verfügst. Dass du weit davon entfernt bist, allwissend zu sein, und daher alle deine Urteile *stets* unzulänglich sein werden. *Sie werden nicht hinhauen*, und das stellt sich als der allerbeste Grund dafür heraus, sie loszulassen. (Wir sprechen hier nicht von Routineentscheidungen wie solchen, ob du gefahrlos die Straße überqueren kannst oder dir einen Regenmantel überziehen solltest. In Schwierigkeiten bringen uns jene Urteile, in die andere Menschen und unsere Annahmen über sie verwickelt sind.) Wenn ein Urteil vom Ego und nicht vom Heiligen Geist ausgeht, ist es notgedrungen fehlerhaft. Versuch, dich auf dein eigenes Urteil zu verlassen, und gemäß *Ein Kurs in Wundern*® wirfst du jede Chance auf dauerhaften Frieden über Bord.

Der letztgültige Kontext

Doch wir müssen uns auf den Prozess des Loslassens vom Urteilen noch tiefer einlassen. Und das erfordert eine gewichtige Bereitschaft von deiner Seite, namentlich anzuerkennen, dass du unfähig bist, angemessene Urteile zu fällen, *weil du durch und durch mit dem Ego identifiziert bist.* Du bist nicht in deinem rechtgesinnten Geist, sondern leidest – ziemlich wortwörtlich – unter Selbst-Täuschung. Doch auch der Heilige Geist und Immer-Geist sind Teil von dir. Sie haben dich nicht verlassen. Sie schauen auf dieselbe Welt hinaus wie du, betrachten sie aber von einer höheren Warte aus, und mit einem einzigen Ziel: dich frei zu machen und dir Frieden zu bringen.

Der Immer-Geist wird zum letztgültigen, ultimativen Kontext, gegen den alles andere, die gesamte Welt der Wahrnehmung, aufgewogen werden muss. Er gibt nicht nur einem kleinen Wahrnehmungsfragment eine neue Deutung, indem er den Kontext ein wenig erweitert, sondern *allem*, deiner gesamten Welt. Er deutet alles neu – im hellen Licht der beständigen und unveränderlichen Wahrheit. Das ist der Sühneplan des Kurses. Er kehrt des Geistes Abspaltung vom Einssein und von Gott um. Und das ist die Rettung.

> *Ein Traum des Urteils ist in den Geist gekommen, den Gott vollkommen wie sich Selber schuf. In diesem Traum wurde der Himmel in die Hölle umgewandelt und Gott zu Seines Sohnes Feind gemacht. Wie kann der Gottessohn nun aus dem Traum erwachen? Es ist ein Traum des Urteils. So darf er denn kein Urteil fällen – und er wird erwachen.*[15]

Wie funktioniert das? Wie befreist du dich vom Urteil? Das scheint unmöglich zu sein, der Kurs behauptet aber, dass das, was unmöglich ist, die Welt ist, die wir sehen und beurteilen. Erlösung von dieser Welt zu finden ist also nicht nur möglich, sondern notwendig.

Nimm irgendeinen Aspekt der Wahrnehmungswelt, irgendein Urteil, das du über jemand anderen fällst oder an dem du festhältst, irgendeine Art von Konflikt, ganz egal welche. Erweitere den Kontext dann, um deine Situation mit den Augen des Heiligen Geistes zu »sehen«. Alles, was Er kennt, sind die Wahrheit und ihre Attribute: Frieden, Liebe, Einheit. Vor diesem letztgültigen Hintergrund betrachtet, stellt sich *alles* in der Welt der Wahrnehmung – stellen sich *all* die Egoängste und -wünsche – als bloße Illusion dar. Nichts. Es kann auf den, Der Du in Wahrheit Bist, keinen Einfluss haben. Erinnere dich: Gott schuf Seinen Sohn zu Seinem Ebenbild. Und gemäß *Ein Kurs in Wundern*® bist du dieser Sohn (genauso wie jeder andere auch). *»Gott ist nur Liebe,* *und daher bin ich es auch.«*[16] Wenn das, was du erblickst, nicht Liebe ist, ist es deiner nicht wert. Es ist nicht real. Es existiert nicht. Punkt. Das anzuerkennen befreit dich vom Ego, seiner Welt und all seinen Auswirkungen.

Angesichts dieser letztgültigen Perspektive ist der Heilige Geist ganz und gar fähig, angemessene Entscheidungen für dich zu treffen. Deine Entscheidungen, die auf deinen Urteilen beruhen, werden dich auflaufen und in deinem Egoalbtraum stranden lassen. Seine Entscheidungen werden dich wach- und freimachen. Seine einzige Absicht ist in der Tat, dich zu führen, so dass du dich nicht auf deine eigenen fadenscheinigen Interpretationen von Dingen verlassen musst, die du absolut nicht verstehen kannst. *Ein Kurs in Wundern®* beschreibt die Funktion des Heiligen Geistes folgendermaßen:

> *Der Heilige Geist weilt in dem Teil deines Geistes, der Teil des Christusgeistes [oder Immer-Geistes] ist. Er stellt dein Selbst und deinen Schöpfer dar, die eins sind. … Er scheint eine Stimme zu sein, denn in dieser Form spricht Er Gottes Wort zu dir. Er scheint ein Führer durch ein fremdes Land zu sein, denn du brauchst diese Form der Hilfe. Er scheint all das zu sein, was den Bedürfnissen entspricht, von denen du denkst, du habest sie. Aber Er lässt sich nicht täuschen, wenn du dein Selbst als in Bedürfnissen gefangen wähnst, die du nicht hast. Von ebendiesen möchte Er dich befreien. Vor ebendiesen möchte Er dich sicher machen.*[17]

Der Heilige Geist bringt dir alle Erfahrungen, die du zum Erwachen brauchst. Doch er wird keinen Bedürfnissen stattgeben, die du nur zu haben glaubst, Bedürfnissen, die in Wirklichkeit vom Ego ausgehen. Diese Unterscheidung ist ein Schlüssel. Wenn du um etwas bittest, das dich eigentlich hindert und verletzt, wirst du es vom Heiligen Geist nicht bekommen. Das geschieht zu deinem Besten, auch wenn du es in dem Moment nicht so sehen kannst. Wenn ein Zehnjähriger eine Schachtel Zigaretten oder ein Sturmgewehr haben will, wird kein fürsorglicher Elternteil diesem Wunsch nachgeben. Ich persönlich kann mich an so einige Situationen und Beziehungen erinnern, nach denen ich mich einst sehnte und die ich nicht bekam: Jetzt, Jahre später, empfinde ich kein Bedauern, sondern nur tiefe Dankbarkeit.

Wenn es dir unangenehm ist, brauchst du diesen Immer-Geist-Aspekt nicht *Heiliger Geist* zu nennen. Stell ihn dir vor, wie du magst, nenn ihn Höheres Selbst, Schutzengel, Innere Weisheit, Gottheit, Universum oder was auch immer du vorziehst – solange es dir erlaubt, aus dem Weg zu gehen und *um Hilfe zu bitten.* Wir werden diesen Prozess und das, was er mit Wundern zu tun hat, in Kapitel 6 noch genauer betrachten.

Von nichts kennst du den wahren Zweck, das heißt, du weißt nicht, wie du etwas benutzt und nur dazu benutzt, um zur Wahrheit zu erwachen. Aufgrund deiner Identifikation mit dem Ego siehst du nichts klar. Dieser höhere Teil von dir aber schon. Daher:

> *»Deine Funktion hier ist nur, dich dagegen zu entscheiden, dass du entscheidest, was du willst, in der Einsicht, dass du es nicht weißt.«*[18]

Nach dem Kurs ist dies die einzige Entscheidung, die ein jeder von uns treffen kann, die wirklich einen Sinn oder eine Wirkung hat. Alles andere ist eine verdeckte Wahl des Egos und seiner verlockenden Zurschaustellung von Illusionen. Nur ist, wie wir gesehen haben, eine Wahl unter Illusionen überhaupt keine Wahl.

Wenn du deine eigenen Entscheidungen zu treffen versuchst, verhältst du dich wie ein unbändiges kleines Kind, das, ohne zu gucken, über eine befahrene Straße mitten in der Stadt rennt.

Vielleicht schaffst du es mehrmals, unversehrt hinüberzukommen, doch früher oder später wirst du angefahren werden. Trittst du aber einen Schritt zurück und bittest um Hilfe, weil du anerkennst, dass du nicht weißt, wie man Hauptverkehrsstraßen überquert, dann nimmt dich der allwissende, allliebende Heilige Geist bei der Hand und führt dich sanft und sicher hinüber.

> *Es ist Jemand bei dir, Dessen Urteil vollkommen ist. Er kennt alle Fakten, die vergangenen, gegenwärtigen und die noch kommen werden. Er kennt alle Wirkungen Seines Urteils auf jeden und alles, was irgendwie daran beteiligt ist. Und Er ist jedem gegenüber gänzlich gerecht, denn in Seiner Wahrnehmung ist keine Verzerrung.*
>
> *Lege deshalb das Urteil ab, nicht mit Bedauern, sondern mit einem Seufzer der Dankbarkeit.*[19]

> *Du hast dem Heiligen Geist nie irgendein Problem übergeben, das Er nicht für dich gelöst hätte, noch wirst du das je tun. Und du hast nie versucht, irgendetwas selbst zu lösen, und dabei Erfolg gehabt. Ist es nicht an der Zeit, diese Tatsachen zusammenzubringen und einen Schluss daraus zu ziehen?*[20]

> *Sag nur zum Heiligen Geist: »Entscheide du für mich«, und es geschieht. Denn Seine Entscheidungen sind Widerspiegelungen dessen, was Gott über dich weiß, und in diesem Licht wird Irrtum jeder Art unmöglich.*[21]

Wie sehr wir unseren Kontext auch erweitern, solange dieser *in irgendeiner Form* auf Wahrnehmung beruht, verstehen wir nicht, was wir tun. In Unkenntnis der Wahrheit irren wir verloren umher. Erfahren keinen Frieden. Und mögen wir über irgendein Glück stolpern, so wird es flüchtig sein und uns am Ende nicht genügen. Wenden wir uns aber an den Heiligen Geist und machen uns Sein Urteil als den letztgültigen, ultimativen Kontext zunutze, um uns in der Welt zu verorten, in der wir leben und uns bewegen, dann werden Frieden, Wahrheit, Freiheit und echtes, dauerhaftes Glück unser sein.

Hinter den Spiegeln

In Shakespeares *Wie es euch gefällt* erklärt Jacques: »Die ganze Welt ist eine Bühne, /Und alle Fraun und Männer bloße Spieler: /Sie treten auf und gehen wieder ab; /Und Sein Leben lang spielt einer manche Rollen.«[22] Wie wir in Kapitel 1 sahen, lässt uns der Nimmer-Geist tatsächlich viele Rollen in vielen Stücken spielen, um uns davon abzuhalten, unser wahres Selbst zu entdecken. Innerhalb der Welt der Wahrnehmung sind wir bei unzähligen illusorischen Dramen beteiligt, mal als Autor oder Regisseur, mal als Schauspieler oder Bühnenmeister. Spielen wir aber nur verschiedene Rollen in verschiedenen Stücken, werden wir zu der zentralen Frage unseres ersten Kapitels – *Wer bist du?* – zurückgeführt oder, um noch einen Schritt weiterzugehen: Was ist das wahre Wesen des Selbst, das diese Rollen spielt? Und was passiert, wenn man aus seiner Rolle aussteigt? Was, wenn du beschließt, die Bühne ganz und gar zu verlassen? Was liegt hinter dem Vorhang der Wahrnehmung?

> *Die Wahrnehmung ist ein Spiegel, keine Tatsache. Und das, worauf ich schaue, ist mein Geisteszustand, der sich spiegelt.*[23]

Ich hatte vor vielen Jahren einmal das Glück, mit meinem Sohn ein wundervolles Stück zu sehen. Das Bühnenbild der Eingangsszene war ein viktorianischer Salon mit einem riesigen Kamin im Hintergrund. Über dem Kamin hing ein großer Spiegel, der die Gesichter des Publikums in der Loge darüber einfing. Jedenfalls hatte man den Eindruck, dass es so war; allerdings schien der Winkel irgendwie falsch zu sein. Doch das Stück begann, und ich vergaß den Spiegel. Und dann dauerte es nicht lange, bis etwas Überraschendes geschah: Einer der Spieler sprang auf, schleuderte einen Stuhl gegen den Spiegel und zerschmetterte ihn mit einem lauten und kurzen *Peng!* Eine dicke Rauchwolke verdunkelte die Bühne, und als sie sich aufgelöst hatte, war das gesamte Bühnenbild verschwunden. Kein Salon, kein Kamin oder Spiegel mehr. Stattdessen wurde hinter der Bühne eine Tribüne sichtbar, und auf dieser Tribüne saßen dreißig oder vierzig weitere Zuschauer – und zwar genau jene, deren »Widerschein« ich im Spiegel gesehen hatte, bevor er zerbrochen war. Es stellte sich heraus, dass da nie ein Spiegel gewesen war. In die Wand über dem Kamin hatte man ein Loch geschnitten und es so gerahmt, dass es wie ein Spiegel aussah. Also waren die Leute, die ich gesehen hatte, kein Spiegelbild, sondern real. Sie schauten dem Rest des Stückes aus dieser anderen Perspektive zu – von der nunmehr offenen Bühne aus. Dieser Trick passte perfekt zum Stück, das den Titel *Through the Looking Glass* (»Hinter den Spiegeln«)[24] trug, und bot einen fantastischen Zugang zum Wunderland, und zwar für Alice und uns alle im Publikum.

Der zerbrochene Spiegel, der kein Spiegel war, stellte in vielerlei Hinsicht eine Metapher für den Immer-Geist in seiner Beziehung zur Sinneswelt dar. Durchbrichst du den Spiegel der Wahrnehmung und durchdringst die Maske der Illusion, was findest du? Was erwartet dich auf der anderen Seite? Die Realität: nichts mehr und nichts weniger.

Hinter jedem Bild, das ich gemacht habe, bleibt die Wahrheit unverändert. Hinter jedem Schleier, den ich über das Antlitz der Liebe zog, bleibt ihr Licht ungetrübt. ... Gott ist immer noch und auf ewig überall und in allem. Und wir, die wir Teil von Ihm sind, werden dereinst über alle Erscheinungen hinwegblicken und die Wahrheit jenseits von ihnen erfassen.[25]

ÜBUNGEN

Als erwachsenes menschliches Wesen bist du von deinen fünf Sinnen und der Welt, die sie abbilden, so abhängig geworden, dass es kaum nachvollziehbar erscheint, den Versuch zu unternehmen, über sie hinauszuschauen. Willst du aber die Wahrheit in Erfahrung bringen, ist das unumgänglich. Denn der Hochstapler Nimmer-Geist fährt mit der Welt der Wahrnehmung im Tandem, um uns davon abzuhalten, wahrhaft zu sehen.

In der Hoffnung, sich einen Weg zu Wahrheit und Himmel freizusprengen, hatte es sich im neunzehnten Jahrhundert der französische Dichter Arthur Rimbaud zur Aufgabe gemacht, die Sinne zu durchbrechen. Leider war die Hauptwaffe in seinem Arsenal Absinth (ein starkes Gebräu aus Alkohol, Anis und dem toxischen Thujon-Anteil von Wermut), also eine recht dürftige Wahl für diesen Zweck. Der Schriftsteller Aldous Huxley nahm Meskalin, eine psychedelische Droge, um sich einen Weg durch die *Pforten der Wahrnehmung* zu einer höheren Wirklichkeitswahrnehmung zu bahnen. Amerikanische Indianer schifften sich auf Visionssuche ein, Sufi-Derwische drehen sich, Mönche meditieren und intonieren Gesänge, Schamanen steigen unter rhythmischen Trommelschlägen zu anderen Reichen auf. Es gibt sehr, sehr viele Wege, um die Sinneswelt zu durchbrechen, weil sich diese letztlich als weitaus brüchiger herausstellt, als wir denken.

In den Kurslektionen des ersten Monats im Übungsbuch für Schüler geht es darum, die Welt, die du siehst, als bedeutungslos und unwirklich sehen zu lernen: nichts als eine aus deiner Vergangenheit zusammengebastelte Fiktion. Dieses Lernen erweitert der Kurs dann und dehnt es – über die von dir wahrgenommene Welt hinaus – auf absolut all deine Gedanken über die Welt und deine Rolle in ihr aus. Hier sind ein paar Beispiele:

Lektion 1:	*Nichts, was ich sehe, bedeutet etwas.*
Lektion 3:	*Ich verstehe nichts, was ich sehe.*
Lektion 4:	*Diese Gedanken haben keinerlei Bedeutung.*
Lektion 7:	*Ich sehe nur die Vergangenheit.*
Lektion 9:	*Ich sehe nichts, wie es jetzt ist.*
Lektion 11:	*Meine bedeutungslosen Gedanken zeigen mir eine bedeutungslose Welt.*
Lektion 25:	*Ich weiß nicht, wozu irgendetwas dient.*

In jeder Lektion wirst du darum gebeten, den zentralen Gedanken auf eine zufällige Auswahl von Objekten in deinem Gesichtsfeld oder Gedanken anzuwenden, die deinen Geist gerade beschäftigen. Ob du mit den Lektionen einverstanden bist, ist nicht die Frage; es spielt keine Rolle, ob sie für dich einen Sinn ergeben oder nicht. Du wirst nur gebeten, mit ihnen zu arbeiten und die Ergebnisse der Zukunft zu überlassen. Und dafür gibt es einen guten Grund: Du steckst so fest in dem, was du vermeintlich siehst und verstehst, dass du jedwede Fähigkeit verloren hast, von dir aus einzuschätzen, ob es wahr ist oder nicht. Deshalb weißt du nicht wirklich, was gut für dich ist und was nicht. Vergleichbar einem Kompass, der zu lange einem starken Magnetfeld ausgeliefert war, kannst du nicht mehr sagen, wo es nach Norden geht.

In den folgenden Übungen bekommst du eine Gelegenheit, dich über die Welt der Wahrnehmung hinauszubewegen und zu entdecken, wie dünn ihr Furnier tatsächlich ist. Durchstich dieses Furnier, zieh es ab – und erhasche einen flüchtigen Blick von dem, was dahinter liegt, einen Vorgeschmack auf das wahre Selbst – ein kurzes Eintauchen in den Immer-Geist. Wir gehen dabei auf zweierlei Weisen vor.

Zuerst werden wir versuchen, den Kontext zu verändern, den du mit bestimmten Ereignissen verbindest, also die Glaubenssätze, mit denen du das, was dir widerfährt, normalerweise interpretierst.

Dann peilen wir die Wahrnehmung auf einer grundlegenderen Ebene an, und zwar der der Sinne, und versuchen – wie Rimbaud und Huxley, nur ohne die Verwendung von Drogen –, ihre Umklammerung zu lösen. Es gibt viele Wege, über die man die Sinne austricksen, ablenken oder überwältigen und dadurch die Wachtposten des Nimmer-Geistes überwinden kann.

Was ich im Folgenden anbiete, ist eine kleine, aber repräsentative Auswahl.

Doch zuvor noch eine behutsame Warnung. Du bist in einer Welt großgeworden, die du so zu sehen gewohnt bist, wie du es normalerweise tust. Selbst wenn sie sich als beängstigend oder schmerzhaft erweist, ist sie doch solide und vertraut, und das Ego zieht dem Unbekannten immer das Bekannte vor. Wenn diese Welt wegzubrechen beginnt, kann das ein erhebendes Gefühl auslösen, aber auch Angst. Deshalb solltest du, während du die folgenden Übungen machst, immer dann, wenn du dich eher ängstlich als neugierig oder entspannt fühlst, einfach aufhören. Bekommst du Augenschmerzen, hör auf. Du brauchst das nicht durchzuziehen. Nur das Ego würde das von dir verlangen und missbilligen, wenn du aus Unbehagen abbrichst.

Denk daran, dass das Ziel dieser Übungen darin besteht, den Vorhang der Wahrnehmung wegzuziehen, um den Nimmer-Geist und seine Requisiten bloßzulegen. Damit lädst du zugleich den Frieden des Immer-Geistes zu dir ein. Und diesen Frieden wünschst du dir. Ob es dir klar ist oder nicht: Du willst diesen Frieden mehr als alles, was diese Welt zu bieten hat. In dieser Absicht ermutige ich dich, die folgenden Übungen auszuprobieren.

Erste Übung: *Kontextwechsel*

Du solltest Papier und Stift bereithalten, um dir Notizen machen zu können.

Denk an etwas, das dich vor Kurzem aufgewühlt hat. Es sollte kein geringfügiger privater Vorfall sein wie etwa die Beleidigung durch einen Freund oder ein Streit mit deinem Lover, sondern etwas Umfassenderes, was dir sehr zu schaffen gemacht hat, eine Naturkatastrophe, ein Massenmord oder ein Terroristenüberfall aus dem Fernsehen; oder auch deine Mannschaft, die beim Super Bowl oder World Cup verloren hat; oder eine wichtige Wahl, bei der dein Lieblingskandidat verloren hat. Nimm das erste Ereignis, welches dir in den Sinn kommt.

Tritt dann – mit so viel Objektivität wie möglich – einen Schritt zurück und stell dir die Frage, weshalb dieses Ereignis derart starke Gefühle in dir ausgelöst hat.

- Hat es dich auf irgendeine Weise verletzt? Wie genau?
- Was hast du infolgedessen, wenn überhaupt, eingebüßt?
- Auf welche Weise hat es bei dir Schmerz ausgelöst?
- Denkst du, dass es dir noch weiteren Schaden zufügen wird?
- Wird es dir finanziell schaden?
- Erinnert es an irgendetwas Schmerzhaftes aus deiner Vergangenheit und holt es wieder hoch?
- Könnte es so weit kommen, dass es dich oder jemanden, den du liebst, tatsächlich umbringt?

- Fügt es deiner Identität einen Kratzer zu, indem es eine Rolle oder einen Wert in Frage stellt, die dir lieb sind?

Diese Gründe sind, jeder für sich genommen und alle zusammen, ausreichende Erklärungen für deine Bestürzung.

Pick dir nun jemanden heraus, den du gut kennst und magst, dessen Persönlichkeit aber ganz anders ist als die deinige. Wenn du zum Pessimismus tendierst, sollte er oder sie optimistisch sein. Wenn du vorsichtig und analytisch bist, er oder sie impulsiv und intuitiv. Und so weiter.

Wie könnte sich dieses Ereignis in seinen/ihren Augen darstellen? Tritt an seine/ihre Stelle. Wäre diese Person genauso bestürzt wie du?

- Wenn ja, weshalb? Wenn nein, was daran würde sie anders deuten?
- Wie könnten Leute aus einem anderen Land dieses Ereignis betrachten? Wäre deren Reaktion ähnlich oder anders? Weshalb?
- Was, wenn sie aus einer sehr abgelegenen Gegend stammten, ohne Internetzugang und mit nur begrenztem Fernsehempfang? Wie könnte das die Art und Weise ihrer Empfindungen bezüglich des Vorgefallenen verändern? Probiere zum Vergleich ihre Perspektive aus.
- Wie stünde es um Menschen aus einer vom Krieg verwüsteten Nation wie dem Kongo, Syrien oder dem Süden des Sudan? Würde sie ihre Vertrautheit mit den Schrecken des Krieges dies in einem anderen Licht sehen lassen als dich? Versuch, es mit ihren Augen im Kontext ihrer bisherigen Erfahrung zu betrachten.
- Würde es einen Unterschied machen, wenn sie eine andere Religion ausübten? Wie würde ein Buddhist auf ein solches Geschehen reagieren? Ein Muslim? Ein Atheist?

- Was, wenn sie zu einer anderen Rasse gehörten? Würde das ihre Deutung beeinflussen?

Hast du nun all diese unterschiedlichen Blickpunkte ausprobiert, spüre nach, ob sich deine Wahrnehmung dieses Ereignisses irgendwie verändert hat. Hat dieser Prozess deinen Schmerz und Ärger verringert oder verstärkt?

Bei dieser Fragestellung gibt es kein richtig oder falsch, sondern es geht nur darum, die Auswirkung unterschiedlicher Interpretationskontexte zu beobachten.

- Wirf jetzt einen Blick auf dieses Ereignis, wie du ihn mit zehn Jahren gehabt hättest. Würde das etwas ändern? Und mit zwanzig Jahren? Oder mehr?
- Was, wenn dein Kind an genau demselben Tag zur Welt gekommen wäre, an dem sich dieser Vorfall ereignete? Würde es das besser machen? Schlechter? Oder bliebe die Einschätzung unverändert?
- Wie hätte deine Mutter diesen Vorfall empfunden, als du noch ein Kind warst? Oder dein Vater? Welche Reaktionen hättest du von ihrer Seite miterlebt, wäre es damals passiert? Ähnelt deine Reaktion irgendwie der ihren? Ist sie anders? Und wenn ja, weshalb?
- Mach nun einen Sprung nach vorne: Wie sähe es in zehn Jahren für dich aus, wie würdest du es dann empfinden? In zwanzig Jahren? Was, wenn überhaupt, hätte sich geändert? Und warum?
- Stell dir zu guter Letzt vor, die ganze Sache fände am letzten Tag deines Lebens statt. Du lägst im Sterben – rängest nach Luft in einem Hospiz- oder deinem eigenen Bett, umgeben von jenen, die du liebst. Wie würdest du dann reagieren? Was wäre anders und weshalb?

Überprüfe erneut: Haben sich deine Empfindungen zu diesem Vorfall in irgendeiner entscheidenden Weise verändert? Wenn ja, was genau ist anders?

Zweite Übung: *Die Fesseln der Wahrnehmung lösen*

Diese Übung ist in mehrere Abschnitte aufgeteilt. Es wird dir nicht möglich sein, sie alle in einer einzigen Sitzung abzuarbeiten, und das solltest du auch gar nicht erst versuchen. Es ist besser, jeweils immer nur eine Übungseinheit durchzuführen. Wenn du mit allen durch bist, kann es sein, dass dich manche mehr anziehen oder entspannen als andere. Fühl dich frei, diese dann so oft zu wiederholen, wie du möchtest.

Solltest du, wie gesagt, Angst verspüren, höre auf. Mach eine Pause. Geh nach draußen an die frische Luft. Atme durch und streck dich. Trink Wasser. Und versuch es später noch einmal. Oder fahre mit der nächsten Übungseinheit fort und schau, wie sich diese anfühlt. Wenn dein Unbehagen anhält, überspring die ganze Übung und mach beim nächsten Kapitel weiter.

Doch es ist weitaus wahrscheinlicher, dass ein angenehmes Gefühl des Friedens von diesen Übungen ausgeht. Denn sie schaffen Raum dafür, dass sich dein Selbstgefühl erweitern kann – so, als hättest du in einer engen Schachtel gesteckt und könntest nun freistehen und dich bewegen. Stell sicher, dass du dein Höheres Selbst – deinen Immer-Geist oder den Heiligen Geist – darum bittest, bei diesen Übungen die Führung zu übernehmen und dich zu geleiten. Es (Er) wird dich wissen lassen, ob du fortfahren, eine Pause machen oder ganz aufhören und zum nächsten Kapitel springen sollst. Und denk noch einmal daran: Es gibt hier kein richtig oder falsch. Du bist einfach am Lernen. Erkunden. Entdecken.

Teil 1: *Vergangenheit und Zukunft in der Wahrnehmung erkennen*

Sorge zunächst dafür, dass du bequem sitzt. Dieser erste Übungsabschnitt funktioniert am besten drinnen, zu Hause. Und es empfiehlt sich, eher dabei zu sitzen als zu stehen oder zu liegen.

Bevor du anfängst, lies bitte zuerst alles durch, und wenn du zuversichtlich bist, die Anleitungen verstanden zu haben, leg das Buch beiseite und lenk deine ganze Aufmerksamkeit auf die Übung. Blick dich entspannt und frei um. Geh den Raum und alles durch, was in ihm ist. Lass deinen Blick nicht zu lange auf einem Gegenstand ruhen. Nimm einfach den Raum und seinen ganzen Inhalt in dich auf.

Lass im nächsten Schritt deinen Blick zufällig auf ein Objekt im Raum fallen und fixiere es. Frag dich währenddessen, welche Bedeutung es für dich hat.

- Was ist seine Funktion, und wie hast du diese in Erfahrung gebracht?
- Wann war das und unter welchen Umständen?
- War es ein Kauf oder ein Geschenk?
- Wenn es ein Kauf war, was brachte dich dazu, es zu erwerben? Wer war damals dabei? War es teuer oder ein Schnäppchen?
- Bist du glücklich mit diesem Gegenstand? Gefällt er dir oder ist er mit Urteilen verbunden? (Wie beispielsweise »Ich liebe diese Lampe, dieses Gemälde, dieses Möbelstück« et cetera; oder: »Dieser Stuhl ist hässlich; er ist peinlich und abgewetzt; wir brauchen einen neuen; aber können wir uns das denn leisten? Habe ich die Zeit, mich um so etwas zu kümmern?«)

Hierbei ist anzumerken, dass, wann immer du etwas anschaust, du nicht bloß einen Gegenstand siehst, sondern eine ganze Assoziationskette aus der Vergangenheit, die sich von da aus weiter in die

Zukunft erstreckt. Du könntest dir das wie eine virtuelle Wirklichkeitssimulation vorstellen, in der du per Blick auf einen Gegenstand klickst – und all deine Gedanken und Gefühle dazu sich in einem Panoramastrom von Erinnerungen und Assoziationen öffnen. Nie siehst du diesen oder irgendeinen anderen Gegenstand tatsächlich als das, was er ist. Wie *Ein Kurs in Wundern*® feststellt:

> *»Ich sehe nur die Vergangenheit.« »Ich sehe nichts, wie es jetzt ist.«*[26]

Geh dann zu einem anderen Gegenstand über. Dabei sei noch einmal betont, dass es besser ist, wenn du dies nicht bewusst zu tun versuchst, sondern deinem Blick einfach erlaubst, auf einen Gegenstand zu fallen.

Wiederhol den oben angeführten Prozess, um Vergangenheit und Zukunft dieses Objektes freizuschalten.

Wiederhol dies mit mindestens drei, aber nicht mehr als fünf Gegenständen, und hör dann auf. Schließ deine Augen. Lass diese ganze Verkettung mit der Erinnerung los. Schalte sie ab, und schneide den Draht zur Vergangenheit ab. Sei nun still und im Frieden, solange es angenehm ist.

Teil 2: *Schauen, ohne zu benennen*

In Kapitel 2 haben wir uns mit unserem inneren Monolog auseinandergesetzt, der so tut, als sei er dein *Selbst*, indem er laufend dein Leben kommentiert. Diese Stimme gibt sowohl positive als auch negative Urteile über dich und alle anderen Menschen um dich herum ab, hat zu allem eine Meinung und scheut sich nicht, dich wissen zu lassen, was sie denkt. Doch wie könnte sie ihr Urteilsspielchen treiben, wenn sie nicht allem, was deine Welt ausmacht, einen Namen anheften würde?

Ein Name ist ein praktisches Kennzeichen, er verstärkt aber auch die Trennung. Wir picken uns einen Blickwinkel oder Gegenstand aus dem Hintergrund heraus, geben ihm einen Namen und fokussieren uns dann darauf. In diesem Vorgehen schließen wir alle anderen Dinge mit davon abweichenden Namen aus.

> *Du hast Namen für alles, was du siehst, erfunden. Ein jedes wird zu einer separaten Wesenheit, die du mit ihrem eigenen Namen identifizierst. Dadurch meißelst du es aus der Einheit heraus. Dadurch kennzeichnest du seine besonderen Eigenschaften und hebst es ab von anderen Dingen, indem du die Betonung auf den Raum legst, der es umgibt. Und diesen Raum legst du zwischen alle Dinge, denen du verschiedene Namen gibst, zwischen alle Geschehnisse hinsichtlich Ort und Zeit und zwischen alle Körper, die du mit einem Namen grüßt.*
>
> *Dieser Raum, den du wahrnimmst als das, was alle Dinge voneinander abhebt, ist das Mittel, durch das die Weise, wie die Welt wahrnimmt, erreicht wird. Du siehst etwas, wo nichts ist, und siehst gleichermaßen nichts, wo Einheit ist.*[27]

In dieser Übung wollen wir versuchen, auf die Welt der Wahrnehmung zu achten, doch ohne sie zu benennen. Wenn wir Dingen ihre Namen entziehen, erlösen wir sie von der Vergangenheit. Ohne Namen können wir ein Ding nicht identifizieren, und ohne Identifikationsmerkmal kann es keine Geschichte haben, keine Vergangenheit. Was ist es, wenn es keinen Namen mehr hat, wirklich? Durch dieses Vorgehen setzen wir eine der Hauptstützen außer Gefecht, die die Wahrnehmungswelt des Egos aufrechterhält.

Du wirst sehen, dass diese Übung der vorherigen insofern ähnlich ist, als du auch hier gebeten wirst, deine Umgebung zu scannen und dann nach dem Zufallsprinzip bestimmte Gegenstände auszuwählen. Du kannst sie drinnen oder draußen machen, je nachdem, was dir lieber ist. Lass dein Auge auf dem Gegenstand deiner Wahl ruhen und sprich dann seinen Namen aus. Das kannst du leise oder laut tun, sei aber in beiden Fällen sicher, dass du den Namen deutlich sagst. So könntest du zum Beispiel sagen: »Tür«, »Stuhl«, »Fuß«, »Tür«, »Baum«, »Wolke« oder »Foto«.

Nachdem du seinen Namen genannt hast, starr den Gegenstand an. Versuch, ihn zu *sehen*, wie er ist, ohne irgendeinen Namen. Mit dem Namen lass zugleich alles los, was du über dieses Ding zu wissen meinst: seine Funktion, wie es hierherkam, ob du es magst oder nicht, sowie alle weiteren Assoziationen oder Beurteilungen aus der Vergangenheit. Du siehst es jetzt frisch, unbehindert von Bedeutung, mit dem Anfängergeist.

Stell dir vor, du bist gerade in einem Raumschiff aus einer anderen Galaxie gelandet, und dieses Objekt ist das erste Ding, welches du auf Planet Erde antriffst. Du hast keine Ahnung, was das ist. Du bist erstaunt. Du kannst bestenfalls seine Konturen, Farben und seine Grundform erkennen – doch selbst diese sind vage, weil dir keine Begriffe wie rund oder eckig, groß oder klein, braun, grün oder blau zur Verfügung stehen. Fixiere den Gegenstand und versuch, ihn auf seine wesentliche *Dinghaftigkeit* zurückzuführen, all seiner Eigenschaften, Eindrücke und Beschreibungen entblößt. Jedweder Kontext ist verschwunden.

Sei vorgewarnt: Dies ist keine leichte Übung. Doch genau das ist der Punkt, nämlich zu entdecken, wie fest wir an die Namen und Funktionen gebunden sind, die wir diesen Dingen zugewiesen haben. Jeder Name kettet uns an eine Konsensrealität, die – bewusst oder unbewusst – ein bedeutsamer Teil unseres Selbstkonzepts geworden ist. Und das stellen wir nie in Frage. Überdies verstärkt das, wie wir bemerkt haben, die »Realität« der inneren Stimme, die sich für »uns« ausgibt.

Wende diese Übung anfangs höchstens auf ein oder zwei Gegenstände an. Und lass es, wenn es zu frustrierend wird. Schaffst du es hingegen, dich auch nur einen Moment lang von Namen und Funktionen freizumachen, hast du etwas Wichtiges erreicht. In beiden Fällen schließ deine Augen und halte eine Weile inne, bevor du wieder an dein Tagewerk gehst.

Du kannst diesen Prozess jederzeit und überall wiederholen. Mit einer gewissen Übung wirst du bemerken, dass mit ihm Frieden einhergeht, weil er dir hilft, dich vom Nimmer-Geist zu befreien. Wenn du mit ihm vertraut geworden bist, kannst du ihn mit so viel verschiedenen Objekten durchziehen, wie du magst.

Teil 3: *Sehen, ohne etwas zu sehen*

Die vorangegangene Übung war ein Versuch, den Anfängergeist zu entwickeln. Du lässt alles los, was du zu wissen glaubst, um frisch an die Erfahrung heranzugehen, in der reinen Gegenwart, von vergangenen Assoziationen gesäubert. Doch man kann damit noch weitergehen.

An früherer Stelle in diesem Kapitel beschrieb ich die verzwickte Lage von Menschen, die mit einem Katarakt auf die Welt gekommen waren und selbst nach einer gelungenen Operation nicht normal sehen konnten. Sie hatten nie gelernt, Gegenstände als Gegenstände zu identifizieren, geschweige denn sie zu benennen. In dieser Übung bekommst du die Gelegenheit, dir diesen Anfängergeist radikal zu eigen zu machen.

Setz dich wieder bequem hin und lass deine Augen durch den Raum oder, solltest du dich draußen aufhalten, durch die unmittelbare Umgebung schweifen. Stell dir vor, du seist einer jener Kataraktpatienten und plötzlich das erste Mal in der Lage, Licht und Farbe wahrzunehmen, aber keine Gegenstände. Während du so um dich schaust, versuch, Schatten und Konturen, Farbnuancen und Texturen zu sehen, doch ohne ein Gefühl dafür zu haben, wo ein Gegenstand endet und ein anderer anfängt. Lösch alle Grenzen aus, so dass dein Gesichtsfeld zu einem fließenden Ineinanderübergehen von Licht und Farbe ohne Objekte, Umrisse oder irgendwelche scharfen Übergänge wird. Schließ dann deine Augen eine Zeitlang und halte inne. Versuch es erneut.

LIES NICHT WEITER,
BEVOR DU DIESE ÜBUNG NICHT
VOLLSTÄNDIG DURCHGEFÜHRT HAST.

Okay. Wie lief das für dich? Ich muss gestehen: Ich habe diese Übung *nie* hinbekommen. Und ich vermute, du auch nicht. Es ist fast unmöglich. Ich habe sie hier angeführt, um deutlich zu machen, wie fest und unerschütterlich die Welt der Wahrnehmung für uns geworden ist. Haben wir einmal gelernt, da *draußen* eine Welt von voneinander unterschiedenen Formen und Gegenständen zu *sehen*, schaffen wir es nicht mehr, sie *»ungesehen«* zu machen. Das gleicht dem Versuch, seine eigene Muttersprache so zu hören, als wäre sie fremd – ein einziger Wirrwarr von Klängen ohne unterscheidbare Wörter und ohne Bedeutung. Wenn du Wörter zu identifizieren gelernt hast, ist es äußerst schwierig, dahinter zurückzugehen und reine Klänge zu hören. Es gibt zwar noch andere Wege, um diese Grenze zu bearbeiten, doch diese radikale Form des Anfängergeistes ist für den Erlösungsplan des Heiligen Geistes nicht notwendig.

Teil 4: *Die Wahrnehmung auf einen Fokus lenken*

Diese Übung kannst du bequem im Sitzen oder im Liegen machen. Wenn im Liegen, dann empfehle ich, sie *nicht* vor dem

Schlafengehen durchzuführen, denn du würdest wahrscheinlich einschlafen. Und wieder gilt: Falls sich Unbehagen oder Angst einschleicht, hör auf. Höchstwahrscheinlich wirst du aber das Gegenteil erleben, nämlich in den Genuss einer ungewohnten Ruhe und Friedlichkeit kommen.

Diesmal greifst du dir nur ein Ding heraus und hältst deinen Fokus ausschließlich darauf. Verenge dein Blickfeld, blende nach Möglichkeit alles andere aus, so dass für dich nur noch diese eine Sache existiert.

Beim Meditieren liegt der Fokus üblicherweise auf dem Atem. Und das werden wir zuerst auch hier probieren. Du folgst jedem Atemzug, ein und aus, wie er in deine Nasenlöcher hinein- und wieder hinausgeht. Genau dieser Kontakt zwischen Atem und Nasenlöchern wird zu deinem ganzen Universum – das Einzige, was du kennst oder je gekannt hast. Wenn sich andere Gedanken dazwischenschieben oder dein Geist herumzuwandern beginnt, bring deinen Fokus sachte zum Atmen zurück, so als würdest du ein kleines Kind immer wieder zu einer Aufgabe zurückführen, zu der es keine Lust hat. Du tust das für dich selbst. Doch dein Nimmer-Geist wird dagegen ankämpfen. Es sind also Geduld und Beharrlichkeit gefragt.

Das Atmen ist nicht die einzige Option, man kann sich auch auf andere Wahrnehmungen konzentrieren. Es kann genauso funktionieren, wenn man an einem offenen Feuer in knisternde Flammen starrt oder seinen Blick fest auf eine einzige winzig kleine Kerzenflamme gerichtet hält. Während du so auf die Flamme(n) starrst, lass alle deine Gedanken und Eindrücke los, die du von Feuer und Flammen und ihrer Bedeutung je hattest. Dieses kinetische Tanzphänomen von Farbe, Licht und Hitze, in das du jetzt gerade so intensiv blickst, ist dir noch nie zuvor begegnet. Erlaube, dass sich seine *Dinghaftigkeit* in *Seinsheit* auflöst. Alles andere verschwindet, zuerst in Bedeutungslosigkeit, dann in Nichtexistenz. Du und es, ihr seid eins.

Diese Übung kann auch mit einem Wort durchgeführt werden. Such dir ein zwei- oder dreisilbiges Wort aus und wiederhole es immer wieder, indem du es – laut oder leise – zu dir selbst sprichst. Mach dazwischen keine Pause. Sprich dieses Wort unaufhörlich – wie in einem Loop – und gibt dein Bestes, dabei weder das Tempo noch deinen Tonfall oder die Aussprache zu ändern. Wenn dein Geist zu wandern beginnt, sich andere Gedanken aufdrängen oder du über eine Silbe stolperst und dich rausbringen lässt, macht das nichts. Setz einfach da wieder an, wo du aufgehört hast, und setz die Wortwiederholung fort.

Vielleicht fällt dir kein passendes Wort ein? Der Psychologe Charles Tart verwendete das Wort *cogitate*, was so viel bedeutet wie tief und absichtsvoll über etwas nachdenken. (Ich bin mir sicher, dass die offensichtliche Ironie Absicht war.) Er ging sogar so weit, sich dabei aufzunehmen, wie er es wieder und wieder in einem Endlosloop aufsagte: *cog-i-tate, cog-i-tate, cog-i-tate, cog-i-tate,cog-i-tatecog-i-tatecog-i-tatecog-i-tatecog-i-tate …*

Achte darauf, wie rasch dieses Wort jegliche Bedeutung verliert und nichts mehr mit dem zu tun hat, was es einst bedeutete, bis schließlich seine Struktur zusammenbricht. Es ist gar kein Wort mehr, sondern nur noch ein komisches, sinnloses Sprachgewirr. Wo ein Wort beginnt und das andere endet, ist unkenntlich, die Grenzen sind verwischt, und die Klänge bedeutungslos.

Leg nun das Buch zur Seite und probiere eine der gerade beschriebenen Optionen aus. Wenn du damit durch bist, reden wir darüber, was wir gerade gemacht haben.

• • •

Wenn du dich auf deinen Atem konzentrierst, eine Flamme oder Wortwiederholung, bringst du den Nimmer-Geist durcheinander. Indem du ihm seinen Kontext und die Kontraste, von denen er abhängt, entziehst, stellst du ihm ein Bein und beraubst ihn seiner

Fähigkeit, Deutungen und Urteile vorzunehmen. Das Ergebnis davon ist der Kurzschluss seines ununterbrochen funktionierenden Mechanismus. In dem alles umfassenden mentalen Raum, den du durch deine intensive Fokussierung auf eine einzige Sache erschaffen hast, ist die gesamte Bedeutung, die du den Dingen zugewiesen hattest – einschließlich deiner Lebensgeschichte –, entfallen. Im Grunde hast du dem Nimmer-Geist gesagt: »nimmermehr«. Du hast ihn aus dem Weg geschafft und den Pforten der Wahrnehmung erlaubt, weit aufzugehen und in die endlose Ruhe des Immer-Geistes einzugehen.

3

Mit dem Immer-Geist in Berührung kommen: Der perfekte Augenblick

In Kapitel 1 haben wir die vertrauten Verfahren demontiert, mit denen du (beziehungsweise dein Ego) das »Selbst« definierst. Dieses falsche Selbst steht dir beim Entdecken deines wahren Selbst im Weg. In Kapitel 2 dekonstruierten wir dann die Mechanismen hinter der Wahrnehmung, um aufzuzeigen, dass die Welt, die du zu sehen und in der du zu leben *glaubst* – jene, die scheinbar außerhalb deines Körpers existiert –, tatsächlich ein Konstrukt des Nimmer-Geistes ist. Sie kann nicht als wirklich erachtet werden, und nichts, was sie dir in Sachen Erfüllung anbietet, kann wirklich oder von Dauer sein.

An diesem Punkt fühlst du dich wahrscheinlich ein wenig verloren. Du weißt nicht, was oder wo du bist. Und wenn nichts wirklich ist, was ist dann der Sinn des Lebens?

Inmitten dieser Verunsicherung ist es an der Zeit, einen Vorgeschmack auf etwas Zuverlässiges zu bekommen. Wir haben uns ja nicht grundlos daran gemacht, das Selbst und die Welt zu dekonstruieren, sondern das mit Sinn und Verstand getan. Jetzt aber wird es sich als hilfreich erweisen, ein Gefühl dafür zu bekommen, was diese ersetzt – eine Ahnung unserer Absicht, einen Vorgeschmack auf das Ziel, das uns erwartet.

Willkommen im perfekten Augenblick.

Ein perfekter Augenblick

Hast du schon einmal einen perfekten Augenblick erlebt? Ein Zeitintervall, in dem dich ein derartiges Gefühl von Frieden, Wunder und Schönheit durchdrang, dass dich nichts mehr stören konnte? Einen Moment, in dem die Zeit selbst anzuhalten und ihre Umklammerung zu lösen schien, einen Moment, in dem Vergangenheit und Zukunft wegfielen – und mit ihnen alle Ängste, Verletzungen und jedweder Ärger? In einem solchen Augenblick wird allein schon der Gedanke an dergleichen auf lächerliche Weise unbedeutsam. Nichts vermag den Frieden deines Daseins zu trüben. Und in der sprudelnden Gegenwart, die jetzt herrscht, bleibt von der Zeit nur noch die absolute Vollkommenheit eines Jeden übrig, und alles offenbart sich selbst. Nichts ist falsch, nichts fehl am Platze; alles steht zum Besten. Wie die Mystikerin Juliana von Norwich im vierzehnten Jahrhundert schrieb: »Und alles wird gut sein, alles auf seine Weise.«[1]

Ich habe den Segen solcher Momente mehrmals erfahren.

Ich gehe einen sandigen Küstenpfad am Rand eines abgelegenen Fjords oberhalb des nördlichen Polarkreises in Norwegen entlang, während ein frischer, mit Salzspritzern vermischter Wind nicht müde wird, das ruhelose Wasser etwa drei Kilometer zu meiner Linken aufzupeitschen. Der Weg schlängelt sich durch ein Kleefeld: durch Tausende winziger Pflanzen, deren Blättchen im Sonnenlicht in einem hellen Smaragdgrün gleißen. In jede Pflanze hat sich, genau an der Verbindungsstelle zwischen ihren drei Blättern, eine winzige Wasserperle eingenistet, die sich aus der bis hierher gewehten Meeresgischt gebildet hat. Jeder Tropfen fängt das Licht dieser zeitlosen Sommersonne ein und reflektiert sie bis zu mir zurück, als würde sie mir zublinzeln. Ich durchwandere ein Feld von funkelnden zersplitterten Diamanten – Sternen, die herabgefallen sind, um die Erde zu zieren. Ich blicke nach rechts und links, nach vorne und hinter mich. Wohin auch immer mein Blick fällt, blenden mich Tausende von Lichtperlen und betäuben mich mit ihrem heiteren sorglosen Gelächter. Mein Tag verliert jegliche Ausrichtung auf einen Zweck. Es gibt kein Ziel, keinen Endpunkt mehr. Nur die beharrliche Umarmung von Wind und Meer, vermengt mit winzigen glitzernden Lichtpunkten. Ein perfekter Augenblick.

Ein warmer Frühlingstag. Ich sitze im New Haven Green und habe ein Picknick auf dem gepflegten Rasen ausgebreitet, um es mit Freunden zu teilen. Der Himmel ist von einem Blau, das kaum für möglich zu halten ist. Eine warme Brise weht mit einem sanften Streicheln durch mein Haar, wie es liebkosender keine Mutter zu tun vermöchte. Jeder einzelne Grashalm schimmert und spiegelt sich im Sonnenschein, als leuchte er von innen her. Ich lasse meine Finger durch die funkelnden grünen Blattspitzen streifen und über sie hinweggleiten, als liebkoste ich die Haut eines Liebhabers. Und mit völliger Überzeugung weiß ich, dass dieser Moment nichts weniger ist als der Garten Eden vor dem Sündenfall. Die Vollkommenheit selbst. Ein perfekter Augenblick.

Ich lasse mich bei Sonnenuntergang auf der Wasseroberfläche eines stillen Sees in den Appalachen treiben, an der Wasseroberfläche gehalten von einem Schwimmkörper unter meinen Knien, so dass ich gewicht- und mühelos dahinschwebe. Die Konturen meines Körpers lösen sich in der flüssigen Wärme des Wassers auf. Mein Gesicht wird von einem Wasserkreis sanft umflossen; nur Augen, Nase und Mund lässt er frei und setzt sie der kühlenden Gebirgsluft aus. Über mir wird der klare Himmel purpurrot und scheint sich grenzenlos auszudehnen, bis er ganz am Ende meines Sichtfeldes am Wasser nippt und es küsst. Meine Atemzüge werden langsam und gleichmäßig – eine sanfte schlingernde Bewegung – wie die entfernten Hügel. Ich bin See und Himmel, Wasser und Luft, innen und außen – alles ist eins, alles ist im Frieden. Ein perfekter Augenblick.

Eine besonders eindringliche Beschreibung eines solchen Augenblicks findet sich gegen Ende von Eugene O'Neills brillantem autobiografischem Theaterstück *Eines langen Tages Reise in die Nacht*, der Saga einer Familie, die von Alkoholismus und Geisteskrankheit gebeutelt wird. Der jüngste Sohn, ein Matrose, hat gerade vernommen, wie sein knauseriger alkoholsüchtiger Vater sich für billiges Geld zu verkaufen akzeptiert hat, wo er doch ein großer Shakespeare-Schauspieler hätte werden können – ein in Anbetracht seiner Quelle ungewöhnlich ehrliches Bekenntnis, voll des Bedauerns und zerschlagener Hoffnungen. Dafür erlebt der Sohn einen der kostbarsten Augenblicke mit seinem Vater.

Ich hatte auf der »Squarehead« angeheuert, einem Rahsegler, Bestimmungshafen Buenos Aires. Vollmond in den Roßbreiten! Der alte Kahn machte vierzehn Knoten. Ich lag im Spriet, den Blick achteraus, unter mir schäumte das Wasser gischtig auf, über mir ragten turmhoch die Masten mit den geblähten, vom Mondlicht weißen Segeln. Und ich berauschte mich an dieser Schönheit und dem

Rhythmus, und für einen Augenblick verlor ich mich selbst – ja, ich verlor mein Leben. Ich war frei. Ich löste mich auf im Meer, wurde zu den weißen Segeln und zur fliegenden Gischt, wurde Schönheit und Rhythmus, wurde Mondlicht, Schiff und der hohe, sternenübersäte Himmel! Ohne Vergangenheit oder Zukunft ging ich auf im Frieden und Einssein und einer unbändigen Lust, ging auf in etwas Größerem als meinem eigenen Leben oder dem Menschenleben an sich, ich ging auf im Leben selbst! In Gott, wenn du so möchtest.[2]

Perfekte Augenblicke wie diese brauchen nicht länger als einen kurzen Moment zu dauern, können sich aber auch über Minuten oder sogar Stunden hinziehen. Ihre Dauer ist unwichtig, hat man das aber ein einziges Mal erlebt, kann man die Welt nie mehr auf genau dieselbe Weise betrachten wie zuvor. Du hast dich verändert. Du hast einen Vorgeschmack auf etwas Größeres als dein Alltagsselbst bekommen – auf den Himmel auf Erden, könnte man sagen, einen Geisteszustand, der sich von dem, was du für gewöhnlich erlebst, so radikal unterscheidet, dass dich die alltägliche Routine, wenn du danach zu ihr zurückkehrst, nicht mehr genauso trifft. Du fühlst dich beschützt – in einen Frieden eingebettet, der nicht von dieser Welt ist.

Das ist die Welt, die du erblickst, wenn der Spiegel der Wahrnehmung still und leise zersplittert und du den Schleier des Nimmer-Geistes durchstößt. Du betrittst die Welt, wie sie sich aus der Sicht des Immer-Geistes darstellt – die Welt des perfekten Augenblicks. *Ein Kurs in Wundern*® nennt sie die *wirkliche Welt.* Selten kommt sie als Ergebnis eines besonderen Ereignisses zu uns. Wenn man das Big Game gewinnt, an einer Elite-Universität angenommen wird, das Geschäft seines Lebens macht oder endlich die Worte »Ich liebe dich« aus dem Munde seines oder seiner Geliebten vernimmt, ruft das Jubel, Triumphgefühle und vielleicht Erleichterung hervor, verschafft uns aber in der Regel keine perfekten Augenblicke.

Der französische Romancier Marcel Proust erlebte im Laufe seines Lebens eine Reihe perfekter Augenblicke. Diese wurden aber nicht durch einen bestimmten Vorfall hervorgerufen, sondern stets durch einen Zufall, eine trivial wirkende Wahrnehmung: das Schmecken von in Tee getunktem weichen Gebäck, das Erblicken der Kirchentürme von Martinville, das Treten auf zwei unebene Pflastersteine und den nachfolgenden Verlust des Gleichgewichts. Können wir aufrichtig behaupten, dass diese Wahrnehmungen die *Ursache* für Prousts perfekte Augenblicke gewesen sind? Wenn ja, dann wäre zu erwarten, dass ein jeder ständig irgendein Gebäck in den Tee tunken würde. Und die Kirche von Martinville würde Lourdes als Pilgerstätte Konkurrenz machen.

In Wahrheit wissen wir nicht, weshalb uns solche Augenblicke widerfahren, wenn sie es tun. Wir wissen nur, dass der Immer-Geist allgegenwärtig ist und sozusagen in den Kulissen auf jede Gelegenheit wartet, die wir ihm geben, um hervorzutreten. Danach versuchen wir, Rückschlüsse über die Ursachen zu ziehen, die diesen Augenblick zustande brachten: die Linearität der Kirchturmspitzen, die funkelnden Lichtperlen im Klee, das Schaukeln des Schiffs auf den Wellen im Mondlicht. Doch dieses Vorgehen entspricht der Handlungsweise des Egos, das sich um Rückversicherung bemüht und den perfekten Augenblick mit seiner Welt der Dinge und Ereignisse in Verbindung bringt. Dabei geht es ihm auch um einen Versuch, den Weg, über den wir zum perfekten Augenblick gelangt sind, nachzuverfolgen, als gäbe es nur einen Zufahrtsweg dorthin, an dessen Beschreibung wir uns besser halten sollten. Wir versuchen diesen Augenblick zu bewahren, ihn uns ins Gedächtnis einzubrennen und wie ein Museumsobjekt zu archivieren, katalogisiert nach den Umständen, die ihn zustande brachten – eine Art prähistorische Libelle mit Regenbogenflügeln, die für immer in Bernstein gefangen ist. Zu besonderen Gelegenheiten holen wir die Erinnerung dann wieder hervor, lassen sie vor unserem Geiste vorüberziehen und seufzen sehnsüchtig. Oder wir plustern unser Selbstgefühl der Einzigartigkeit, unsere Besonderheit, auf: »Hör nur, was *ich* eines Nachmittags im New Haven Green erlebt habe!«

Nachdem ich jahrzehntelang in die Schule von *Ein Kurs in Wundern*® gegangen bin, kommen kurze Intervalle perfekter Augenblicke jetzt oft meines Weges. Ich muss lediglich innehalten und mich darauf besinnen, dass ich eine Wahl habe, und alsbald die Entscheidung treffen, vom Ego zum Heiligen Geist, vom Nimmer- zum Immer-Geist, von BS2 zu BS1 zu wechseln. Der perfekte Augenblick hat wenig mit dem zu tun, was sich *da draußen* in der Welt wahrnehmen lässt, denn da draußen *ist* schlichtweg nichts, was eine Welt zustande bringen könnte. Hingegen hat der perfekte Augenblick alles zu tun mit dem *Selbst* – demjenigen, welches das Wahrnehmen vollzieht. Wo der Nimmer-Geist Objekte, Körper und Ereignisse sieht, die sich emsig wandeln und verändern, erkennt der Immer-Geist nur Vollkommenheit. Und nichts anderes.

Von dem Moment an, in dem ich dies verstehe, stellt sich mir die wahrhaft verwirrende Frage, weshalb ich immer noch mit einer solchen Regelmäßigkeit in den Nimmer-Geist zurückfalle? Weshalb benutzen wir als Standardprogramm immer wieder so leicht BS2 und vergessen, dass es eine andere Wahl gibt? Weshalb leisten wir dem Ruf des Geistes Widerstand, obwohl wir doch wissen, wie gut es einem tut, wenn man ihm folgt? Gäbe es ein Restaurant, das Immer-Geist auftischen würde, oder eine Kirche, die ihn in der Sonntagspredigt mitliefern würde, würden die Leute Schlange stehen. Menschen werden von Heroin, Alkohol, Sex, Essen, Extremsport, Glücksspiel abhängig – alles Dinge, die zu Euphorie führen. Warum verfolgen wir unser wahres Selbst nicht mit zumindest einem Bruchteil derselben Zielstrebigkeit?

Wenn der perfekte Augenblick unser bestes und unmittelbarstes Beispiel für den Immer-Geist ist, dann würde es uns guttun, wenn wir versuchen würden, ihn besser zu verstehen.

Schlüsselelemente des perfekten Augenblicks

Es erscheint fast töricht, den Versuch zu starten, eine Erfahrung wie den perfekten Augenblick herzunehmen, ihn unter ein Vergrößerungsglas zu legen und in seine Einzelteile zu zerlegen. Ganzheit lässt sich nicht mit Werkzeugen der Fragmentierung erfassen. Hegen wir aber die Hoffnung, solche Augenblicke zu verstehen, dann wird es sich dennoch als hilfreich erweisen, ihnen tiefer auf den Grund zu gehen.

Was sind die Schlüsselelemente, die einen perfekten Augenblick ausmachen?

1. Ein erweitertes, expansives Selbstgefühl

Dein Selbstgefühl erweitert sich über die vertrauten Grenzen deines Körpers hinaus. Der Körper bleibt zwar präsent, schränkt dich aber nicht mehr ein. Deine Identität schwingt sich über die einengenden Körpergrenzen hinaus und hinauf. Empfindungen wie Schmerz oder Hunger erreichen dich in diesem Zustand nicht. In Extremfällen verlierst du jegliches Gefühl, ein getrenntes Selbst zu sein. Du fühlst dich eins mit der Natur, der gesamten Menschheit, dem ganzen Universum und Gott.

2. Ein durchgängiges Gefühl von Friedlichkeit

Das ist nicht der Friede, der sich einstellt, wenn Stress nachlässt, wenn du am Ende eines langen Tages deine Schuhe von dir schleuderst oder es dir in Vorfreude auf einen Gute-Nacht-Schlaf unter der Bettdecke bequem machst. Dieser Friede entsteht nicht aus Entlastung oder Abwesenheit von etwas. Er ist eine positive Kraft, die unter eigenen Gesetzen steht und allein durch ihre Anwesenheit alles hinauswirft, was nicht friedvoll ist. Er geht einher mit einer alles durchdringenden und unterbrechungsfreien inneren Stille. Die Quasselstrippe in deinem Kopf beugt sich dieser Stille und tritt beiseite – als hätte sie keine andere Wahl. Kein irdischer Ton kann mit dieser Stille konkurrieren, geschweige denn sie zunichte machen.

> *Es gibt ein Schweigen, in das die Welt nicht dringen kann. Es gibt einen uralten Frieden, den du in deinem Herzen trägst und nicht verloren hast.*[3]

Dies ist der Friede, »der alle Begriffe übersteigt«, wie er in der Bibel erwähnt wird (Philipper 4:7).[4] Der Verstand oder normale Alltagsgeist können ihn nicht erfassen. Dieser Friede ist der Frieden Gottes.

3. Erleben von Licht, das nicht von dieser Welt ist

Wir fühlen uns von Natur aus zum Licht hingezogen. Der Vollmond, schillernde Leuchtreklamen, bunte Weihnachtslichterketten, das Leuchten des Polarlichts – sie alle wirken auf uns wie ein überirdischer Appell und rufen uns unser wahres Wesen in Erinnerung. Doch der perfekte Augenblick stellt sie alle in den Schatten, denn er bringt die Erfahrung eines Lichtes mit sich, das keinem anderen gleicht.

Im perfekten Augenblick erscheinen die Dinge dieser Welt von Licht durchflutet. Das hat nichts mit gewöhnlichem Licht wie dem von einer Glühbirne oder Sonnenstrahlen zu tun. Es ist ein inneres, »*formloses und unbegrenztes Licht*«,[5] das weniger mit dem Auge gesehen als mit dem Geist erfasst wird, der diese Erfahrung dann als Licht deutet. Oberflächen werden hervorgehoben; Gegenstände als substanzlos und unwirklich entlarvt, als seien sie Teil eines ausgefeilten Täuschungsmanövers – eines ausgeklügelten Bühnenbilds oder Museum-Dioramas, in das wir zufällig hineingeraten sind. Und doch verleiht dieses Licht der Welt zugleich etwas Überwirkliches – jenseits von allem, was wir kennen.

> *Das wahre Licht, das wahre Schau ermöglicht, ist nicht das Licht, welches des Körpers Augen sehen. Es ist ein Geisteszustand von einer solchen Geeintheit, dass Dunkelheit überhaupt nicht wahrgenommen werden kann. Somit wird das, was gleich ist, als eins gesehen, während das, was nicht gleich ist, unbeachtet bleibt, denn es ist nicht da.*[6]

Dieses Licht geht ebenso von den Gesichtern der Menschen aus. Es ist, als spähtest du durch eine plumpe Illusion von Gewebe und Knochen hindurch auf eine Realität absoluten Lichtes, das irgendwie durch das Fleisch durchdringt. Und dieses Licht ist stets von großer Sanftheit. Du brauchst dich nicht abzuwenden und deine Augen zu bedecken, sondern möchtest es umfangen, dich ihm anschließen, weit öffnen und es in dich hineinnehmen. Man nimmt es nicht mit den Augen wahr, sondern mit dem Herzen. Es ist die visuelle Entsprechung zur göttlichen Liebe. In seinem Strahlen sind alle Lebewesen vereint.

> *Es gibt ein Licht, das diese Welt nicht geben kann. Du aber kannst es geben, so wie es dir gegeben*

wurde. Und indem du es gibst, leuchtet es auf, dich aus der Welt zu rufen und ihm zu folgen. Denn dieses Licht wird dich anziehen, wie es sonst nichts in dieser Welt vermag. Und du wirst diese Welt weglegen und eine andere finden. Diese andere Welt erstrahlt in Liebe, die du ihr gegeben hast. … Das Licht ist unbegrenzt und ergießt sich über diese Welt in ruhiger Freude.[7]

4. Überwältigende, bedingungslose Liebe

Die Liebe des perfekten Augenblicks ist – ebenso wie das Licht und der Friede, die zu ihm gehören – universell. Diese Liebe entspricht dem, was die Griechen *Agape* nannten. Sie ist weder spezifisch noch begrenzt. Sie ist nicht für bestimmte Leute oder Beziehungen reserviert und auch nicht auf bestimmte Umstände beschränkt, von denen andere wiederum ausgeschlossen bleiben. Sie ist wortwörtlich überwältigend, strömt über alle Schranken hinweg, um alles und jeden zu umschließen. Würdest du deinen ärgsten Feind treffen, würdest du nichts als Liebe für ihn empfinden, weil dein Geist nur noch Liebe zu geben hat. Zusammen mit dem Frieden, »der alle Begriffe übersteigt«, ist diese Liebe das, was die tiefe Überzeugung aufkommen lässt, dass »alles gut sein wird, und jede Art von Ding gut sein wird«.

Die Liebe kennt keine Körper und reicht zu allem hin, das ihr gleich erschaffen wurde. Das totale Fehlen von Begrenzung in ihr ist ihre Bedeutung. Sie ist völlig unparteiisch in ihrem Geben und umfasst nur, um zu erhalten und vollständig zu bewahren, was sie geben möchte.[8]

Liebe ist nicht wie die Dinge dieser Welt. Du verlierst sie nicht, wenn du sie hergibst. Du gewinnst hinzu. Geber und Empfänger gehen beide mit noch *mehr* Liebe hervor. Gemäß *Ein Kurs in Wundern*® zeigt diese Eigenschaft an, dass Liebe nicht in unserer Körper- und Dingwelt beheimatet ist, sondern von Gott stammt. Und der perfekte Augenblick bestätigt dies. In seiner Umarmung geben und empfangen wir gleichzeitig, denn wir wissen intuitiv, dass es keine Trennung zwischen Geber und Empfänger gibt: niemanden außerhalb von uns, der gibt oder von dem wir empfangen. Liebe *ist* vielmehr: eine Gegebenheit, eine allumfassende Wahrheit, ein Geschenk des Selbst an sich selbst und eine Widerspiegelung der vollkommenen Liebe Gottes.

5. Völliges Eintauchen in den Augenblick

Zeit dringt in den perfekten Augenblick nicht ein, denn dieser befindet sich jenseits der Zeit in einer ewigen Gegenwart, in der die Vergangenheit jegliche Bedeutung verloren hat. Man könnte so weit gehen und behaupten, es gibt sie nicht mehr. Jedenfalls ist sicher, dass sie dich nun nicht mehr berührt. Aus Sicht eines ewigen *Jetzt* erscheint allein der Gedanke an eine Erinnerung aus der Vergangenheit wie ein windiges Kartengebäude. Wir erkennen sie als die Illusion, die sie ist. Und ohne die Vergangenheit sind Sorgen und Ängste verschwunden. Auch Urteile gibt es keine mehr, denn, wie wir in Kapitel 2 gesehen haben, hängt das Urteilen von vergangener Erfahrung ab.

In der Zeitlosigkeit des perfekten Augenblicks musst du dich auch nicht um die Zukunft sorgen: keine Angst, keine Begierde; keine Sehnsüchte oder Vorlieben für ein Resultat vor anderen. Du hast völliges Vertrauen in den Verlauf des Lebens. Alles ist gut, haargenau so, wie es sein soll. Tatsächlich perfekt. Du heißt den gegenwärtigen Augenblick ganz und gar willkommen, egal, was er mit sich bringt. Was könntest du dir sonst wünschen? Allein das Konzept des Wünschens wird absurd, weil es irgendeinen Mangel voraussetzt. Wenn du weißt, dass dir nichts fehlt, dass alles Wirkliche und Bedeutsame bereits dir gehört, wird dir klar, dass es kein Wünschen mehr gibt. Dazu bist du gar nicht mehr fähig.

Erinnere dich an die Geschichte von Goethes Faust, auf die wir in der Einleitung verwiesen, einem Mann, der einen Handel mit dem Teufel abschloss in der Hoffnung, einen Augenblick zu finden, in dem er mit dem Vorhandenen so zufrieden, so bedingungslos glücklich sein würde, dass er wünschte, dieser Augenblick währe ewig. Woran er eigentlich dachte, war das, was wir als perfekten Augenblick bezeichnen. Nur ist es unnötig zu wünschen, dieser möge ewig währen, denn das tut er von sich aus. Er ist ein zeitloses Intervall, das von der Vergangenheit befreit und an keine Zukunftsfragen gebunden ist. Er ist nichts weniger als ein Fenster, das sich zur Ewigkeit hin öffnet.

6. Eine tiefe Überzeugung von Heiligkeit

Das Wort *heilig* gehört nicht zu jenen, die wir häufig verwenden. An Heiligem sticht uns derzeit nicht viel ins Auge. Außerdem ist Heiligkeit nicht leicht zu definieren. Der Theologe Rudolf Otto schrieb ein ganzes Buch über dieses Thema – *Das Heilige* –, doch auch ihm gelang es nicht, es auf den Punkt zu bringen. Das liegt daran, dass Heiligkeit sich der intellektuellen Analyse entzieht. Doch wir erkennen sie, wenn wir sie erleben.

Keine einzige aller religiösen Überlieferungen kann Anspruch auf Heiligkeit erheben, denn diese führt über die unterschiedlichen Lehrmeinungen hinaus, auf die sich die Weltreligionen gründen. Die Erfahrung von Heiligkeit hat nichts mit den besonderen Ausprägungen deines *Glaubens* an Gott zu tun. Ob du Muslim, Jude, Christ, Hindu, Buddhist oder irgendetwas anderes bist: Was heilig ist, ist heilig.

Alles in dieser Welt kann heilig sein – jeder Gegenstand, jedes Gebilde, jeder Ort. Helen Schucman, die Verfasserin von *Ein Kurs in Wundern®*, hatte ein tiefgreifendes Erlebnis von Heiligkeit in einem schmutzigen, stinkenden U-Bahn-Waggon in Manhattan. Wenn wir uns der Sicht des Immer-Geistes auf irgendeinen Aspekt dieser Welt anschließen, wie wir es im perfekten Augenblick tun, ist alles gesegnet. Alles vollkommen. Alles heilig.

7. Ein Gefühl der Präsenz

Im perfekten Augenblick, wenn du also mit der unendlichen Weite des Immer-Geistes eins bist, fühlst du dich von etwas Größerem als dir selbst umfangen: einer unermesslichen, ewigen und grenzenlosen Präsenz, die alles weiß und alles liebt. Sie steht hinter dir und beschützt dich. Sie geht vor dir her und ebnet deinen Weg. Sie wacht über dich und umgibt dich. Manche identifizieren diese Präsenz als Gott. Für andere ist sie Jesus oder Buddha oder ein Schutzengel. Ich schlage vor, sie als die gefühlte Präsenz des reinen Geistes zu verstehen, die man aber so erlebt, als sei sie außerhalb und abseits von uns.

Doch wir verstehen sie, empfinden totale Sicherheit, absolute Liebe und unfehlbare Führung. Wie ein erschrecktes Kind, das sich in den Armen einer liebenden Mutter aufgehoben fühlt, die es durch alle erdenklichen Gefahren und Ängste hindurchträgt. Oder wie die Bibel sagt: »Und ob ich schon wanderte im finstern Tal, fürchte ich kein Unglück; denn du bist bei mir« (Psalm 23:4, Lutherbibel).

Bill Wilson, der Gründer der Anonymen Alkoholiker, erlebte dieses Präsenzgefühl mehrmals in seinem Leben. Während er sich im Townsend Hospital aufhielt, wo er vom Alkoholismus zu genesen versuchte, beschrieb er es als »reinen, frischen Wind, der von einem Berggipfel herabwehte und mich durchpustete«.[9] Dieses Erlebnis inspirierte ihn dazu, die Anonymen Alkoholiker zu gründen, die (ursprünglich) auf der Idee beruhten, dass transformative Erfahrung Sucht heilen kann. Millionen kamen seine Begegnungen mit dem perfekten Augenblick zugute.

Ein Kurs in Wundern® stellt in der Einleitung seiner »Begriffsbestimmung« klar, dass das Ziel seiner Lehren nicht theoretischer oder akademischer, sondern experimenteller und praktischer Natur ist: eine universelle Erfahrung von Wahrheit, Liebe und Einssein. Der perfekte Augenblick ist eine solche Erfahrung. Hier ist die Erklärung, die der Kurs für das gibt, was im perfekten Augenblick geschieht:

> *Jeder hat das erfahren, was er als ein Gefühl benennen würde, über sich hinausgehoben zu werden. Dieses Gefühl der Befreiung übersteigt bei weitem den Traum von Freiheit, den man sich manchmal in besonderen Beziehungen erhofft. Es ist eine Empfindung tatsächlichen Entrinnens aus Begrenzungen. Wenn du einmal bedenkst, was dieses »Hinausgehobensein« wirklich mit sich bringt, dann wird dir klar, dass es ein plötzliches Nichtgewahrsein des Körpers und eine Verbindung von dir und etwas anderem ist, bei der dein Geist sich erweitert, um es zu umfassen. Es wird zu einem Teil von dir, während du dich mit ihm vereinst. Und beide werden ganz, weil keines als getrennt wahrgenommen wird. Was wirklich geschieht, ist, dass du die Illusion eines begrenzten Bewusstseins aufgegeben und deine Angst*

vor der Vereinigung verloren hast. Die Liebe, die sie augenblicklich ersetzt, dehnt sich zu dem aus, was dich befreit hat, und vereinigt sich mit ihm. Und solange das währt, bist du über deine Identität nicht ungewiss und möchtest sie nicht begrenzen. Du bist aus der Angst in den Frieden entronnen und hast die Wirklichkeit nicht hinterfragt, sondern sie einfach akzeptiert. Du hast dies statt des Körpers angenommen und dich selbst eins sein lassen mit etwas, das jenseits von ihm ist, einfach dadurch, dass du deinen Geist durch ihn nicht hast begrenzen lassen.[10]

Im perfekten Augenblick legen wir unser begrenztes Gewahrsein eines Selbst, das mit einem Körper identifiziert ist, ab und vereinigen uns stattdessen mit etwas Größerem. Es ist unsere Bereitschaft, uns mit diesem Größeren zu verbinden, die uns zur Präsenz des reinen Geistes wiedererweckt und uns mit seinem Licht, seinem Frieden, seiner Liebe und Heiligkeit durchflutet – all das in einem einzigen expandierenden, ewig währenden gegenwärtigen Augenblick. Wir bekommen einen Vorgeschmack auf die *wirkliche Welt* des Kurses.

In perfekte Augenblicke hineinstolpern

Wie entstehen perfekte Augenblicke? Offensichtlich lassen sie sich nicht herstellen. Wir scheinen eher in sie hineinzustolpern, und zwar häufig dann, wenn wir es am allerwenigsten erwarten. Wie bereits gesagt, ist das Ausfindigmachen äußerer Anzeichen für das Auslösen einer solchen Erfahrung reine Augenwischerei – ein Versuch des Nimmer-Geistes, diese Erfahrung im Nachhinein zu deuten und sie in seiner eigenen Welt zu verorten. Gleichwohl gibt es ein paar Gemeinsamkeiten in der Art und Weise, wie sich perfekte Augenblicke ereignen, die es wert sind, dass man sie anführt, und sei es nur, weil sie alle vom Ego weg in Richtung des reinen Geistes verweisen.

1. Die Natur

Die Natur spielt eine überdimensionale Rolle beim Katalysieren perfekter Augenblicke. Die enorme Weite von Himmel und Meer bringt uns in ein direktes Gegenüber mit dem Unendlichen und lädt ganz offensichtlich zu solchen Momenten ein. Wenn wir ein majestätisches Panorama betrachten, sei es von einem Berggipfel herab, einer Felsenklippe, einem Heißluftballon oder vom Weltraum aus, beginnt unsere Egoidentität wegzubrechen und unseren Geist freizugeben, so dass er mit der offenen Weite des Raumes verschmelzen kann. (Ein berühmtes Beispiel dafür ist der Astronaut Edgar Mitchell von *Apollo 14*, der sich in einen expandierenden mystischen Zustand versetzt sah, als er von seiner Raumkapsel aus auf die weißblaue Umlaufbahn der Erde hinabblickte.) Es ist, als riefe uns die Ausdehnung unserer visuellen Horizonte dazu auf, auf ähnliche Weise auch die Grenzen des Selbst auszudehnen und loszulassen.

In die flackernden Flammen eines Feuers starren, die wirbelnden Strukturen von Sturmwolken betrachten oder die Umrisse von Regenwänden verfolgen, wie sie den Spiegel eines Sees verhängen – all das kann uns aus unserem gewohnten in einen erweiterten Geisteszustand versetzen. Versuchen die Sinnesorgane ein solch unendliches und sich ständig veränderndes Gebilde zu erfassen, werden sie rasch überwältigt. Worte scheitern, Kategorien fallen in sich zusammen, Gedanken verstummen und wir bleiben mit etwas Reinem, Ruhigem und Wunderschönem zurück.

Die Übungen zu Kapitel 2 haben uns gezeigt, wie wir die Wahrnehmungssperre des Nimmer-Geistes umgehen können –

indem wir uns nämlich auf eine einzige einfache Wahrnehmung konzentrieren: eine Kerzenflamme, eine Wortwiederholung, den Atemrhythmus. Zu genau demselben Ergebnis gelangen wir, wenn wir das Wahrnehmungsfeld so weit ausdehnen, bis der Nimmer-Geist so sehr mit Input überflutet ist, dass er überfordert ist und loslassen muss. In der einen oder anderen Richtung kollabieren Kontext und Kontrast.

Die Welt der Unterschiede rutscht in die Einheit weg, und wir können die Illusion eines getrennten, individuellen Selbst einfach nicht mehr aufrechterhalten.

2. Psychedelische Drogen

Psychedelische Drogen sind bekannt dafür, dass sie den Geist dahingehend verändern, dass sie sein Festhalten an der »Realität« auf schrille Weise lösen. In Kapitel 2 erwähnten wir den Schriftsteller Aldous Huxley, der in seinem Buch *Die Pforten der Wahrnehmung* eine transzendente Erfahrung mit der vom Peyote-Kaktus stammenden Droge Meskalin detailliert beschreibt. In den 1960er Jahren machte der Harvard-Professor Timothy Leary LSD beziehungsweise Acid populär. Und in jüngerer Zeit berichteten der westliche Schamane Alberto Villoldo und die Psychologin Rachel Harris über ihre Begegnungen mit dem immer beliebter werdenden psychedelischen Getränk Ayahuasca im Amazonas.

Psychedelika verändern tatsächlich das Selbstgefühl, und zwar dadurch, dass sie das vertraute Wahrnehmungssystem unterminieren, auf das der Nimmer-Geist für seine Existenz angewiesen ist. Wenn sich herausstellt, dass die Welt nicht ist, was du dachtest, wenn ihre Komponenten unter der Einwirkung einer psychedelischen Droge wortwörtlich unter dir hinwegschmelzen – wie kannst du dann weiterhin behaupten, dass diese ganze Farce Substanz hat und wirklich ist? Wenn die Welt aber unwirklich ist, was sagt das dann über *dich* aus, der du bisher mit solcher Gewissheit in ihren Illusionen Unterschlupf suchtest?

Psychedelika hebeln die Verankerungen aus, auf die sich das Selbstkonzept stützt. Sie durchtrennen die Verbindung zwischen Gewohnheit und Gedächtnis, um dem Geist das Fell über den Kopf zu ziehen und ihn nackt und bloß einer neuen Wirklichkeit vor die Füße zu legen. Doch dieser Häutungsprozess kann nicht nur schmerzhaft und beängstigend sein, sondern birgt auch die Gefahr in sich, dem Geist Schaden zuzufügen.

Um für einen »guten Trip« zu sorgen, sind eine gute Vorbereitung und fachmännische Anleitung notwendig.

3. Extreme körperliche Anstrengung

Extreme körperliche Anstrengung kann zuweilen zu einem erweiterten, ekstatischen Bewusstsein führen. Läufer, Schwimmer, Tänzer und andere Athleten berichten davon, dass sie in einen Zustand perfekten Flows gelangen, wenn sie in ihrem Training so weit gekommen sind, dass sie sich nicht mehr bewusst auf das konzentrieren müssen, was ihr Körper tut, sondern sich und ihr Selbstverständnis in ihrer Bewegung verlieren können. Die sich nach sufistischer Tradition im Kreis drehenden Derwische setzen ihren Sinnesverstand außer Kraft, indem sie durch die fortwährende Drehbewegung in eine ekstatische Verfassung gelangen. Das gleiche Drehphänomen habe ich bei Konzerten der Rockband The Grateful Dead unter den Fans erlebt.

4. Krankheit oder klinischer Tod

Schwere Krankheit oder Erlebnisse wie die Nahtoderfahrung, in denen man den Tod streift, können das Gewahrsein entfachen, dass sich das Bewusstsein nicht auf den physischen Körper beschränkt, sondern durchaus über ihn hinausreicht. Dies ist in zahlreichen populär gewordenen Büchern bestens dokumentiert worden. Der Grund dafür liegt auf der Hand. Bei ernsthafter Krankheit oder im Sterben muss das Ego loslassen – und das Bewusstsein kann freien Kurs aufnehmen.

5. Sexueller Höhepunkt

Der wahrscheinlich am meisten verbreitete, aber am wenigsten diskutierte Auslöser für ein erweitertes Gewahrsein ist die durch sexuellen Orgasmus erreichte Ekstase, die das Potenzial hat, den Geist in einen intensiven, wenn auch sehr flüchtigen Zustand der Expansion, Verbundenheit und Friedlichkeit zu versetzen, der sich ganz am Rande der Bewusstlosigkeit bewegt. In der französischen und deutschen Sprache nennt man das bezeichnenderweise *la petite mort*, den kleinen Tod. Wie bei Nahtoderfahrung und extremer körperlicher Anstrengung erlaubt uns die intensive Erregung des Körpers ironischerweise, dessen Grenzen zu transzendieren. Doch genauso holt er uns wieder zurück, und zwar ziemlich rasch. In einem der Folgebücher dieser Reihe habe ich zu Sexualität und Orgasmus in Verbindung mit *Ein Kurs in Wundern®* noch mehr zu sagen.

Leider kann man auf keinem dieser Wege damit rechnen, dass er den perfekten Augenblick herbeiführt. Oft halten Menschen nach malerischen Fernblicken oder Marathonläufen Ausschau, suchen die Nähe des Todes und befassen sich intensiv mit Sexualität, doch all das ohne auch nur die geringste Spur eines perfekten Augenblicks zu erhaschen. Solche Augenblicke lassen sich nicht bewusst inszenieren oder gar erzwingen. Höchstwahrscheinlich wird ein solches Bemühen sogar nach hinten losgehen und das ursprünglich angestrebte Ziel unterlaufen.

Selbst Psychedelika sind keine Garantie für perfekte Augenblicke. Ganz im Gegenteil, frag nur jemanden, der sich einmal durch einen Horrortrip hindurchgekämpft hat. Ekstatische Bewusstseinserweiterung unter dem Einfluss von psychoaktiven Substanzen, vor allem wenn sich dabei das Umfeld nicht sicher und schützend anfühlt, verkehrt sich allzu leicht in albtraumartige Enge.

Wie sehr wir es uns auch wünschen, es gibt keine magische Formel, mit der man perfekte Augenblicke herbeiführen kann. Und von wenigen Ausnahmen abgesehen dauern solche Augenblicke auch nicht an. Sie öffnen sich nicht bis zu vollständiger, anhaltender Erleuchtung hin. Unser Ringen mit Arbeit, Geld, Beziehungen und Gesundheit stehlen sich in unsere Köpfe zurück, ohne dass wir es normalerweise bewusst wahrnehmen, nur jener wundervolle Moment, in dem uns mit absoluter Sicherheit klar wurde, dass »alles gut wird«, bleibt in unserem Gedächtnis haften. Gelegentlich holen wir ihn wieder hervor und erinnern uns sehnlich an ihn – in etwa so, wie ein verblichenes Foto an ein glückliches Ereignis –, doch seine Fähigkeit, uns zu berühren, gerät immer mehr in die Ferne. Und vielleicht ist das unvermeidbar. Wie könnten wir denn auch in einem tagtäglichen Leben funktionieren, wenn wir auf alles von einem Ast unendlichen Friedens, Lichts und unendlicher Liebe aus herabschauten? Wenn es aber *möglich* wäre, dass wir solche Zustände von Schönheit, Frieden und Freude erreichen und aufrechterhalten und diese Augenblicke andauern könnten, würdest du das überhaupt wollen?

Den perfekten Augenblick verlieren

Folgt man *Ein Kurs in Wundern*® und Mystikern, aus welcher Überlieferung auch immer, so ist das Ziel der spirituellen Reise

Erleuchtung, Erlösung, Erwachen aus dem Ego-Albtraum zur Vollkommenheit von Licht, Liebe, Frieden, Zeitlosigkeit, Heilig- und Gegenwärtigkeit. Und diese Erfahrung ist weitaus näher an der Wirklichkeit – der *wirklichen Welt*, die der Kurs beschreibt – als das flüchtige Intervall zwischen Geburt und Tod, das wir Leben nennen. Der Immer-Geist ist stets mit uns, nur gelingt es uns nicht, ihn zu erkennen, geschweige denn ihn uns zu eigen zu machen. Wir stoßen ihn aktiv von uns. Wir haben Besseres mit unserer Zeit zu tun, dringendere Angelegenheiten zu erledigen.

Hätte ich das Kleefeld in Norwegen mit einer dunklen polarisierten Sonnenbrille durchquert, so hätte ich die Tausenden von Lichtperlen übersehen, die auf den Kleeblättern funkelten. Die Gedankenwelt des Nimmer-Geistes aber gleicht der dunkelsten aller Sonnenbrillen; sie macht uns blind für die Vollkommenheit, die in jedem Augenblick liegt. Wäre ich zu meiner Wanderung an jenem norwegischen Fjord entlang voller Ärger über irgendeine Kränkung aufgebrochen, voller Furcht vor unerlaubtem Betreten und möglicher Festnahme oder voller Unruhe, wie ich meinen Rückflug in die Vereinigten Staaten würde bezahlen können, hätte ich das Ganze verpasst. Hätte ich das Ende des Weges im Kopf gehabt, mit dem Hintergedanken, schlafen, essen oder meine Freundin treffen zu wollen, oder wäre ich ihn in Rekordzeit entlanggehastet, allen anderen voraus – hätte ich, mit anderen Worten, ein an meine leiblichen Bedürfnisse oder meine persönliche Identität gebundenes Ziel verfolgt –, dann wäre mir der perfekte Augenblick entgangen. Wahrscheinlich hätte ich die glitzernden Tropfen im Klee bemerkt, vielleicht sogar deren Schönheit bewundert, doch nur als Nebengedanken. Sie hätten meinen Geist nicht zu einem ewigen Augenblick hin befreit. Mein Fokus auf Vergangenheit und Zukunft hätten mich nach wie vor an die Erde gekettet.

In dem Ausmaß, in dem du weiterhin dem engen Selbstverständnis anhängst, das der Nimmer-Geist darstellt, wird dir der perfekte Augenblick lediglich wie eine Anomalie widerfahren. Ganz nett, wenn das passiert, aber bleiben wir doch realistisch. Warten wir nicht darauf. Außerdem gibt es Wichtigeres, worum du dich zu kümmern hast. Wie sicher ist dein Job? Wie zuverlässig deine Ehe? Wie vertrauenswürdig deine Krankenversicherung? Wie schwer wiegen deine Rücklagen für den Ruhestand? Das ist bedeutsam. Und weshalb perfekten Augenblicken nachjagen, wenn man doch den altvertrauten Beistand von Sex, Drogen und Rock'n'Roll hat, um durch die Nacht zu kommen?

Erinnern wir uns an den Mann in Kapitel 1, der seine Schlüssel im Schein der Straßenlaterne suchte? Mittlerweile wissen wir, dass wir ihm weit mehr ähneln, als wir zugeben mögen. Doch im Unterschied zu diesem Mann suchen wir nicht einmal im Licht, sondern in der Dunkelheit, da wir Dunkelheit und Licht verwechselt haben. Metaphorisch ausgedrückt, haben wir uns sagen lassen, dass Licht von Straßenlaternen stammt und von nirgendwoher sonst. Ihr schwacher Schein sei unsere einzige Quelle der Klarheit, unsere einzige Hoffnung, unseren Weg zu finden. Das akzeptieren wir als richtig und machen schön brav das Beste daraus. Doch inmitten dieses Dunkels bietet uns der perfekte Augenblick eine Sicht in wirklichem Licht, als wäre die Sonne, wenn auch nur kurz, in all ihrem Glanz aufgegangen und hätte den ganzen Irrsinn unserer Lage enthüllt: dass wir nämlich bisher im Dunkeln tappten. Der perfekte Augenblick erhellt einen Geisteszustand, der sich so sehr von dem unterscheidet, was wir normal nennen, dass wir ihn willkommen heißen und beibehalten wollen würden, wenn wir könnten. Und vielleicht können wir das ja – wenn wir seiner Überlegenheit über den Nimmer-Geist vertrauten und nicht an einem gewissen Punkt in die Knie gingen und wieder anfingen, im Dunkeln am Boden herumzugrapschen, in der Erwartung, etwas zu finden, was dort, wo wir es suchen, nicht existiert.

Das allergrößte Hindernis für den perfekten Augenblick ist unsere Identifikation mit dem Ego. Denn genau genommen gibt es ohne das Ego nur Vollkommenheit: die stille, ruhige Vollkommenheit des reinen Geistes, in der »alles, egal welcher Art, gut sein wird«. Daher ist der einzige Weg, um sich beständigen und verlässlichen Zugang zu perfekten Augenblicken zu verschaffen, das Ego in all seinen Verkleidungen erkennen zu lernen und loszulassen. Ein Kernthema des Kurses und dieses Buches – eines, zu dem wir immer wieder zurückkehren werden – ist, dass du, wenn du dauerhaften inneren Frieden erlangen willst, zuerst alles eliminieren musst, was nicht friedvoll ist.

Ein Kurs in Wundern® lässt keinen Zweifel daran, dass es sich hierbei um einen Kurs im Aufheben – »undoing« [Ent-tun] – handelt, der zum Ziel hat, »die Blockaden zu entfernen, die dich daran hindern, dir der Gegenwart der Liebe, die dein angestammtes Erbe ist, gewahr zu sein«.[11]

Ohne die Angewohnheiten des Nimmer-Geistes zu verlernen, gelangst du nicht zum Immer-Geist. Du kannst die ruhige Stimme des Heiligen Geistes nicht hören, solange du in der Gefolgschaft des leeren inneren Egomonologs bleibst. Du kannst die Wärme der Sonne oder die Frische der Brise nicht spüren, wenn du darauf bestehst, in deiner Gefängniszelle zu bleiben, und die weit offene Tür ignorierst, da du davon überzeugt bist, hinter ihr liege nichts Wertvolles. Willst du aber dein wirkliches Zuhause in Gott finden, musst du deine hohle Überzeugung aufgeben, du *wüsstest*, was das Beste und was wirklich ist, und eine andere Wahl treffen. Dies ist deine einzige Option.

Schau: Das Einssein in Allem erblicken

Ein Kurs in Wundern® verwendet viele verschiedene Konzepte und Metaphern, um uns zur Verwirklichung unseres wahren Wesens zu bringen: unserem Einssein mit Gott und untereinander. Doch es gibt ein Konzept, das Text- und Übungsbuch beständiger als irgendein anderes – mehr sogar noch als Vergebung und Wunder – durchzieht. Immer wieder kehrt der Kurs zu ihm zurück. Und das ist das Konzept der Schau oder – genauer – der Schau Christi. Denke daran, dass sich das Wort *Christus* in *Ein Kurs in Wundern®* zwar auf den Sohn Gottes bezieht, nicht aber auf die Person Jesus von Nazareth. Und das erklärt sich folgendermaßen: Der Kurs, der Dr. Helen Schucman von einer inneren Stimme diktiert wurde, die sie als Jesus identifizierte, führt aus, dass wir *alle* – kollektiv – Gottes Sohn sind. Dass der Kurs den männlichen Begriff *Sohn* verwendet, ist zum Teil der Epoche geschuldet, in der er verfasst wurde, mehr aber noch dem Bestreben, diesen Begriff neu zu definieren und von jener Bedeutung zu befreien, die er im Christentum hatte, wo er ausschließlich mit Jesus identifiziert wurde. Jesus war nicht einzigartig; er erwachte zu seinem wahren Wesen nur vor uns anderen und versuchte, uns zu lehren, was er gelernt hatte: dass wir *alle* Aspekte des einen Gottessohnes sind, Gottes Nachkommenschaft, die Ausdehnung von Gottes grenzenlosem Sein, das Liebe und nichts als Liebe ist.

Die Schau Christi ist jene Schau, die *nur Christus sieht* – nur Einssein, nur Gott, nur Liebe – in allen und allem. Zugleich ist diese Schau jene, die wir verwenden werden, wenn wir zu der Tatsache erwachen, dass auch wir Christus sind. Der Christus in uns sieht sich um und erblickt den Christus in allen anderen. Das ist das letztgültige Wiedererkennen, dass wir keine Körper sind, sondern Geist, und dieser Geist ein einziger ist.

> *Die Schau Christi hat ein Gesetz. Sie schaut nicht auf einen Körper und hält ihn für den Sohn, den Gott erschaffen hat. Sie sieht sein Licht jenseits des Körpers, eine Idee jenseits dessen, was man berühren kann, eine Reinheit, die ungetrübt ist von Irrtümern, jämmerlichen Fehlern und angstbesetzten Schuldgedanken aus Sündenträumen. … Und sie*

blickt auf jedermann, auf jeden Umstand, auf alle Begebenheiten und Ereignisse ohne das geringste Nachlassen des Lichtes, das sie sieht.[12]

Schließen wir uns der Schau Christi an und erblicken in allen Dingen Gott, dann heben wir die Unterschiede auf, auf denen die Wahrnehmung beruht. Wir übersehen sie wortwörtlich und setzen die Wahrheit von Gottes Schöpfung wieder ein.

> *Versuche also heute anzufangen, alle Dinge mit Liebe, Anerkennung und einem offenen Geist betrachten zu lernen. Du siehst sie jetzt nicht. Möchtest du erkennen, was in ihnen ist? Nichts ist so, wie es dir erscheint.*[13]

Im perfekten Augenblick sehen wir also nicht mit den Augen des Körpers, sondern den »Augen« der Liebe. Schließen wir uns der Schau Christi an, spähen wir hinter die Wahrnehmungswelt des Egos – jenseits von Trennung und Kontrast – und heilen diese Aufspaltungen, indem wir unser grundlegendes Einssein mit allem Existierenden anerkennen. In Lektion 30 des Übungsbuches heißt es: »Gott ist in allem, was ich sehe, weil Gott in meinem Geist ist.« Dieser Gedanke wird dann als »Sprungbrett zur Schau« weitergeführt:

> *Stattdessen versuchen wir, das in der Welt zu sehen, was in unserem Geist ist, und das, was wir sehen wollen, ist dort. Auf diese Weise versuchen wir, uns mit dem zu verbinden, was wir sehen, anstatt es getrennt von uns zu halten. Das ist der grundlegende Unterschied zwischen der Schau und der Art, wie du jetzt siehst. … Wirkliche Schau ist nicht auf Vorstellungen wie »nah« und »fern« begrenzt. … sie ist*

auch keineswegs auf körperliche Augen angewiesen. Der Geist ist ihre einzige Quelle.[14]

Wir verbinden uns mit dem, was wir sehen, weil all das ein Produkt unseres Geistes ist. Daher ist es weniger ein Verbinden als ein Wiedervereinen. Wie in *Hinter den Spiegeln* stellen wir den falschen Spiegel der Wahrnehmung auf den Kopf und lugen durch die Illusion hindurch, um die *wirkliche Welt* zu erblicken, das heißt die von allem Müll und allen Verzerrungen des Ego-Geistes gereinigte Welt. Rufen wir uns die an früherer Stelle in diesem Kapitel zitierten Sätze in Erinnerung, in denen es um das Über-sich-selbst-Hinausgehoben-Werden ging:

Was wirklich geschieht, ist, dass du die Illusion eines begrenzten Bewusstseins aufgegeben und deine Angst vor der Vereinigung verloren hast. Die Liebe, die sie augenblicklich ersetzt, dehnt sich zu dem aus, was dich befreit hat, und vereinigt sich mit ihm. Und solange das währt, bist du über deine Identität nicht ungewiss und möchtest sie nicht begrenzen.[15]

Im perfekten Augenblick kosten wir wahre Schau. Wir erblicken unendliche, allliebende Einheit und erkennen diese als das, was sie ist: nichts weniger als unser wahres Selbst – jenes Selbst, das Gott geschaffen hat.

☙ ÜBUNGEN

Wenn der Immer-Geist stets für uns da und verfügbar ist, weshalb sind perfekte Augenblicke dann so selten? Und warum akzeptieren wir das so bereitwillig? Wie können wir spöttisch behaupten, diese seien nicht wichtig? Stell dir vor, wie es sich anfühlen würde, wenn dir einmal am Tag (oder einmal im Monat) ein perfekter Augenblick garantiert und dir das bekannt wäre? Wie würde es deine Wahrnehmung verändern, wenn du wüsstest, dass völlige Freiheit von Streit und Sorge regelmäßig dein sein könnte? Gerade in diesem Moment könnte sich dein Geist zu einem perfekten Augenblick hin öffnen. Du musst dich nur dazu entscheiden. Das ist aber nicht möglich, wenn dein Geist mit dem Gedankenschrott des Nimmer-Geistes beschäftigt ist.

Du musst diesen erst rausschmeißen, um für den perfekten Augenblick Platz zu schaffen.

In dieser Übung jagst du dem perfekten Augenblick nicht nach, denn das funktioniert nicht. Stattdessen machst du dich daran, nach allem Ausschau zu halten, was deinen Geist zumüllt und den perfekten Augenblick davon abhält, zu dir hinzuströmen.

Frage dich zunächst, ob du überhaupt *bereit* bist für einen perfekten Augenblick. Wenn sich *genau jetzt* ein Heiliger oder Guru vor dir materialisieren und dir mit einem strahlenden Lächeln einen solchen Augenblick anbieten würde, würdest du ihn akzeptieren?

Wenn du mit einem uneingeschränkten *Ja* antwortest, Glückwunsch! Mach aber trotzdem die Übung zu Ende.

Antwortest du mit Nein, weshalb? Wäre dir ein solcher Augenblick später, zu einem passenderen Zeitpunkt, lieber? Warum? Die Antwort kann nur sein, dass es Dinge gibt, die du für wichtiger hältst. Oder du hast Angst davor und würdest ihn ohnehin ablehnen, egal wann und wo?

Wenn dem so ist, dann schau dir deine Furcht aufrichtig an und erkenne sie vor dir selbst an.

Wir versuchen nun ein Inventar der unterschiedlichen Gedanken zu erstellen, die das Ego dir vor die Füße wirft, um die Erfahrung der Heiligkeit im perfekten Augenblick zu verhindern. Dann hast du zumindest die Wahl, ob du an ihnen festhalten oder sie loslassen möchtest.

- Arbeits- oder Schulbelange
- Mit Elternsein verbundene Zuständigkeiten: Schule, Gesundheit, Sicherheit
- Hausarbeiten: Einkaufen, Essenkochen, Putzen, Reparatur- und Instandhaltungsarbeiten, Rechnungen bezahlen, Gartenarbeit
- Belange, die mit deinem äußeren Erscheinungsbild zu tun haben: wie du aussiehst, gekleidet bist und dich präsentierst; wie dich deiner Meinung nach andere sehen; dich fit und attraktiv halten (sportliche Betätigung, Hairstyling und so weiter)
- Bevorstehende Termine, an die du denken musst
- Fehlschläge und Vorkommnisse, die du bedauerst; Dinge, die du zu deiner Zufriedenheit getan oder nicht getan hast; alles, worüber du regelmäßig Scham oder Schuld empfindest
- Vergnügungen: Dinge, auf die du dich freust wie auswärts essen gehen, trinken oder Drogen nehmen, Sex, Sport oder sogar diese Fernsehserie, die dich an der Angel hat
- Erwerbungen, die du dir wünschst, wie Autos, Kleider, Schuhe, Schmuck, Antiquitäten, Musik, Traumhäuser
- Erlebnisse, die du dir wünschst, wie Reisen, Strandurlaub, Konzerte, Sportereignisse
- Längerfristige Sorgen wie Gesundheit, Beziehungen, das Wohlergehen deiner Liebsten, finanzielle Sicherheit, Ruhestand und schließlich Tod

Sieh dir an, wie viele verschiedene Optionen das Ego hat, um dich von deinem Ziel abzubringen. Achte darauf, welche von den oben genannten die Lieblingsoptionen deines Egos sind, seine verlässlichsten Stützen, wenn es dich aus dem Frieden heraus- und in seine Arme zurückzuzerren versucht wie ein lästiger alter Liebhaber, den der Gedanke eifersüchtig macht, dass du dein Glück vielleicht fern von ihm finden könntest.

Erinnere dich an den Ausspruch von Juliana von Norwich: »Und alles wird gut sein, alles auf seine Weise.« Was, wenn das für dich wahr wäre? Lektion 292 des Arbeitsbuches verspricht: *»Ein glücklicher Ausgang aller Dinge ist gewiss.«* Nimm für einen Moment mal an, dass dies zutrifft (wenn auch wahrscheinlich nicht so, wie du es dir ausmalst). Wie oft hast du dich in einen Arbeitsrausch gestürzt, um etwas hinzubekommen, das sich schließlich als keine große Sache herausgestellt, sondern mehr oder weniger von selbst erledigt hat? Und auch die größeren, heikleren Probleme rufen, wenn man sie Jahre später im günstigen Licht der Rückschau betrachtet, nur noch ein leichtes Seufzen oder leises Schmunzeln hervor. Wende diese Erkenntnis nun auf alle Belange und Begierden an, die du auf der Liste hast ausfindig machen können, dich also derzeit verfolgen. Und denke dabei daran, dass ein glücklicher Ausgang gewiss ist!

Kommen wir zum perfekten Augenblick zurück. In den Lektionen 101 und 102 des Arbeitsbuches heißt es: »Gottes Wille für mich ist vollkommenes Glück« sowie »Ich teile den Willen Gottes, der mein Glück will«. Wenn das so ist, dann hast du jedes Recht, den perfekten Augenblick in Anspruch zu nehmen und dir zu eigen zu machen – nicht aus Verzweiflung oder irgendeinem Bedürfnis heraus, besonderer oder heiliger zu sein als jemand anderes, sondern weil es dein Geburtsrecht ist und du jetzt bereit bist, es einzufordern.

Tu es. Jetzt.

Und dann sei geduldig. Lass den Heiligen Geist entscheiden, welche Umstände sich am besten eignen, um deinen Geist zu einem perfekten Augenblick hin zu öffnen. Vertrau ihm. Und bleib wachsam für die hinterlistigen Egoversuche, dich in die Angst zurückzuholen. Vertrau Ihm auch, dir dabei zu helfen, deinen Weg über das Ego hinaus zu finden. Ist der richtige Zeitpunkt gekommen, wirst du in den perfekten Augenblick hineinstolpern. Und alles wird gut sein.

4

Der Ruf der Ganzheit

Frühjahr 1983. Ich hatte über fünf Jahre und also lange genug in Philadelphia gelebt, um Teil der leidenschaftlichen Fangemeinde der Stadt geworden zu sein. Die Phillies hatten 1980 die World Series gewonnen, und nun sah es so aus, als hätten die 76er zum ersten Mal innerhalb von zwanzig Jahren eine Chance auf den NBA-Titel, den Titel der National Basketball Association. Ich war vor allem ein Riesenfan von Julian Erving, einem eleganten Flügelspieler und Mann der leisen Töne, dessen der Schwerkraft trotzende Sprünge und Drehungen die Art, wie Basketball gespielt wird, für immer verändert hatte. Von allen verdiente er es am meisten, einen Titel zu gewinnen. Die Sixers kämpften sich durch die Playoffs wie ein Heuschreckenschwarm, verschlangen jeden Gegner mit Haut und Haaren und verloren nur ein einziges Spiel. Bei den NBA Finales machten sie schließlich reinen Tisch und schlugen die Los Angeles Lakers mit dem berühmten »Magic« Johnson in vier einwandfreien Spielen.

Wie viele amerikanische Städte in den 1980er Jahren war auch Philadelphia von rassistischen Spannungen zerrissen. Zwei Jahre, nachdem die Sixers die Lakers vom Tisch gefegt hatten, brannte die Polizei ein ganzes afroamerikanisches Viertel nieder, um eine afroamerikanische Befreiungsgruppe namens M.O.V.E. aufzustöbern. Doch in der Nacht, in der die Sixers die NBA-Krone ergatterten, war davon nichts zu sehen.

Damals lebte ich mit meiner Verlobten zusammen. Sie verstand nicht, wie ein dummes Sportereignis jemanden so sehr in Aufwallung bringen konnte; mithin erübrigt es sich, zu erwähnen, dass sie nicht geneigt war, meine Feierlaune zu teilen. Doch ich *musste* das einfach tun, stieg also in meinen Wagen und fuhr zur City Line Avenue, der Grenze zwischen der Innenstadt und den wohlhabenderen Vorstädten, die man als Main Line kennt (durch Katharine Hepburn und Cary Grant im Film *Die Nacht vor der Hochzeit* bekannt geworden). Die vierspurige Durchfahrtstraße war überfüllt. Es wurde gehupt. Scharen von zumeist afroamerikanischen Männern standen mitten auf der Straße auf dem Mittelstreifen. Als Symbol für das Hinwegfegen der Lakers durch die Sixers schwenkten sie Besen in der Luft. Ich fuhr langsam die Linksspur entlang und streckte meine linke Hand aus dem Fenster, klatschte nach dem Gib-mir-fünf-Motto eine Hand der Besenschwinger nach der anderen ab, während wir miteinander lachten und in unserem Jubel durcheinanderriefen. Unter normalen Umständen hätten sich unsere Lebensläufe nicht überkreuzt. Oder wenn doch, hätten wir uns wahrscheinlich durch die jeweiligen Linsen rassistischer und kultureller Unterschiede betrachtet. Doch nicht in dieser Nacht. In dieser Nacht waren wir eins: ein Volk, eine Stadt, geeint im Triumph unseres Teams.

Solche Feiern sind eigentlich keine Seltenheit. Wenn Teams wie die Boston Red Sox oder die Chicago Cubs ihre fast ein Jahrhundert währende Dürrezeit schließlich doch noch überwanden, indem sie den World-Series-Titel gewannen, zog sich der Jubel über Tage hin. Und wie war das erst für die Menschenmassen, die am Ende des Zweiten Weltkriegs zum Feiern auf die Straßen gingen! Wenn wir uns in einer derart überschwänglichen kollektiven Freude versammeln, ist das Gefühl überwältigend. Der Anlass selbst mag einen nur wenige Stunden lang beschäftigen, die Erinnerung daran aber währt ein Leben lang.

Was uns die Gänse lehren

Gehen wir nun von glücklichen, jubelnden Menschenmengen zu einer ruhigeren Szenerie über: einer Schar kanadischer Gänse, die zum Überwintern in den Süden ziehen. Sie fliegen in einer anmutigen V-Formation, deren Silhouette sich gegen den tiefblauen Himmel abhebt, wobei die Führungsposition fortwährend von einer Gans zur anderen wechselt. Ihre Orientierungspunkte unten am Boden findend und in Kenntnis ihres Zielortes steuern sie instinktiv einen Ort an, an dem sie übernachten können. So machen sie es seit Jahren und werden es in den kommenden Jahren weiterhin tun.

Was könnte eine Gänseschar mit einer Gruppe feiernder Sportfans aus Philadelphia gemeinsam haben? Die eine ist eine chaotische, hektische Versammlung, die in der Fremde zusammengekommen ist, um ein Aufeinandertreffen besonderer Umstände zu feiern, das in absehbarer Zeit kaum wiederkehren wird. Die andere ist eine ordentliche, strukturierte Angelegenheit, die ebenso vorhersagbar ist wie die Abfolge der Jahreszeiten, ihrem Auslöser.

Die Antwort? In beiden Fällen hat sich das Individuum freiwillig mit anderen zusammengeschlossen und seine Identität in einer größeren Gruppe aufgehen lassen, um für eine Weile zu einem höheren Zweck einen gemeinsamen Sinn und Zweck zu verfolgen. Dabei sind Sinn und Zweck natürlich von Gruppe zu Gruppe verschieden. Die Gänse wollen ihr Winterdomizil erreichen. Mit Route und Rollenverteilung haben sie Übung; und das ist auch besser so, wenn sie der Kälte entkommen wollen. Im Gegensatz dazu gibt es für die Sixer-Fans über das Feiern hinaus weder Sinn noch Zweck. Und doch ist es selten und wundervoll anzuschauen, wie ein Fest aus reiner Spontaneität entsteht und eine ganze Stadt von einem solch unerhörten Phänomen erfasst wird, dass sie mit einem Schrei in genau demselben Moment von ihren Sofas und Fernsehern aufspringt und auf die Straße geht – nicht aus Widerstand oder Angst, sondern um in Freude zusammenzukommen und dabei eine Nacht lang Klassen-, Kultur- und Rassegrenzen zu überwinden.

Die Gänse sind schwerlich eine Ausnahmeerscheinung. Im Tierreich gibt es zahlreiche Beispiele für diese Art von Zusammenarbeit. Ameisen verwenden große Sorgfalt darauf, große Untergrundkolonien zu errichten; Termiten bauen riesige, von Tunneln durchzogene Hügel, das Äquivalent zu einer von Straßen durchkreuzten Menschenstadt; Bienen kundschaften pollenträchtige Blüten aus und teilen die Fundorte über komplizierte Flugtänze Kolleginnen mit, all das zum Wohl des ganzen Bienenstocks. Diese kollektiven Bemühungen werden wie bei den Gänsen vom Überlebens- und Wachstumsbedürfnis dieser Organismen gesteuert.

Menschen in Jäger- und Sammlergesellschaften müssen, wollen sie überleben, ebenfalls Bindungen eingehen und schließen sich naturgemäß zu Stammesgesellschaften zusammen, die weit über die üblichen Familienbande hinausgehen. Ein solcher Stamm stellt für seine Mitglieder die ganze Welt dar. Sie verlassen sich aufeinander, was die Erfüllung aller denkbaren Bedürfnisse anbelangt: Essen, Obdach, Erziehung, Sex, Unterhaltung, Heilung und Rituale. Aus ähnlichen Gründen lassen sich in ihrer Nachbarschaft Immigranten nieder, denn so können sie sich schützen und in einer neuen, noch unvertrauten Umgebung ihre gemeinsamen kulturellen Überlieferungen bewahren. Mein Großvater Arthur lebte direkt auf der Straßenseite gegenüber der Familie seines jüngeren Bruders; meine Großmutter, Arthurs Frau, drei Türen von der Wohnung ihrer jüngeren Schwester entfernt, während ihre ältere Schwester sich auf der anderen Straßenseite niedergelassen hatte. Nicht direkt ein Stamm, aber über den heute üblichen Familienbegriff hinausgehend.

Überall in der Natur treffen wir auf diese Notwendigkeit zusammenzukommen, sich mit anderen derselben Art zu verbinden. Und ja, indem ich das sage, unterlaufe ich eine gewisse Tendenz – eine, an der wir alle festhalten –, nämlich die Neigung des Egos, Trennung über Ganzheit zu stellen. Lass mich das erläutern.

In Kapitel 1 haben wir uns damit auseinandergesetzt, auf welche Art und Weise physischer Körper und persönlicher Geist zu einem Selbstverständnis der Singularität beitragen und wie dieses lose zusammengesetzte Flickwerk von Identität letztlich auf äußerst wackeligem Boden steht. In Kapitel 2 sahen wir, wie allein schon die Wahrnehmung die Welt in voneinander getrennte Objekte und Ereignisse unterteilt. In dem Ausmaß, in dem wir uns als Individuen betrachten, die in einer solchen Welt leben, werden wir unsere Mitbewohner mit derselben Voreingenommenheit sehen. Wie uns selbst betrachten wir auch andere als Individuen – isolierte Geister in getrennten Körpern. Wie es in *Ein Kurs in Wundern®* heißt:

> *Ein jeder macht ein Ego oder ein Selbst für sich, das seiner Instabilität wegen sehr großen Schwankungen unterliegt. Er macht auch ein Ego für alle anderen, die er wahrnimmt, das ebenfalls schwankt.*[1]

Wir bevölkern unsere Welt mit diesen Myriaden getrennter Egos. Wir schreiben ihren Handlungen Motive zu, die auf unseren eigenen Motiven gründen. Wir fällen Urteile; wir stimmen zu oder lehnen ab. Und wir schließen uns Gruppierungen an. Doch wie viele Gruppierungen auch immer wir mit anderen Egos eingehen mögen oder wie stark unsere Loyalität ihnen gegenüber sein mag, selten setzen sie unser fundamentales Selbstverständnis außer Kraft. Wir bleiben Individuen, die zufällig die Wahl getroffen haben, zu einer bestimmten Gruppe zu gehören. Doch der Umstand, dass wir Gruppierungen mit dieser Voreinstellung betrachten, macht sie nicht wahr, nicht mehr als das Ego selbst eine wahre Widerspiegelung dessen ist, wer wir sind.

Was genau bedeutet dieser Gleichgewichtsakt zwischen der individuellen Identität und der Gruppenidentität? Mit welchem Anteil von dem, was wir sind, sind wir auf unsere Individualität konzentriert, mit welchem auf die größere soziale Gruppierung? Gewiss, als ich damals die City Line Avenue hinunterfuhr und wahllos ausgelassene Gib-mir-fünf-Gesten mit Fremden austauschte, vergaß ich meine Identität nicht: meinen Job, mein Zuhause, meine Verlobte. Im Grunde rührte ja ein Großteil der Freude an diesem Erlebnis daher, dass ich wusste, dass ich mich den unterschiedlichen Lebensumständen und -hintergründen zum Trotz mit diesen Fremden zusammentun und als triumphierender Sixer-Fan Teil dieser gemeinsamen Gruppenidentität sein konnte.

Was die Gänse angeht, trifft vermutlich das Gegenteil zu; ihre Gruppenidentität überschattet die individuelle. Würde eine einzelne Gans jemals versuchen, die Migrationsreise alleine zu machen? Würde die Gruppe es zulassen, sich von ihrer Flugroute durch irgendwelche Bedürfnisse oder Wünsche ihrer einzelnen Mitglieder ablenken zu lassen? Wäre eine Ameise, Biene oder Termite fähig, auf sich selbst gestellt zu existieren? Würde die Idee »auf sich selbst gestellt« überhaupt Sinn für sie ergeben?

Im Ganzen oder in Teilen

Es lohnt sich also, die Frage zu stellen: Wer ist hier eigentlich der Organismus: die Gans oder die Gänseschar? Die Biene oder der Bienenstock? Die Ameise oder die Ameisenkolonie? Dort, wo wir beobachten, dass individuelle Organismen zusammen auf ein gemeinsames Ziel zuarbeiten, könnten wir genauso gut auch eine einzige Wesenheit mit vielen lose koordinierten Einzelteilen sehen. Vielleicht sind der Bienenstock, die Ameisenkolonie oder der Termitenhügel jeweils der eigentliche Organismus. Dieser

Blickwinkel mag seltsam erscheinen, doch nur deshalb, weil er dich dazu zwingt, dein getrenntes Selbst als einen dieser Bestandteile zu denken, und weil dein Ego an jeder Idee Anstoß nimmt, die es kleiner macht. Die Zugehörigkeit zu einer Gruppe kann aber einen tiefgreifenden Effekt auf das Verhalten haben. Gruppen erreichen ganz einfach Dinge, die Individuen nicht schaffen. Das trifft in der Natur offensichtlich auf Bienen und Ameisen zu, gilt aber ebenso im Falle des Menschen.

Steve Jobs und Steve Wozniak konnten in ihrer Garage herumtüfteln, bis sie den Entwurf eines eigenen Computers vor sich liegen hatten, doch dann war eine umfassende Organisation erforderlich, um das ganze Spektrum an Produkten herauszubringen, die heute das Apple-Logo tragen und die Art und Weise verändert haben, wie wir Menschen miteinander in Verbindung treten. Und diese Beobachtung gilt heute wie gestern. Kein Mensch könnte die Pyramiden in Ägypten und Mittelamerika, die Chinesische Mauer oder die kolossalen Steinstatuen alleine gebaut haben, die von den Höhen der Osterinsel herab seewärts starren. Die Anstrengung Hunderter, vielleicht sogar Tausender von anonymen Arbeitern, die sich ganze Leben lang abrackerten, war dazu nötig – ein Beweis für die Macht einer organisierten Gruppe mit gemeinsamem Ziel.

Allerdings besitzen Gruppen auch eine dunklere Seite. Ein zügelloser Mob kann Zerstörung anrichten, Eigentum und sogar Leben vernichten, und das ohne zu zögern oder Gewissensbisse zu haben. Politische Bewegungen wie die Nazis im Zweiten Weltkrieg, Pol Pot und seine Khmer in Kambodscha oder die spanische Inquisition waren gewalttätig und haben getötet bis hin zum Völkermord in einem Ausmaß, wie es kein Serienmörder alleine hinzubekommen hätte hoffen können. Ob aber nun das Ergebnis eines Gruppenverhaltens positiv oder negativ ist, dessen Macht oder Fähigkeit, uns an- und mit hineinzuziehen, können wir nicht herunterspielen.

Gruppen sind verlockend. Wir *wollen* dazugehören, um Teil von etwas Größerem zu werden, sei es einem High-School-Fußballteam oder einer Präsidentschaftswahlkampagne. Wir wollen nach einem höheren Ziel trachten. Wir wollen unser Leben jener Art von Sinn übergeben, der sich ausschließlich daraus nährt, dass wir uns einem Ideal widmen, das größer ist als unser individuelles Selbst. Und je mehr bei einer Sache mitmachen, desto verführerischer wird sie. Weshalb würden sonst so viele bereit sein, ihr Leben im Dienst ihres Landes zu riskieren? Dies erklärt aber auch, weshalb Terroristengruppen wie die ISIS beziehungsweise ISIL Bekehrte aus der ganzen Welt anziehen können. Sie locken jene, die ihr Heimatland verloren haben und nach Sinn dürsten, mit dem Versprechen an, sie in den Dienst einer großen noblen Sache zu stellen, eine, für die es sich zu kämpfen, ja sogar zu sterben lohnt. Besser ein ruhmreicher Tod als ein schäbiges, folgenloses Leben in Armut und ohne Arbeit auf den Straßen einer erbarmungslosen, gleichgültigen Stadt.

Sekten und Stämme

Schauen wir uns nun zwei Typen eines Gruppenzusammenschlusses an, die sich sehr ähnlich sind und beide von der Macht zeugen, die von der Zugehörigkeit zu etwas Größerem als man selbst ausgeht, allerdings mit sehr unterschiedlichen Ergebnissen: Sekten und Volksstämme. Sekten bilden sich um charismatische Gestalten herum, die über besonderes Wissen, besondere Kräfte oder Wirkungsmöglichkeiten verfügen, die zumeist ihrer angeblich direkten und privilegierten Verbindung zum Göttlichen geschuldet sind. Die Worte solcher Anführer werden als absolute Wahrheit betrachtet; niemand wagt, sie in Frage zu stellen. Ihr Sonderstatus ist ihnen von Gott übertragen worden und erstreckt sich auf ihre Jünger, solange sie dem Diktat des jeweiligen Anführers blind gehorchen, und zwar selbst dann, wenn dies Gesetzesbruch oder die Verletzung anderer erfordert.

Sektenmitglieder werden dazu ermutigt, ihr bisheriges Leben aufzugeben und alle Verbindungen mit Verwandten, Freunden und Berufen zu lösen, die nicht zur Sekte gehören oder mit ihr vereinbar sind, um sich ganz dem höherwertigen Leben der Sekte hinzugeben. Manchmal gibt der Sektenführer ihnen neue Namen, um ihre neue Identität zu verstärken. Jedweden Versuchen, da wieder herauszukommen, wird mit harten Verweisen und sogar Strafen begegnet. Das ist notwendig, denn wenn jemand die Sekte verlässt, stellt das die Autorität der Führung in Frage. Wäre es den Mitgliedern gestattet, ungestraft zu gehen, dann könnte es geschehen, dass weitere Mitglieder die Gültigkeit der Doktrin, die der Anführer gerade in der Mache hat, in Frage stellen und ebenfalls gehen. Folgerichtig muss die Sekte ihren Zusammenhalt verstärken, indem sie auch die geringsten Anfechtungen der Autorität ihres Anführers zerschlagen. Letzterer muss, Seite an Seite mit seinen Stellvertretern, die Sektenmitglieder kontrollieren und zum Gehorsam den strengen Sektenregeln gegenüber zwingen.

Der Tod ist dem Verlassen einer Sekte vorzuziehen. In der Tat hegen viele Sekten eine geheime Todessehnsucht, die sie als ultimative Befreiung von den Banden dieser elenden fremden Welt und als letzten Triumph über selbige verkaufen. Beispiele dafür sind der Peoples Temple (in Jonestown), Heaven's Gate und die Branch Davidians – alle drei Sekten, die in der Massenvernichtung ihrer gesamten Anhängerschaft endeten.

Angesichts so vieler Negativbefunde fragst du dich wohl, weshalb es immer noch Sekten gibt. Worin besteht ihre Anziehungskraft? Die Sekte vermittelt ihren Anhängern ein Gefühl von Sinn und Bedeutung, wie sie es im normalen Leben nicht haben. Die Sekte macht sie zu etwas Besonderem – nicht als Individuen, nicht wegen irgendeines ihnen zugeschriebenen Verdienstes, sondern einfach nur kraft ihrer Zugehörigkeit zu dieser privilegierten Gruppe. Eine Sekte maskiert sich als ideale Familie – ihr Anführer als das ideale Familienoberhaupt – und überschüttet ihre Mitglieder im Gegenzug für ihre fraglose Loyalität mit Anerkennung. Der Preis dafür – namentlich die Aufgabe der persönlichen Identität – scheint den Handel wert zu sein.

Wenn wir an die Pioniere denken, die den Westen und mittleren Westen der Vereinigten Staaten besiedelten, ist das erste Bild, das vor unserem inneren Auge auftaucht, das des ruppigen Hinterwäldlers: Daniel Boone mit seiner Waschbärkappe und dem Jagdmesser im Gürtel, der, sein Steinschlossgewehr griffbereit, auf der Suche nach Spiel und Gefahr die Wälder durchstreift, oder Jeremiah Johnson (aus dem gleichnamigen Film) – dem amerikanischen Titel nach »der Mann aus den Bergen« (*The Mountain Man*) –, der alle Mühsal auf sich nimmt, um aus eigener Kraft zu überleben. Doch alleine zu überleben war damals eine Seltenheit, vielleicht sogar Unmöglichkeit. Die Verehrung der Amerikaner für den standhaften Einzelgänger, der alle Gefahren überwindet, die ihm auf seinem Weg begegnen, verrät einmal mehr unseren Hang, Individualität über die Gruppe zu stellen. Weitaus verbreiteter – und mehr Erfolg versprechend – für das Überleben in den Wäldern und Great Plains Amerikas war es, sich in Stämmen zusammenzuschließen.

Dem ersten Anschein nach ähneln sich Stämme und Sekten. Bei beiden gibt es Menschengruppen, die, in einer gemeinsamen sozialen Identität und Zielsetzung vereint, nahe beieinander wohnen. Beide haben Regeln, Sitten und Tabus, die man nicht brechen darf. Beide haben Anführer. Doch eine Sekte gründet sich in erster Linie auf die machteinflößende Persönlichkeit des Anführers und seine vermeintlich einzigartige Weisheit, die Bekehrte anzieht. Ihre Organisationsstruktur verläuft von oben nach unten. Der Anführer bestimmt alles. Sollte er sterben, verliert die Sekte ihren Kapitän, bis ein neuer das Ruder übernimmt.

Stämme hingegen organisieren sich von unten nach oben. Die Anführer rekrutieren sich aus den Mitgliedern selbst, sie werden ihrer Erfahrung, ihrer Weisheit und ihres Mutes wegen vom Stamm ernannt, haben sich also bereits unter Beweis gestellt. Sie dienen den Interessen des Stammes, nicht ihren jeweiligen Egos. Wie bei den Gänsen, Bienen und Ameisen geht es einem Stamm stets ums Überleben – nicht des Individuums, sondern des Kollektivs. Das einzelne Leben ist, falls nötig, verzichtbar, denn der Stamm muss als Gesamtorganismus überleben. Das Individuum ist nur ein Teil, das dem Ganzen dient.

Die moderne Gesellschaft bietet wenig Hilfe, wenn es darum geht, den enormen Reiz des Lebens in einem Stamm zu verstehen. Wer würde heutzutage die Entscheidung treffen, sein Zuhause, seine Arbeit, seine Familie und alle Vorzüge der Zivilisation aufzugeben, um sich einer Stammesgesellschaft anzuschließen? Als ich den Sieg der Sixers feierte, verbrüderte ich mich voller Glück mit den Besen schwingenden Saufkumpanen. Hatte sich die Begeisterung aber gelegt, sah ich mir wie gewohnt die Nachrichten an, ging zu Bett und fuhr am nächsten Tag zur Arbeit. Hinsichtlich meines Selbstverständnisses hatte sich nichts geändert. Selbst für Soldaten in ein und derselben Kampfeinheit – der engsten Verbindung in der modernen Welt überhaupt – gilt: Ist der Kampf einmal vorüber, kehren sie in ihre getrennten Leben zurück. Sie teilten das Erlebnis einer Schlacht, »waren wie Brüder«, doch nicht einmal das löschte ihre individuellen Identitäten aus.

Sebastian Junger zeichnet in seinem 2016 erschienen Buch *Tribe – Das verlorene Wissen um Gemeinschaft und Menschlichkeit* ein lebhaftes Bild des Reizes, der vom Leben in einem Stamm ausgeht, nicht nur dem der Indianer in Amerika, sondern ebenso der europäischen Siedler des siebzehnten und achtzehnten Jahrhunderts. Er tut dies weniger, indem er uns in die Innenwelt einer Stammessiedlung mitnimmt, sondern indem er diese der Reizlosigkeit der sogenannten Zivilisation in der westlichen Welt gegenüberstellt. (Eine ganze Reihe bekannter Filme hat das ebenso getan, darunter *Der mit dem Wolf tanzt* und *Little Big Man*.) Doch was an Jungers Darstellung am meisten heraussticht, sind die zeitgenössischen Augenzeugenberichte, die die Mächtigkeit dieses Reizes bezeugen.Kein Geringerer als Benjamin Franklin wies darauf hin, dass »es zahlreiche Siedler gab, die [von den Indianern] im Erwachsenenalter gefangen genommen worden waren und dennoch die indianische Gesellschaft ihrer eigenen vorzogen«.[2] Tatsächlich trafen viele Siedler, die gefangen genommen worden, dann entkommen und zu ihren Ursprungsfamilien zurückgekehrt waren, die Wahl, sich aus diesen wieder zu lösen und zu ihren Stammesfamilien zurück zu fliehen. »Tausende von Europäern sind Indianer, und uns ist kein einziges Beispiel eines Ureinwohners bekannt, der freiwillig Europäer geworden wäre. Etwas in ihrer sozialen Bindung muss außerordentlich vereinnahmend und all dem weit überlegen sein, womit wir uns brüsten.«[3]

Ganz besonders Frauen bot die egalitäre Verfasstheit der Stammesgesellschaft eine willkommene Befreiung aus den Zwängen der Zivilisation. Junger zitiert eine anonyme Frau, die über ihr Leben in einem Stamm berichtet: »Ich habe hier keinen Meister. Ich bin allen Frauen im Stamm ebenbürtig, tue, was mir gefällt. Ohne dass mir jemand etwas zu sagen hat, ich arbeite nur für mich selbst, werde heiraten, wenn ich es will, und auch unverheiratet bleiben, wenn ich es so möchte. Gibt es in euren Städten eine Frau, die genauso unabhängig ist wie ich?«[4] Weder die englischen Puritaner noch französische Trapper oder spanische Eroberer hatten eine derartige Hochachtung vor Frauen.

Wahrscheinlich ist es der höchst gleichberechtigten Verfassung der Stammesgesellschaften zuzuschreiben, dass allein die Vorstellung von Verrat dort unbekannt war. Keinem Mitglied würde je der Gedanke kommen, jenen Stamm zu verraten, der sein Leben erhielt und schützte. Loyalität stand außer Frage; anders als in einer Sekte brauchte sie nicht erzwungen zu werden.

Stammesmitglieder übernehmen die Gemeinschaftsidentität des Stammes und geben, ist das einmal getan, diese Identität nie mehr auf, selbst wenn sie aus ihrem Stamm gewaltsam entführt und in die Zivilisation zurückgebracht werden. Das steht in einem erheblichen Gegensatz zur Welt der Sekte, in der die Kontrolle über die Gruppenanhänger und ihr Leben absolut und hierarchisch ist und jene, die den Versuch unternehmen zu gehen, hart bestraft werden. Worin liegt die Ursache für einen derart tiefgreifenden Unterschied?

Die Kraft eines gemeinsamen Ziels

Ein Kurs in Wundern® sagt, der erste Schritt auf dem Weg zur Einheit zurück bestehe darin, in irgendeiner Weise anzuerkennen, dass deine Interessen mit denen eines jeden anderen identisch sind. »Nur ein Zweck eint, und diejenigen, die einen Zweck miteinander teilen, sind im Geiste eins.«[5] Ein derartiger Zweck kann etwas so Einfaches sein, wie in demselben Little League Team zu spielen, oder aber etwas so Heftiges, wie wenn man sich auf eine Kampfmission im Auftrag der erlesenen Special Forces, einer Spezialeinheit der U.S. Army, begibt. Während eines solchen Zeitraums ist dein Ziel auf Erden dasselbe wie das aller anderen.

> *Wenn zwei Geister sich als eins verbinden und eine Idee in gleicher Weise teilen, dann ist das erste Bindeglied zum Gewahrsein der Sohnschaft [dass alle eins sind] als eins geschmiedet.*[6]

Sekten und Stämme bieten beide ihren Mitgliedern die Gelegenheit, sich ein solch gemeinsames Ziel zu eigen zu machen – und genau das macht ihren Reiz aus. Da sich eine Sekte aber um die Persönlichkeit ihres Anführers mit all seinen Schrullen und Marotten herum bildet, muss dieser Zusammenschluss zu einem gemeinsamen Ziel notwendig instabil sein. Als Mensch, der definitiv viele Fehler hat, unterscheidet sich der Anführer einer Sekte in keiner Weise von seinen Jüngern. Wenn er sich dann in seinen Reaktionen und Überreaktionen beliebig dreht und wendet, sich Lieblinge herauspickt, andere verstößt und auf ihnen herumhackt, bröckelt das gemeinsame Ziel der Sekte allmählich und zerfällt möglicherweise ganz, denn es war nicht im Urgestein der Wahrheit verankert. Das Gefühl der Einheit, das die Sekte vermittelte, war launenhaft und flüchtig und damit trügerisch. Die ihm zugrundeliegende Einheit leitete sich von einem einzigen Individuum ab, die Gruppenidentität war auf die Persona des Anführers zugeschnitten und wurde von ihr verstärkt.

Eine Stammesorganisation, die von unten nach oben verläuft, führt zu weitaus größerer Stabilität. Da deren Oberhaupt dem Stamm und all seinen Mitgliedern gleichermaßen dient, tendieren seine Entscheidungen eher dahin, die Gruppe zusammenzuhalten als sie in rivalisierende Lager aufzuspalten. Innerhalb der Einheit einer Stammesgruppe gibt es Raum für Unterschiede, ja diese werden nicht nur geduldet, sondern sogar willkommen geheißen und wertgeschätzt. Deshalb ist es auch weniger erforderlich, Konformität durch eine Kontrolle von oben zu erzwingen.

Doch es gibt noch einen viel größeren Unterschied zwischen Stämmen und Sekten – einen, der erklärbar macht, weshalb Sektenanhänger so oft ihrer Sekte zu entkommen versuchen, während Stammesmitglieder sogar Widerstand leisten, wenn man versucht, sie ihrem Stamm zu entreißen. Der Unterschied liegt im Wesen des Ziels, auf das sie sich gründen. Bei Sekten dreht sich alles um das erhabene Image ihres Anführers, und dieses steht auch Modell für das, was eine Sekte im Besonderen auszeichnet. Stämme hingegen haben das wechselseitige Wohlergehen im Dienst des Überlebens im Auge. Und was gemeinsame Zielsetzungen anbelangt, so ist das Überleben eine überaus solide, ja vielleicht sogar die stärkste in einer Welt, in der der Tod für alle eine allgegenwärtige Bedrohung darstellt. Daher rührt auch seine Macht, Menschen zu einem gemeinsamen Zweck zu verbinden.

Denselben Effekt sehen wir in einem größeren Ausmaß am Werk, wenn das Überleben einer ganzen Nation auf dem Spiel steht. Die französische Résistance im Zweiten Weltkrieg vereinte die unterschiedlichsten Leute aus allen Schichten der Gesellschaft in der solidarischen Absicht, die Besetzung des Landes durch die Nazis zu bekämpfen. Im Jahr 2001, nach dem Terrorangriff 2001 auf das World Trade Center in New York, versammelte sich das Volk der Vereinigten Staaten auf eine Weise, wie es das seit dem Ende des Zweiten Weltkriegs nicht mehr getan hatte. Ganz gleich, ob jemand in Montana oder Mississippi, Hawaii oder Maine lebte, alle hielten mit den New Yorkern in ihrer schrecklichen Not zusammen. Ja, Menschen rund um den ganzen Globus identifizierten sich mit ihnen. Ich werde später noch einmal ausführlicher darauf zurückkommen.

Zusammenfassend behaupte ich, dass ein Stammesvolk ein besseres Beispiel für Gruppenbewusstsein liefert als eine Sekte, da dessen individuelle Mitglieder nicht um ihrer selbst willen Wertschätzung und Ehrung erfahren, sondern weil sie zu einem größeren Ganzen beitragen. Ihr gemeinsames Ziel ist das Überleben – nicht eines jeden Einzelnen, sondern des gesamten Kollektivs. Auch Sekten haben ein Gruppenbewusstsein, doch eines, das von ihrer Führung definiert wird und mithin deren Launen unterworfen ist. Das Ego dieser Führung hat die Gruppe an sich gerissen und ihre einzelnen Mitglieder in ihr Joch gespannt, um ihre Gier nach Vergötterung zu befriedigen. Somit fällt die Sekte als Vorbild für wahres Gruppenbewusstsein aus.

Die Erfahrung von Gruppenbewusstsein

Weitaus die meisten unter uns werden nie zu einer Sekte oder einem Stamm gehören. Wir leben in Nachbarschaften, in der Regel mit nur wenig Verbindung zu den Gemeinschaften, die uns umgeben. Wo können wir dann Gruppenbewusstsein und gemeinsame Zielsetzungen erleben? Es ist nicht schwer, Beispiele dafür zu finden. Es genügt, nach Orten Ausschau zu halten, an denen wir mit anderen zusammenkommen, um eine Zeit lang ein gemeinsames Ziel zu verfolgen, das über unsere eigenen Interessen und unsere egobasierte Identität hinausgeht.

> *Sonnenuntergang an den Ufern des Columbia River, in einem kleinen Park achtzig Kilometer außerhalb von Portland, Oregon. Der Regisseur ruft »Achtung, Aufnahme!«, und eine junge Frau beginnt, in meine Richtung zu laufen. Kinder schaukeln lauthals in der Nähe. Nicht weit entfernt sitzt eine andere Frau im Gras, mit dem Rücken an einen Baum gelehnt. Kohlezeichnungen der spielenden Kinder werden über ihr verstreut, während sie ihre Brust mit ihren Armen umklammert, die Augen vor Schrecken und Verwirrung weit aufgerissen.*
>
> *Ich stehe am Rand des Sets, während die Kamera den Lauf der Joggerin verfolgt. Sie entdeckt die Künstlerin, hält an, nähert sich ihr und fragt freundlich: »Hi, ist alles in Ordnung?« Die Künstlerin fängt unkontrolliert zu schluchzen an. Sie breitet ihre Arme in Richtung der Joggerin aus; diese sind von einer Reihe langer blutiger Schnittwunden übersät. Und der Regisseur ruft: »Schnitt!«*
>
> *Ich habe regelrecht Gänsehaut bekommen. Tränen schießen mir in die Augen. Dies ist einer der tollsten,*

stolzesten Momente meines Lebens. Ich sehe mit an, wie an diesem allerersten Drehtag Charaktere und Situationen lebendig werden, die mein Geist geboren hatte. So viele Leute – Schauspieler, das Kamerateam, der Regisseur, die Männer, die die Schaukel errichtet hatten und sie bald im erlöschenden Licht der Abenddämmerung wieder niederreißen werden – sind in dem einen gemeinsamen Ziel zusammengekommen, mein Drehbuch zu produzieren; sie übersetzen meine Worte vom Papier in tatsächliche Szenen und Bilder, so dass ein Film entsteht.

Ein Filmset ist eines der besten Beispiele für ein gemeinsames Ziel, das mir je begegnet ist. Die Nähe, die beim Produzieren eines Films aus der Zusammenarbeit entsteht, ist unvergleichlich – außer bei Situationen, in denen es ums Überleben geht. Jedes Teammitglied wird für seinen Beitrag wertgeschätzt; eines jeden Beitrag wird als einzigartig und notwendig anerkannt. Wenn ein Schauspieler einen Hänger hat, wenn das Makeup zu sehen ist, wenn die Beleuchtung, die Kameraeinstellung oder das Catering für das Team nicht stimmen, wenn, wenn, wenn – dann wird die gesamte Szene, und möglicherweise der ganze Film, scheitern.

Wenige unter uns werden Gelegenheit haben, bei einer Filmproduktion dabei zu sein, doch viele haben schon einmal an einer Schulaufführung mitgewirkt. Ich habe zugesehen, wie meine Tochter mit ihren Mitspielerinnen ganze Abende lang Text lernte; sie waren für eine Produktion zusammengekommen, die höchstens drei oder vier Abende auf der Bühne und dann nie mehr zu sehen sein würde. Doch daraus entstanden Bande, die über Jahre hielten. In einem Unternehmen, einem Operationssaal oder einer Anwaltskanzlei als Team zusammenzuwirken kann, was Nähe anbelangt, ebenso lohnend sein – vorausgesetzt, dass die Teammitglieder sich gegenseitig wertschätzen und ihre Egos aus dem Weg räumen.

Die Intimität eines gemeinsamen Ziels kann so übermächtig werden, dass sie einen in romantische Liebesverstrickungen oder Sexaffären hineinziehen kann. Das geschieht, wenn jemand die Erregung, die von einem gemeinsamen Zweck ausgeht, mit Liebesintimität verwechselt, und das mag erklären helfen, weshalb Hollywoodstars so hohe Scheidungsraten haben. Mit einem Ko-Star auf einem isolierten Filmset über sechzig Drehtage hinweg eng zusammenzuarbeiten schmiedet ein äußerst intimes Band, in dessen Genuss nur wenige Ehepartner zu hoffen kommen können. Dasselbe gilt für Affären mit Arbeitskollegen. Die einfache Teilnahme an einer Wochenkonferenz, insbesondere wenn diese Workshops persönlichen Austausch beinhalten, kann zu demselben Gefühl von Intimität und Gruppenidentität führen – mit demselben Risiko, dass Begeisterung zu sexueller Indiskretion führt.

Doch wie intensiv auch immer das Geschehnis oder wie eng die gestrickten Bande gewesen sein mögen, irgendwann ist es vorbei: Die letzte Szene ist im Kasten, das Projekt zu Ende gebracht und abgeliefert. Das Hochgefühl lässt nach. Die Leute kehren nach Hause zu ihren Ehepartnern und Familien zurück. Oder das Projekt geht weiter, aber das Team wechselt. Manch einer hat einen besseren Job gefunden oder ist neuen Projekten zugewiesen worden. Das starke Gefühl einer Gemeinschaft, der Gleichgesinntheit und gemeinsamen Zielsetzung lässt nach und wird zu Erinnerung. Es kann nicht andauern, weil es in nichts Dauerhaftem oder Letztgültigem wurzelt. Die Egotraumwelt kann ganz schön berauschend sein, doch auf die eine oder andere Weise enden solch gute Zeiten immer.

Die Freude meines ersten Filmdrehs zerbrach innerhalb weniger Tage, als der Hauptdarsteller am Set ankam und das Kommando über den Dreh übernehmen wollte, ihn seinem Geschmack anpasste und ohne Rücksicht auf die Story oder ihre Glaubwürdigkeit den Text nach seiner Laune änderte. Aufgrund seiner größeren Erfahrung glaubte er – und kein anderer –, den richtigen Weg zu kennen, wie dieser Film zu drehen sei. Der Regisseur gab ihm nach. Was dabei am Ende herauskam, war so mangelhaft, dass es nicht zu retten war.

Egal, wie gut der Zusammenhalt in der Gruppe ist, in dem Augenblick, in dem irgendeines seiner Mitglieder sein Ego auf den Plan treten und übernehmen lässt – in dem Augenblick, in dem irgendjemand darauf besteht, *ich allein weiß es am besten* – ist die Gruppe dem Untergang geweiht. Entweder machen die anderen dann weiter und lassen diese Vereinnahmung zu, worauf die Gruppe zur Sekte wird, oder sie leisten Widerstand – und die Gruppe bricht unter dem Gewicht von zu viel Groll rasch auseinander. Und ohne das Gefühl, ein gemeinsames Ziel zu haben, schwinden auch Freude und Begeisterung.

Monate gingen dahin, bis ich akzeptieren konnte, dass mein Film niemals das Scheinwerferlicht sehen würde. Als ich aber endlich den Versuch aufgegeben hatte, doch noch hinzubekommen, was nicht mehr hinzubekommen war, und meine Hoffnungen fahren ließ – in einem Moment, der ebenso down und verzweifelt war, wie jener erste Tag am Columbia River high und inspirierend gewesen war –, war ich frei, weiterzugehen. Und das Ergebnis davon war mein erstes Buch.

Doch stellen wir uns, nur der Überlegung halber, einmal vor, der Dreh wäre gut gelaufen – sogar erstaunlich gut – und ein ausgezeichneter Film wäre dabei herausgekommen. Was wären die Folgen gewesen? Bewerbungen bei Filmfestivals, der Verkauf an einen Filmverleih (im Vertrauen darauf, dass dieser Verleih einen guten Trailer bauen würde), Beten dafür, dass der Film gut rezensiert werden würde, und so weiter und so fort. Mit sehr viel Glück hätte mir das Geld oder einen Preis eingebracht. Doch zu guter Letzt wäre alles verblasst. Jedes Mal, wenn du dir die Academy Awards mit ihren Gewinnern ansiehst, wie sie strahlend vor Publikum und Kameras stehen und triumphierend ihre goldenen Oscars hochhalten, wisse, dass sie am nächsten Morgen aufwachen und sich verwundert fragen werden: »Und was jetzt?«

Wie oft haben wir irgendein Ziel erreicht und sind, sobald die Aufregung nachgelassen hatte, in eine gewisse vertraute Leere gefallen, bevor uns dann die Sehnsucht nach der nächsten Herausforderung, nach etwas Neuem, ergriff. In Wahrheit ist das eine Suchtstruktur. Der Reiz des Höhepunktes ist vorbei – und um den Entzug zu kontern, versuchen wir, ihn durch einen neuen Höhepunkt zu ersetzen, einen noch größeren sogar. *Ein Kurs in Wundern®* sagt uns: »Suche und finde nicht.«[7] Das Ego möchte aber, dass wir weitersuchen. Und so schließen wir uns einer neuen Gruppe an, schreiben ein weiteres Drehbuch, fangen mit einer neuen Sportart an, suchen uns einen neuen Liebhaber oder einen besseren Yogalehrer. Doch solange wir glauben, unser Sinn- und Wertgefühl käme von außerhalb, begrenzen wir unsere Suche auf den schwachen Schein des Straßenlichtes unseres Egos. Weder Sinn noch Glück lassen sich hier finden. Denn die kannst du vom Nimmer-Geist aus nicht erreichen. Und so geht die fruchtlose Suche weiter.

Zerfall und Aufbau: Entropie versus Leben

Erwartungsgemäß gibt es sehr wenig, worin sich Gelehrte des Mittelalters und Physiker der Moderne einig sind. Doch einer Lehre haben beide beigepflichtet: Alles in dieser Welt von Zeit und Raum muss ein Ende finden.

Für mittelalterliche Gelehrte war dies ein Verweis auf den unvermeidbaren Triumph des *Chaos*: die leb- und lichtlose gähnende Leere, der alles Leben unwiederbringlich zum Opfer fällt. In der Physik ist das als Prinzip der *Entropie* bekannt. Jedes physikalische System strebt stets den stabilstmöglichen Zustand an – und das ist der mit der niedrigsten Energie. Denn höhere Organisationsniveaus weichen unvermeidlich niedrigeren und bewegen sich auf eine immer größere Zufälligkeit zu, bis sie am Tiefpunkt – im Chaos – angelangt sind. Das bewahrheitet sich, ob wir über einen Automotor sprechen, die Pyramiden, einen Hurrikan oder unseren physischen Körper. Sie alle werden ein Ende haben, verschwinden, einstürzen, zu Staub zerfallen. Und in diesem Prozess wird Energie frei. Dabei kann dieses Freiwerden von Energie langsam vonstattengehen wie bei einem umgestürzten Baumstamm oder plötzlich wie bei einer Explosion. In jedem Fall aber bricht eine Struktur zusammen, und Entropie und Chaos gewinnen die Oberhand.

Der Grund dafür ist einfach. Bei jedwedem physikalischen System ist für das Erreichen höherer Organisationsniveaus Energiezufuhr erforderlich. Die Kräfte, die Atome als Moleküle zusammenhalten, sind energetischer Natur. Die Proteine, die deine Zellen bilden, und die Nukleotide, die sich miteinander zu deiner DNA verknüpfen, rutschen nicht irgendwie in ihre Position. Sie benötigen für ihre Ausrichtung Energie. Doch die Physik lehrt uns, dass Energie endlich ist. Alles, was war, ist oder sein wird, ist im Universum bereits vorhanden. Energie kann weder erschaffen noch zerstört werden; sie kann nur ihre Gestalt ändern.

Wenn du ein Gummiband dehnst, steckst du Energie hinein, die nun in der Verbindung seiner chemischen Fasern gespeichert ist. Lässt du das Gummiband dann los, wird diese Energie mit einem Mal wieder frei. Hältst du das Gummiband aber ein Jahr oder länger gedehnt, was passiert dann? Die es konstituierenden Fasern geben die in ihnen gespeicherte Energie im Laufe der Abnutzung langsam frei, und das Gummiband kehrt wieder in seinen uranfänglichen Zustand zurück, wobei das Gummiband wahrscheinlich seinen Nutzen verlieren wird. Doch wie gelangte die Energie zuallererst in das Gummiband? Du hattest sie ihm zugeführt, als du es dehntest. Und woher hattest du die Energie, um das zu bewerkstelligen? Aus der Nahrung, die du zu dir nahmst, zerkleinertest und mithilfe der Enzyme deines Körpers in Muskeltätigkeit verwandeltest. Und woher erhielt diese Nahrung ihre Energie? Falls es Fleisch war, durch die Aufnahme anderer Organismen oder Pflanzen, falls Gemüse, von der Sonne. Letztlich stammt fast alle Energie auf diesem Planeten vom Sonnenlicht. (Die Hitze unterseeischer Vulkanschlote stellt eine große Ausnahme dar.) Doch sogar die Sonne ist dazu verurteilt, in ein paar Milliarden Jahren zu verglühen. Wir wissen das, weil wir dieses Phänomen an anderen Sonnen, anderen Sternen, beobachtet haben. Wieder einmal setzt sich die Entropie durch.

Entropie und Tod sind zwei Wörter, die ein und denselben Prozess beschreiben, nur in unterschiedlichen Graden. Wenn wir das Leben als eine höhere Organisationsstufe betrachten, die fortwährende Energiezufuhr erfordert, dann muss sich – dem Entropieprinzip gemäß – diese Energie schlussendlich verbrauchen. Körper nutzen sich mit dem Alter ab, so wie Sterne und Galaxien. An einem bestimmten Punkt wird Leben unhaltbar und löst sich in Luft auf. Der Organismus stirbt. Die Energie, die in dessen Gewebe hineingegeben worden war, verfällt und kehrt in die Natur zurück. Nach dem Gesetz der Entropie ist dein persönlicher physischer Tod unausweichlich. Deine Taten mögen noch so gut, deine Errungenschaften noch so großartig sein, du magst ein Heiliger oder Sünder sein, Geizhals oder Verschwender, weise oder dumm, dein Leben auf diesem Planeten Erde hier wird irgendwann zu Ende sein.

Wie wir aber gerade gesehen haben, ist Entropie nicht die ganze Geschichte, sonst wäre ich nicht fähig, dies hier zu schreiben, und du würdest es nicht lesen. Allein die Tatsache, dass wir am Leben sind, ist ein Beispiel für das – wenn auch zeitweise –

Versagen der Entropie. Ja, man könnte das Leben selbst als ein Unterfangen betrachten, der Entropie entgegenzuwirken. Und dies erreicht es durch einen Prozess des Zusammenkommens bestimmter Faktoren auf vielfältigen Ebenen. Kleinere, weniger komplexe Lebensformen entwickeln sich und verbinden sich mit anderen Lebensformen, woraus komplexere Varianten von Leben entstehen. Beispielsweise enthält jede Zelle in deinem Körper Mitochondrien. Diese winzigen Organellen sind die Kraftwerke der Zelle, die letztere mit Energie versorgen, die für ihr Funktionieren essenziell ist. Zu diesem Zweck vor Ewigkeiten eingesetzt, ist jedes Mitchondrion aber selbst eine Zelle primitiverer Art. Es trägt zum Überleben der Zelle bei und wird seinerseits – als Teil der Zelle – mit jenen Nährstoffen versorgt, die es braucht, um zu überleben und zu funktionieren. Es gibt und empfängt in einer fortwährenden symbiotischen Win-win-Beziehung.

Leben ist gemeinschaftlich – ein Zusammenschluss. Moleküle verbinden sich zu Proteinen, Fetten und Nukleotiden, die ihrerseits die Bestandteile einer jeden lebenden Zelle ausmachen. Zellen bilden und reproduzieren Gewebe und Organe; Organe sind in Organsystemen wie dem endokrinen, Kreislauf- oder Immunsystem organisiert, die nahtlos ineinandergreifen, um gesunde, funktionstüchtige Organismen zu bilden – wie dich und mich –, die dann zu Werke gehen und leben, plaudern, lieben, hassen, arbeiten, spielen, bauen, zerstören, essen, schlafen können … Ich glaube, es ist klar geworden.

Leben selbst liefert ein mächtiges Beispiel für ein zusammenwirkendes Gruppenbewusstsein in Aktion: ein Verbund zusammengehöriger Teile, die in einer gemeinsamen Zielsetzung zusammenwirken, um eine größere Einheit zu erschaffen – ein Ganzes, das weit mehr als die Summe seiner Teile ist, sich aber selten als solches erkennt. Auf jeder Ebene leisten die Teile ihren Beitrag, indem sie ihre spezifische Funktion erfüllen, und erhalten im Gegenzug alles, was sie dazu benötigen. Wenn du deinen Cheeseburger herunterschlingst oder diesen Kohlsalat da futterst, denkst du wohl kaum daran, dass du deinen Zellen oder Organen gerade Nährstoffe zuführst. Du bist einfach nur hungrig. Und so funktioniert der wundervolle Gemeinschaftstanz, den das Leben darstellt. Jedes Teil kennt seine Rolle und führt diese aus, doch das Ganze hat wenig oder gar kein Bewusstsein von jenen Teilen und braucht das auch nicht zu haben, um wiederum *seine* Rolle im größeren Kontext einer höheren ganzheitlichen Ordnung zu spielen. Das Wissen darum würde ihm nur im Wege stehen.

Stell dir vor, du müsstest bewusst deinen Herzschlag oder deinen Atem überwachen. Es gibt eine seltene Krankheit namens Undine-Syndrom (nach einer Wassernixe aus der griechischen Mythologie; engl. »Ondine's curse« – »Undines Fluch«), die durch einen Hirnschlag ausgelöst wird, der das untere Stammhirn in Mitleidenschaft zieht, welches die Atmung reguliert. Menschen mit dem Undine-Syndrom können zwar normal atmen, aber nur, wenn sie daran denken. Vergessen sie es, sorgt kein automatischer Mechanismus dafür, den Atemprozess in Gang zu halten oder zu bringen. Ohne die Hilfe eines Beatmungsgeräts werden sie ohnmächtig und sterben. Gezwungen zu sein, sich auf Körperfunktionen zu konzentrieren, die angenehmerweise sonst außerhalb des Gewahrseins bleiben, ist in der Tat ein Fluch.

Doch von solchen Ausnahmen abgesehen, funktioniert das im Allgemeinen. Leben ist überall. Und auch wenn kein individueller Organismus – kein vom Ganzen isoliertes Teil – jemals den Tod überleben wird, drängt das größere Ganze – das Leben – die ruhelose Strömung der Entropie unaufhörlich zurück.

Rebellion im Himmel

Was passiert, wenn ein Teil innerhalb eines Ganzen beschließt, es sei irgendwie anders als der Rest – ein Sonderfall –, und deshalb seinen Posten verlässt, wie der Hauptdarsteller, der das Kommando über meinen Filmdreh übernahm? Was geschieht, wenn dieser Teil Sehnsucht danach hat, sich selbständig zu machen und eigene Wege zu gehen, abseits von dem Kontext, in dem er wie gewohnt seine Rolle spielte? Das Thema des kühnen Abenteurers, den die Suche nach einem besseren Leben dazu bringt, Heim und Familie zu verlassen, durchzieht unzählige Bücher und Filme – und das aus gutem Grund: Es ist der Mythos, der dem Ego zugrunde liegt.

Das Ego ist stets alleine unterwegs. Da es sich selbst als alleine und getrennt definiert hat, hat es keine andere Wahl, als sein einsames Schicksal anzunehmen und einem höheren ruhmreichen Zweck zu unterstellen. Der schroffe Individualismus eines Jeremiah Johnson, jenes Unternehmers, der sich auf eigene Faust aufmacht, um Reichtum und Ruhm zu erringen, der spirituell Suchende, der entschlossen ist, durch bloße Willenskraft zur Erleuchtung zu kommen – all das spiegelt den Egotraum wider, seine eigene Schöpfung zu sein. Vergiss Gott, vergiss deinen Nachbarn, vergiss das größere Ganze, von dem du unweigerlich ein Teil bist. Den Schlüssel zur Beendigung deiner Unzufriedenheit hältst du –und du alleine – in der Hand.

In seinem Klassiker *Das verlorene Paradies* versinnbildlicht John Milton, der englische Dichter des siebzehnten Jahrhunderts, dieses Weltbild in seinem Porträt des gefallenen Engels Satan. Nachdem sein Vorhaben, Gott zu entthronen, gescheitert ist und er sich aus dem Himmel vertrieben sieht, verkündet er dreist: »Besser in der Hölle zu herrschen, als im Himmel zu dienen.«[8] Und obwohl diese Worte eigentlich wortwörtlich satanisch sind, müssen wir, wenn wir ehrlich sind, zugeben, dass wir sie nachempfinden können. Oder, besser gesagt, unsere Egos können das. Der gefallene Engel, der Gott zurückweist und ohne realistische Erfolgschancen gegen ihn ankämpft, ist ein tiefgreifendes Symbol von Ego und Nimmer-Geist.

Wenn wir unseren Blickwinkel ändern und solch stolze Rebellion aus der Perspektive des Ganzen statt des Einzelnen betrachten, wird deren Wahnsinn noch offensichtlicher. Kann eine einzelne Gans ihre Gänseschar oder eine Ameise ihre Kolonie verlassen und überleben? Und welches Schicksal wartet auf unsere Gänseschar, sollte ihr Anführer sich weigern, zurückzutreten und andere seine Stelle übernehmen zu lassen, in der Überzeugung, er allein kenne den richtigen Weg? Was wäre, wenn er sie dann in seinem Stolz und seiner falschen Selbstgewissheit vom Kurs abbrächte? Was stieße der Ameisenkolonie zu, wenn eine Ameise beschlösse, ihren langweiligen repetitiven Job aufzugeben, und Tausende anderer dazu überredete, sich ihrer Befreiungssuche anzuschließen? Was, wenn die Arbeiterameise darauf bestünde, die Königin zu stürzen und zu ersetzen?

Oder, näher an dir dran, stell dir das Ergebnis vor, wenn eine besonders selbstbewusste Zelle in deiner Leber es müde werden würde, Tag für Tag dieselbe alte Arbeit zu verrichten, und es an der Zeit fände, das zu ändern, denn sie verdiene endlich Besseres. Vielleicht könnte sie fleißig trainieren und versuchen, stattdessen eine Muskelzelle werden, weil Muskeln ja diese beeindruckenden schweren Hebungen verrichten. Oder eine Herzzelle, denn im selben Rhythmus zu schlagen fände sie toll. Diese Zelle würde dann ihre Leberzellen-Identität ablegen, sich aus dem Schoß ihrer Gefährten lösen und ihr Heim verlassen, um etwas anderes zu werden. Sie würde davonziehen und den Körper auf der Suche nach etwas Besserem durchforschen. Nun ja, eine solche Zelle verwandelt sich und wird bösartig: Sie mutiert zu Krebs.

Der Leberzelle wird es natürlich niemals gelingen, im Alleingang zu handeln oder zu etwas anderem zu werden. Dir aber genauso wenig. Erfüllung hat mit Ein-, nicht Ausgliederung zu tun. Du kannst sie nicht allein erlangen. Der Kurs lehrt uns: »Die einsame Reise scheitert, weil sie das ausgeschlossen hat, was sie finden wollte.«[9] In der Realität des Immer-Geistes gibt es keine

Solo-Reise, kein Bestreben, etwas auf eigene Faust durchzuführen, denn so etwas wie auf eigene Faust gibt es nicht. Du bist nicht als getrenntes Ding erschaffen worden, sondern als Aspekt der Ganzheit. Das Konzept der Individualität existiert nur innerhalb des wahnhaften Denksystems des Egos, das den Glauben nährt, wir seien von Gott getrennt. Um Glück zu finden, musst du zuallererst anerkennen, dass du nicht alleine bist und es niemals sein kannst. Wie die Leberzelle bist auch du als Teil eines größeren Ganzen erschaffen worden, und deshalb liegt dort dein Glück. Es gehört zu deinem wahren Wesen. In dieser Hinsicht hast du keine Wahl, denn du hast dich nicht selbst erschaffen, so sehr das Ego es auch anders haben wollen würde.

Unbeständigkeit und Konkurrenz

Wir alle sehnen uns nach Hause – nach jenem Ort, an dem wir willkommen sind und bedingungslos geliebt werden. Zuhause ist dort, wo wir uns als das angenommen fühlen, was wir sind, wo wir spüren, da gehören wir hin. Doch was oder wo ist unser wahres Zuhause und wie finden wir es? Für die Ameise, Biene oder Leberzelle ist das einfach und überschaubar. Sie wissen, wer sie sind, kennen ihren Zweck und wissen folglich, wo sie hingehören. Ihr Zuhause ist um sie herum. Ihnen würde es nie einfallen, sich absichtlich von ihrer Gruppe zu trennen und »abtrünnig« zu werden. Doch für uns Menschen ist die Fragestellung komplizierter. Bleiben wir bei unseren Eltern, weil das unser erstes Zuhause war? Werden wir bei möglichst vielen Gruppen vorstellig und stellen ihnen die Frage: *Bist du meine Mutter? Gehöre ich hierher?* Bis wir schließlich die eine besondere Gruppe finden, die uns vorbehaltlos aufnimmt und ein neues Zuhause-Gefühl verschafft? Für viele liegt hierin der Anstoß, eine eigene Familie zu gründen, sich also eine Sondergruppe zu verschaffen, die aus einem auserwählten Ehepartner und Kindern besteht, die unsere Launen und Marotten ertragen, uns für immer lieben und niemals zurückweisen werden.

Doch damit stehen wir vor einem großen Problem. Jede physisch anwesende Gruppe, das heißt jede Gruppe von Individuen in dieser Welt, der wir uns anschließen, wird sich als unbeständig erweisen, und dazu gehört auch die Familie. Ihre Mitglieder werden kommen und gehen, und selbst die hingebungsvollsten unter ihnen werden spätestens durch ihren Tod gezwungen werden, zu gehen. Diese Unbeständigkeit ist unvermeidbar, denn die Welt selbst ist ständiger Veränderung unterworfen.

Laut dem Kurs aber ist Glück, das nicht von Dauer ist, kein wirkliches Glück. »Flüchtiges Glück oder Glück in veränderlicher Form, das mit Zeit und Ort wechselt, ist eine Illusion, die keinerlei Bedeutung hat.«[10] Und Illusionen müssen Angst gebären.

> *Du kannst fürwahr sicher sein, dass jedes scheinbare Glück, das nicht von Dauer ist, in Wirklichkeit Angst ist.*[11]

Tief in uns wissen wir, dass unser Glück nicht von Dauer ist. Dies erzeugt Angst – Angst vor dem Verlust des Glücks. Selbst wenn wir gerade in Hochstimmung sind, lauert das Wissen, dass unser Jubel enden wird, im Hintergrund unseres Geistes und verleiht unserer Freude einen bittersüßen Beigeschmack.

Als ich an den Ufern des Columbia River stand und die Eröffnungsszene meines Drehbuchs lebendig werden sah, trug das Hoch, das ich gerade erlebte, im Kern bereits seinen Tod in sich. Selbst wenn der Film, wie gesagt, perfekt geworden wäre, konnte meine Freude nicht ewig währen. Sie hing von Umständen ab, und wenn diese sich ändern und enden würden, würde dies auch meine Freude tun.

Im Gegensatz dazu werden die perfekten Augenblicke, die ich in Kapitel 3 beschrieben habe, stets bei mir bleiben. Sie beruhen nicht auf irgendeinem Gefüge wechselhafter, veränderlicher Bedingungen. Sie verblassen nicht mit der Zeit. Und auch wenn die Details der Situationen, die sie ausgelöst hatten, in der Erinnerung an Schärfe verlieren werden, sind die Erlebnisse selbst für mich umso wirklicher – und zugänglicher – geworden, je mehr ich durch *Ein Kurs in Wundern®* lerne, wie ich den Immer-Geist in mein tägliches Leben hineinlasse.

Dass perfekte Augenblicke von Dauer sind, leuchtet ein, denn sie sind nichts Einzigartiges; sie sind immer wieder ein und derselbe Augenblick, egal, wie oder wo sie uns gerade zustoßen. Selbstverständlich unterscheiden sich die Begleitumstände, doch die ziehen keine Wirkungen nach sich. Sie sind nur eine Art Schaufensterdekoration, ein Rahmen, den die Wahrnehmung um eine Erfahrung der Ewigkeit herumgebaut hat. Der Rahmen selbst ist bedeutungslos; wichtig ist nur, was sich in dem Rahmen befindet. Und was wir dort finden, ist – gleich dem Spiegel in *Hinter den Spiegeln* – kein Bild, kein Spiegelbild des Egos, sondern eine Pforte, durch die wir mit der Freude des reinen Geistes und des Immer-Geistes wiedervereint werden. Zweck eines Fensters ist es, Licht durchkommen zu lassen und uns erblicken zu lassen, was außerhalb unserer Wände liegt; der Rahmen des Fensters selbst ist von keinerlei Bedeutung.

Zur Vergänglichkeit kommt noch ein weiteres, gleichermaßen ernsthaftes Problem in allen Gruppen dieser Welt hinzu – ein Problem, das diese zu einem armseligen Mittel macht, um den Immer-Geist zu erreichen. Von ein paar bemerkenswerten Ausnahmen abgesehen, verstärken Gruppen ihre Identität dadurch, dass sie mit anderen Gruppen in Konkurrenz treten. *Mein Basketballteam ist wundervoll, doch das Gegnerteam droht, unsere Hoffnungen zunichtezumachen und die Saison zu gewinnen. Ich mag mein*

Unternehmen und seine Produkte sehr, doch unsere Konkurrenten könnten uns unser Geschäft streitig machen. Deine Gemeinde, deine High-School, dein College, dein Unternehmen, deine Religion oder dein Land – sie alle stehen für eine Gruppe, zu der du – vielleicht voller Stolz – gehörst, doch sie stehen in Konkurrenz zu anderen Gruppen. Was der einen Nachbarschaft zugute kommt, schadet der anderen (beispielsweise eine neue Schnellstraße). Selbst innerhalb der gemeinnützigen Szene schubsen sich die Wohltätigkeitsvereine im Ringen um wichtige Spender beiseite. Und selbst wenn Gruppen nicht direkt miteinander in Wettstreit treten, grenzen sie sich doch untereinander und von anderen ähnlichen Gruppen ab. Die protestantischen Glaubensgemeinschaften gingen alle aus Martin Luthers Ablehnung der Katholischen Kirche hervor. Obwohl sie alle denselben Gott verehren, schildern sie begeistert, was bei ihnen anders ist und sie von anderen Glaubensgemeinschaften unterscheidet. Selbst in der Gemeinschaft, die sich um *Ein Kurs in Wundern®* herum gebildet hat, gibt es Fraktionen, die eine spezielle Interpretation, einen besonderen Lehrer oder sogar eine eigene Kursversion befürworten und damit in Gegensatz zu anderen treten.

Wir haben bereits einen Blick auf die mächtige Anziehungskraft von Stämmen und Sekten geworfen. Das Gefühl einer Gemeinschaftsidentität, das sie ihren Mitgliedern bieten, ist in einer Gesellschaft, die das Individuum überbewertet, ein willkommener Balsam für den Stachel der Einsamkeit. Nur existiert eine Sekte eben kraft ihrer Abgrenzung von den Normen, denen die Gesellschaft gehorcht. Und wie harmonisch auch immer das Leben in einem Stamm zu sein vermochte, so war es doch stets vom Krieg mit anderen Stämmen bedroht. Und solche Kriege waren häufig, es mangelte nicht an Gelegenheiten dazu. Und gewann dein Stamm nicht, führte das zu Gemetzel, Vergewaltigung und der Versklavung von all deinen Bekannten und Geliebten – mit einem Wort: zu Verwüstung.

Die Tatsache, dass Gruppenidentität so sehr auf Kontrast und Konkurrenz beruht, sollte keine Überraschung sein. Denn eine Gruppe besteht aus Individuen, von denen ein jedes als Ego funktioniert. Eine Gruppe wird sozusagen nach dem Ebenbild seiner Mitglieder erschaffen und nicht anders herum. Gruppenidentität verbannt das Ego nicht, sie bündelt und versteckt es nur vor uns – zumindest eine Zeit lang. Der Zusammenschluss von Egos ist keine wahre Verbindung, weil das Ego das Kind der Trennung ist und nur Trennung versteht. Innerhalb einer Gruppe mögen wir uns ein Weilchen gegenseitigen Schutz gewähren, doch des Egos Imperativ, eine deutlich abgegrenzte Identität zu bewahren, wird einen Weg finden, sich zu behaupten. Wir betonen und halten hoch, was uns unterscheidet, nicht was uns gemeinsam oder gar gleich ist. Also wird sich die Gruppe entweder aufsplittern und ihre Mitglieder an andere »bessere« Gruppen verlieren – oder sie wird versuchen, ihren Zusammenhalt zu stärken, indem sie eine andere Gruppe zum Feind deklariert und angreift. Welchen Weg auch immer wir wählen, wir sind wieder beim Spiel des Nimmer-Geistes angelangt.

Auf der Suche nach der allumfassenden Gruppe

Gruppenmitglieder sind durch ihren Dienst an einer gemeinsamen Sache oder Aufgabe zu einer Gruppe vereint. Wenn diese Sache jedoch irgendeinen Aspekt des Egos und seiner Welt widerspiegelt, wie es normalerweise der Fall ist, dann wird auch diese Gruppe irgendwie und irgendwann den Kräften von Unbeständigkeit und Konkurrenz zum Opfer fallen.

Gruppen bilden sich um viele scheinbar unterschiedliche Arten von Zielsetzungen herum. Manche wollen gewinnen (Sportteams, Armeen), andere die Welt verändern (Verbände, die für soziale Gerechtigkeit einstehen), Profit machen (Konzerne), anderen helfen (Wohltätigkeitsvereine), Macht erhalten und horten (politische Parteien), gemeinsame Interessen wahren (Hobbyvereine), Fertigkeiten lehren (Schulen). Jedes dieser Ziele wird sich für den einen oder anderen zu einem gewissen Zeitpunkt als attraktiv erweisen, doch keines von ihnen wird dies *für jeden* und *immer tun*. Keines ist allgemeingültig. Keines letztgültig. Das können sie nicht sein. Denn alles in dieser Welt ist vom Ego durchdrungen und mit dem Makel des Getrenntseins versehrt: dem Markenzeichen, der »Erbsünde« des Egos. Und davon sind Gruppen nicht ausgenommen.

Doch könnte es eine Sache geben, die umfassend genug ist, um uns alle zu vereinen? Etwas, das über das Ego und seine Sonderheitsgelüste hinausgeht?

Es gibt Science-fiction-Filme, die zeigen, wie die Erde von einer fremden Zivilisation attackiert wird, zum Beispiel *Independence Day*, *Das große Spiel* oder *Starship Troopers*. In anderen wiederum wird die Menschheit durch irgendein Unglück globalen Ausmaßes wie eine Plage oder einen Asteroideneinschlag heimgesucht. Der Reiz, der von solchen Geschichten ausgeht, ist unübersehbar und verständlich. Verzweifelt versuchen wir, zusammenzufinden und dabei Rasse, Religion und Nationalität hinter uns zu lassen. Und wie könnte dies ohne gemeinsamen Feind geschehen, einen Widersacher, den es zu bekämpfen gilt? Doch selbst dann, wenn die ganze Welt vereint gegen einen solchen Feind aufträte, würde unser Gefühl des Getrenntseins nicht wie durch Magie verschwinden, sondern einen Weg finden, um von Neuem auf den Plan zu treten und dieses gemeinsame Ziel zu unterwandern – und wir wären uns nicht einig, wie dieser Bedrohung am besten zu begegnen sei. Hätten wir hingegen gesiegt, hätten wir keinen gemeinsamen Feind und also keine Aufgabe mehr, mit der wir unser Gemeinschaftsgefühl aufrechtzuerhalten fähig wären. Wir würden in innerparteiliche Streitigkeiten und Uneinigkeit zurück- und in Kleingruppen mit konkurrierenden Interessen zerfallen.

Da das individuelle Selbst eine Illusion ist, die ihre Wurzeln in der Trennung hat, müssen wir der Tatsache ins Auge blicken, dass keine Gruppe, ganz gleich in welchem Rahmen sie sich bewegt, uns alle zusammenbringen kann.

Was wir – als Individuen und Gruppen – suchen, ist ein Zusammenschluss, der keiner Konkurrenz bedarf: eine Gruppe, die uns nie ausstoßen und niemals auseinanderbrechen wird, eine Gruppe, der wir immer angehören können, eine Gruppe, die alle willkommen heißt und sich niemandem entgegensetzt.

Und *das* findest du nicht in der Egowelt.

Wenn wir nach dem, was nur in unserem Inneren existiert, außerhalb von uns suchen, finden wir es garantiert nicht. Wenn wir in einer Welt der Form nach dem Formlosen suchen, in einer Welt von Kontrast und Konkurrenz nach Gemeinschaft und Frieden, in der Welt der Körper nach dem, was ein Körper niemals in sich fassen könnte, dann wird unsere Suche scheitern. Wir werden suchen, aber nicht fündig werden. »Suche nicht außerhalb von dir. Denn es wird misslingen, und du wirst [...] weinen ...«[12]

Wollen wir Gemeinschaft ohne Konkurrenz erleben und erfahren, wie sich die Umarmung allumfassenden Einsseins – Gruppe schlechthin – anfühlt, dann müssen wir über das Ego hinaus zum Immer-Geist blicken. Doch der Preis für diese Art von Gemeinschaft ist der Verlust unseres individuellen Selbst und aller Ziele, die ihm lieb und teuer sind. Dazu sagt der Kurs:

> *Alles in dieser Welt, von dem du glaubst, es sei gut, wertvoll und erstrebenswert, kann dich verletzen und wird es tun. Nicht, weil es die Macht, dich zu verletzen, hat, sondern nur, weil du geleugnet hast,*

> *dass es nur eine Illusion ist, und ihm Wirklichkeit verliehen hast. … Denn niemand kann eine einzige Illusion wirklich machen und dennoch allen übrigen entrinnen.*[13]

Wie ist dies möglich? Wie kann jemand alles aufgeben, was er wertschätzt? Nur dadurch, dass er erkennt, dass es keinen wirklichen Wert hat, dass er eigentlich, indem er es wertschätzt, sich selbst von jeglicher Hoffnung, wirklichen Wert zu finden, abgeschnitten hat. Er hat die Gaben Gottes gegen ein paar närrische Goldklumpen eingetauscht.

Selbstverständlich ist es nicht einfach, dies zu erkennen, und noch weniger, es umzusetzen. Und vollkommene Einswerdung mit dem Immer-Geist anzustreben, mag ganz schön weit führen. Wir brauchen Hilfe. Und die haben wir mit *Ein Kurs in Wundern*® und unserem persönlichen Kurs-Tutor, dem Heiligen Geist. Wenn wir zumindest willens sind, in Betracht zu ziehen, was der Kurs lehrt, und es auch nur ein ganz klein wenig ausprobieren, werden uns die Ergebnisse, die wir erhalten, davon überzeugen, dass wir auf dem richtigen Weg sind.

Konkurrenzlose Gemeinschaft

Jede Gruppe mit einer Zielvorstellung, die hinter dem Immer-Geist zurückbleibt, wird nicht umhinkönnen, stattdessen dem Nimmer-Geist zu dienen. Es ist unmöglich, zwei Meistern zu dienen. Könnte es indes einen Weg geben, sich mit anderen zu einer Gruppe zusammenzuschließen, die nicht letztgültig ist, sich aber dennoch einem Zweck widmet, das nicht vom Ego ist – einem Zweck, der zwar in dieser Welt, aber nicht von ihr ist? Ein solcher Zweck würde vielleicht nicht den Anschein erwecken, mit dem Streben nach dem Immer-Geist oder dem perfekten

Augenblick zu tun zu haben. Wenn er uns aber helfen würde, dem Gewahrsein des Immer-Geistes näherzukommen, wäre das nicht zu begrüßen? Er würde nicht dem Ego und seiner Agenda dienen, sondern das Steuerruder in Richtung Erwachen lenken. Wenn wir mit anderen zusammen eine Gruppe bilden, deren Zweck es ist, sich von dem einen oder anderen Aspekt des Nimmer-Geistes zu befreien, hätten wir zumindest das getan.

Die Anonymen Alkoholiker und verwandte Gruppierungen, die dem Zwölf-Schritte-Modell folgen, liefern ein schönes Beispiel dafür. Der Weg zur Nüchternheit mag vielleicht nicht zum Immer-Geist führen, doch ohne Nüchternheit gelangt man dort sicherlich nicht hin. Somit ist die Genesung von jedweder Abhängigkeit – Alkohol, Drogen, Glücksspiel, Essen, Sex, Reichtum – ein notwendiger Schritt.

Wie steht es mit dem Zwölf-Schritte-Programm? Öffnet dieses nicht der Möglichkeit die Türen, dem Immer-Geist statt dem Ego zu dienen? Eine Gruppe von Trinkern, die sich im Keller einer Kirchengemeinde treffen, um sich gegenseitig zu ermahnen, die Sauferei bleiben zu lassen, wird nicht dasselbe Ergebnis erreichen. In solchen Gruppenverbänden bleiben die Mitglieder individuelle Egos. Im Gegensatz dazu ist der entscheidende Punkt des Zwölf-Schritte-Prozesses, anzuerkennen, dass das individuelle, auf dem Ego basierende Selbst von sich aus *unfähig* ist, zu genesen. Es ist machtlos. Übergibt es sich aber etwas Größerem als es selbst, einer Höheren Macht (ganz gleich, welchen Namen du ihr zu geben beschließt), und versammelt es sich mit anderen zum gemeinsamen Zweck der Gesundung, dann findet diese Zusammenkunft nicht mehr auf der Egoebene statt. Eine solche Gruppe ist keine Ansammlung getrennter Selbste mehr, sondern ein Appell an – und ein Forum für – das, was uns alle vereint.Das Beharren auf Anonymität in Zwölf-Schritte-Gruppen verstärkt die Wahrheit dieser Aussage noch. Häufig wird das dahingehend missverstanden, die Anonymität diene dazu, die Identität der Gruppenmitglieder zu schützen und es diesen zu ersparen, als Alkoholiker exponiert und stigmatisiert zu werden. Das stimmt aber nicht ganz. Anonymität erleichtert es den Mitgliedern, anzuerkennen, dass ihre individuellen Identitäten da draußen in der Welt, ob armer Schlucker oder Finanzmagnat, Gelehrter oder Studienabbrecher, für die Gruppe und ihren Zweck bedeutungslos sind. Sie alle sind Alkoholiker. Keiner von ihnen, keine ihrer Lebensgeschichten, stellt etwas Besonderes oder Einzigartiges dar. Sie sind vereint in dem Wunsch, sich aus der Abhängigkeit zu befreien. Kein anderer Aspekt, sie betreffend, zählt.

Diese Freiheit zeigt sich zuerst als Nüchternheit: als Erlösung aus der Alkoholabhängigkeit. Im Grunde war das ja das ursprüngliche Ziel, der Anlass, sich den AA anzuschließen. Doch Nüchternheit ist nur der Anfang: ein Brückenkopf, wenn man so will. Wer an dem Programm dranbleibt, entdeckt womöglich eine ganz andere Art von Freiheit. Übergibt man seinen Willen und sein Leben an eine Macht, die größer ist als man selbst, verringert man seine Investitionen in alles, was diese Welt anbelangt. Man schreitet leichtfüßiger durch die Illusion. Bleibt friedvoll, egal welche Widrigkeiten auf einen zukommen. Erkennt seinen Ärger und die Gefahr, ihn zu füttern, und zieht es vor, ihn ziehen zu lassen. Hilft gerne anderen – doch nicht als ein Ego dem anderen in der Erwartung, etwas zurückzubekommen, sondern als Mitmensch, dem es um die eine gemeinsame Sache der Freiheit geht. Solche Menschen sind zu bereitwilligen Helfern des Immer-Geistes geworden.

Wir haben noch mehr über die AA zu sagen, doch erst im abschließenden Kapitel 6. Im Moment genügt es, sich klarzumachen, dass es bei Abhängigkeit letztlich nicht um eine spezielle Substanz, Tätigkeit oder Person geht; all das sind nur Formen, die das Problem in der physischen Wirklichkeit annimmt. Abhängigkeit betrifft uns alle. Das eigentliche Problem ist stets das Ego und der Umstand, dass wir es mit uns selbst verwechseln. Folgst du der Agenda der Egosuche, wirst du nicht fündig, sondern in einem endlosen Suchtkreislauf von Wunsch, Verlust, Leid und neuem Wunschziel landen – der aber ist garantiert. Wenn du aber, genauso wie ein Alkoholiker sich einer Höheren Macht überliefert, die Agenda des Egos dem Immer-Geist übergibst, und sei es mit nur mit einem ganz geringen Grad an Bereitschaft, änderst du das Spiel. Du handelst nicht mehr auf der Ebene der Trennung, sondern gehörst nun zur Einsheit – und eine zuverlässigere Einladung für Wunder gibt es nicht.

Vorgeschmack auf den Himmel

Zum Schluss dieses Kapitels möchte ich noch ein Beispiel dafür bringen, wie Individuen sich dergestalt zu einem gemeinsamen Zweck versammeln können, dass jedes Mitglied gleichberechtigt und für seinen Beitrag wertgeschätzt wird, und das Ganze, obwohl es aus Teilen besteht, unendlich viel mehr ist als die bloße Summe dieser Teile.

In einem Chor hat jeder Sänger eine einzigartige Stimme, die einen einzigartigen Beitrag leistet. Doch die Sopranstimmen beneiden nicht die Altstimmen oder anders herum, denn keine von ihnen ist besonders. Die Mitglieder eines Chors können bleiben oder gehen, wie sie es möchten, ohne dass die Gruppe auseinanderbricht. Es können nach Belieben neue Mitglieder hinzukommen, sofern sie das nötige Talent und Engagement dazu haben. Das Ergebnis? Zusammen bringt die Gruppe einen Klang hervor, den weder eine individuelle Stimme noch ein Instrumentenensemble je nachahmen könnte.

Singst du in einem Chor mit, sticht deine Stimme nicht heraus. Doch dadurch verlierst du nichts, sondern gewinnst. Was du nämlich hörst, wenn du deinen Mund öffnest und singst, ist nun der gesamte Chor – alle Stimmen als eine einzige –, und du hörst das, als wäre es deine eigene Stimme, die von dir herkommt. In dieser Gruppe ist der Teil zum Ganzen geworden.

> *Was könnte in Konflikt sein, wenn alle Teile nur einen Zweck und ein Ziel haben? Wie könnte es einen einzigen Teil geben, der allein stünde, oder einen, der mehr oder weniger wichtig wäre als die übrigen?*[14]

> *Eine einzige Funktion, die getrennte Geister miteinander teilen, vereint sie in einem Sinn und Zweck, denn jeder Einzelne von ihnen ist gleich wesentlich für sie alle.*[15]

Und auch wenn der Gesang ein Ende haben wird – wie alles in dieser Welt der Zeit –, bedauert oder fürchtet dieses Ende niemand, denn es ist kein Verlust: kein Tod, sondern eine Erfüllung. Der Gesang lebt in deinem Geist, dem der Chormitglieder und des Publikums weiter. Jeder Zuhörer kann ihn jederzeit in seinem Gedächtnis abrufen, ohne das Gefühl einer Unterbrechung zu haben, ohne dass bittersüße Nostalgie das Ende vorwegnimmt. Der Gesang existiert in einer ewigen dichten Gegenwärtigkeit, die Zeit und Veränderung gegenüber gleichgültig ist. Und noch einmal, du erlebst nicht deine eigene dünne Stimme, sondern die volltönende Harmonie des gesamten Chors: alle Gesangspartien, alle Stimmen sind nahtlos zu einem wunderschönen Gesang vereint.

Kein Wunder, dass Beethoven im letzten Satz seiner vorletzten Neunten Sinfonie beschloss, über das Orchester hinauszugehen und die Musik zu ihrem absoluten Höhepunkt zu treiben, indem er – in einer Chorversion von Schillers »Ode an die Freude« – die menschliche Stimme einführte. Beethoven hatte verstanden, dass, wollte er seinem Auditorium die Herrlichkeit von Gottes Liebe vermitteln und sie bis zum Gipfel einer Apotheose mitreißen, nur ein Chor das tun konnte: *»Den Lobgesang der Erlösung können wir nicht alleine singen.«*[16]

Auch der Kurs bedient sich der Metapher des Gesangs, um auszudrücken, was der Himmel und seine Einheit ist. In einer der Ergänzungen zu *Ein Kurs in Wundern*® mit dem Titel *Das Lied des Gebets* wird das wahre Gebet als Kommunikationsmittel zwischen Gott und seiner Schöpfung – Seinem Einen Sohn – beschrieben, wie es war, ist und für immer sein wird, wenn Ego und Illusion nicht mehr sind. Das Lied des Gebets und des Himmels ist …

> *… die eine Stimme, in die sich der Schöpfer und die Schöpfung teilen; das Lied, das der Sohn dem Vater singt, Der den Dank, den er Ihm anbietet, dem Sohn zurückgibt. Endlos ist die Harmonie, und endlos auch die frohe Eintracht der Liebe, die Sie Einander geben.*[17]

Der Kurs lädt uns ein, uns daran zu erinnern, dass wir an diesem frohen Lied einen wesentlichen Anteil haben. Ohne deine Stimme ist es unvollständig.

Wer würde in einen solchen ewigen Chor der Liebe nicht mit einstimmen wollen? Das ist unser alles überspannender Sinn, unser einziges gemeinsames Ziel, als Studenten von *Ein Kurs in Wundern*® und als die getrennten Söhne und Töchter Gottes.

ÜBUNGEN

Erste Übung

Schau auf dein Leben zurück und versuch, dir Erlebnisse in Erinnerung zu rufen, in denen du dich einer Gruppe zugehörig gefühlt hast. Darunter könnte die Mitgliedschaft in einem Sportteam fallen oder die Teilnahme an einer Online-Chatgruppe, einem Schulchor, einem Event-Veranstaltungskomitee, einem Teamprojekt, einer Reisegruppe, einem Familienfestessen, einer Demonstration, einer Krebsselbsthilfegruppe, einer Zwölf-Schritte-Gruppe. Andere, weniger offensichtliche Beispiele der Gruppenbildung könnten von einer gemeinsamen Erfahrung herrühren, sei sie positiv oder negativ. Das könnte das Überleben eines Hurrikans oder Tornados sein, der Verlust eines geliebten Menschen in einem Kampfgeschehen, das Bestehen von Abschlussexamen oder etwas so Einfaches, wie wenn man nach wochenlangem Regen an einem sonnigen Nachmittag die Straße entlangschlendert und die Passanten einander glücklich zulächeln.

Lass dir so viele solcher Erlebnisse einfallen wie möglich, ohne etwas zu erzwingen. Schreib sie auf, wenn du die Zeit dazu hast. Nimm dir jetzt jedes einzeln vor und stell dir folgende Fragen:

- Fühltest du dich der Gruppe zugehörig?
- Hat dich *jede einzelne Person* in der Gruppe willkommen geheißen? Und zwar gleichermaßen? Ohne Zögern und ohne Rückhalt?
- Hat sich jeder andere in dieser Gruppe angenommen gefühlt?
- Wenn du irgendeinen Beitrag machtest, wurde dieser ebenso angemessen wertgeschätzt wie der jedes anderen auch?
- Hast du in dieser Gruppe irgendwelche Urteile über andere und ihre jeweiligen Rollen gefällt, die dir ein Gefühl der Ungleichheit vermittelten: unterlegen oder überlegen zu sein?
- Was hat dich dazu veranlasst, die Gruppe zu verlassen? War es dein freier Wille, oder bist du ausgestoßen worden?
- Ist die Gruppe mit der Zeit auseinandergebrochen? Wenn ja, hat sich das auf natürliche Weise ergeben, weil sich die Umstände geändert hatten oder das Ziel erreicht worden war? Oder gab es andere Gründe?

- Und nun die wichtigste Frage von allen: Welche der von dir aufgezählten Gruppen hat dich glücklich gemacht?
- Gab es welche darunter, in denen dein Glück nachhaltig und beständig und nicht nur auf bestimmte besondere Momente begrenzt war?
- In Bezug auf welche dieser Gruppen, wenn überhaupt, kannst du dich nicht nur erinnern, wie es sich angefühlt hat, glücklich zu sein, sondern jenes Gefühl noch heute abrufen und in derselben Fülle erfahren wie damals, als es das erste Mal auftauchte?

Wahrscheinlich entdeckst du, dass die meisten deiner Gruppenerfahrungen weniger als zufriedenstellend waren. Falls du dich angenommen und glücklich gefühlt hast, galt das nur für eine begrenzte Zeit wie in meinem Fall des Filmdrehs. Oder nicht alle Gruppenmitglieder hatten dich gleichermaßen akzeptiert. Einige mochten dich, andere nicht. Doch insgesamt tippe ich wohl richtig, dass keine der Gruppen, denen du dich angeschlossen hattest, dir dauerhaftes Glück gebracht hat. Und der Grund dafür war, dass sich auf irgendeine Weise, in irgendeiner Gestalt oder Form das Ego eingeschlichen hatte.

Beobachte, wie sich das abgespielt hat. Wie bahnte sich das Ego seinen Weg, um die Gruppe zu spalten und Zusammenarbeit in Wettbewerb zu verwandeln? Mach die Zeichen ausfindig, die es verraten, seine Lieblingsmethoden. Nimm sie zur Kenntnis, ohne zu urteilen. Du schaust zurück wie ein Beobachter. Dumm gelaufen: Das Ego kam um die Ecke gelaufen. Daran kannst du nichts ändern, solange du nicht gelernt hast, es im Vorhinein ausfindig zu machen und als das zu erkennen, was es ist.

Ironischerweise wirst du entdecken, dass die Gruppen, die zum reinsten, aufrichtigsten Glück führten – jene, die dir leicht wieder einfallen und die du genießen kannst, als wäre es heute –, oft diejenigen sind, die sich spontan ergeben haben, jene, in die du am wenigsten involviert warst, wie das einander Zulächeln und Zunicken am ersten Frühlingssonnentag. Da war nicht viel Ego dabei. Einfach nur die gemeinsame Anerkennung dessen, was war.

Zweite Übung

Schließ deine Augen und stell dir die gesamte Menschenrasse, ja den gesamten Planeten vor, wie sie beziehungsweise er sich für die einzige gemeinsame Sache – die Sühne – einsetzen: die Aufgabe, von der Illusion zu erwachen, sie seien getrennte Selbste mit unterschiedlichen Zielen und Vorhaben – und all dem Leid, welches das verursacht. Vergewissere dich, dass du alle miteinschließt – deine Freunde, aber auch die, die du nicht magst oder sogar für böse hältst, ob du sie persönlich kennst oder nur in den Nachrichten von ihnen gehört hast. Schließ niemanden aus. Lade sie alle ein, sich gemeinsam mit dir an den Tisch der Sühne zu setzen.

Versuch jetzt, in jedem Lebewesen das Eine zu »sehen«, was sie gemeinsam haben. Hinter der Fassade der Körper, hinter ihren separaten Biografien, hinter ihren jeweiligen Persönlichkeiten suche und finde den sich ausdehnenden, allumfassenden Immer-Geist, den ihr alle miteinander teilt. Spüre seine vollkommene, grenzenlose Liebe für dich und alle. Spüre, wie er über alle scheinbaren Grenzen von Zeit, Raum und Wahrnehmung hinwegfließt. Es gibt keine Vergangenheit oder Zukunft, kein hier oder dort, keine voneinander getrennten Körper, Rollen, Werte oder Lebensumstände, um dich von irgendeinem anderen Menschen zu unterscheiden. Du bist eins mit allem Leben, vereint in der vollkommenen Gleichheit der Liebe, die Gott ist.

> *Wir alle hier sind in der Sühne miteinander verbunden; nichts anderes kann uns in der Welt vereinen.*[18]

5

Kartoffelköpfe, Alter-Persönlichkeiten und Edelsteine: Das zerbrochene Selbst flicken

In den Evangelien wird von Fangfragen berichtet, die Jesus gestellt wurden, um ihm Hochstapelei nachzuweisen. So wurde er gefragt, welches der Gebote denn an erster Stelle stünde. Welches war am wichtigsten? Zweifellos erwartete sein Befrager, dass er sich eines der Zehn Gebote herauspicken würde, die Moses vom Berg Sinai herabgeholt hatte, und, welches auch immer er wählen sollte, dann den Beweis liefern würde, dass er falsch lag. Doch Jesus überraschte sie mit einer völlig unerwarteten Antwort. Zuerst, sagte er, musst du Gott lieben – total, ohne Zögern oder Zurückhaltung und mit deinem ganzen Wesen. Und fügte dann hinzu, du musst deinen Nächsten wie dich selbst lieben (Markus 12:28-31). Diese Aufforderung ist berühmt: oft zitiert, weithin missverstanden und für gewöhnlich ausgeblendet, da sie, aus menschlicher Sicht, gar nicht umsetzbar ist. Doch es lohnt, sich diese machtvollen Lebensmaximen genauer anzusehen.

Als Erstes fällt auf, dass Jesus danach gefragt wurde, welches einzelne Gebot das erstrangige und somit bedeutsamste sei. Doch er antwortete nicht mit einem, sondern mit zwei Geboten. Jedenfalls erscheint es zunächst so.

Für die meisten unter uns ist, Gott zu lieben, ein derart abstraktes Konzept, dass wir – auch wenn wir damit einverstanden sind, weil es sicher eine gute Sache ist, und ihm gerne Folge leisten würden – nicht so recht wissen, was wir damit anfangen sollen. Denn sobald es um Gott geht, sind wir verwirrt. Uns wird gesagt, Gott sei Liebe, und zwar reine und einfache Liebe. Gleichzeitig aber werden wir gewarnt, Gott richte über all unsere Worte und Taten, und sei dementsprechend zu fürchten. Einem liebenden Gott können wir auf recht natürliche Weise mit unserer Liebe antworten, doch zu lieben, was wir fürchten, ist eine sehr hohe Anforderung. Wenn wir ehrlich sind, müssen wir zugeben, dass wir keine Ahnung haben, wem oder was Gott gleicht, weshalb die Idee, Gott mit unserem ganzen Wesen zu lieben, nahezu unsinnig erscheint. Dabei hilft es auch nicht weiter, uns zu ermahnen, wir sollten auch dann, wenn wir Ihn nicht verstünden, an Gott glauben und Ihn lieben. Also tun wir unser Bestes. Wir fertigen uns von Gott ein – unzutreffendes und widersprüchliches – Bild an und versuchen, dieses Bild zu lieben.

Doch dann kommt Jesus mit diesem zweiten Gebot daher, in dem es darum geht, wir sollten unsere Nächsten lieben. Die Vorstellung, Gott zu lieben, mag zu abstrakt sein, als dass man sie erfassen oder in die Praxis umsetzen könnte, aber unseren Nächsten zu lieben ist konkret und unzweideutig. Im Unterschied zu Gott wissen wir genau, wer unsere Nächsten sind. Es sind die Leute um uns herum. Wir begegnen ihnen Tag für Tag. Doch Jesus wirft noch ein weiteres Netz aus. Metaphorisch gesehen, sind wir alle »Nächste«, denn wir teilen ein und dieselbe Welt miteinander. So verstanden, weist Jesus uns an, nicht nur die Leute von nebenan zu lieben, sondern alle: die, die wir persönlich kennen, und jene, die wir niemals kennenlernen oder treffen werden.

Weshalb hatte Jesus das Bedürfnis, dieses zweite Gebot hinzuzufügen, obwohl doch nur nach einem einzigen gefragt worden war? Vielleicht, weil es kein zweites Gebot gibt. Vielleicht, weil die beiden tatsächlich ein und dasselbe sind: die zwei Seiten ein und derselben Lehre. Könnte es sein, dass wir Gott nur dann wahrhaft lieben können, wenn wir ebenso unsere Nächsten lieben – unsere Mitmenschen, jede und jeden Einzelnen von ihnen –, denn genauso wie wir sind auch sie Gottes Schöpfung? Doch wir können sogar noch weiter gehen. Wie wäre es, wenn unsere Nächsten zu lieben tatsächlich der einzige Weg wäre, um Gott wirklich zu lieben? Das wäre dann die praktische Seite der Gottesliebe – das, was mit unserem Verhalten zu tun hat, und solcherweise ginge sie Hand in Hand mit dem ersten Gebot. Auf diese Weise betrachtet, macht Jesu Antwort Sinn.

Allerdings weist uns Jesus nicht einfach nur an, unsere Nächsten zu lieben, sondern fügt hinzu: Liebe deine Nächsten *wie dich selbst.* Meistens wird das als das Ausmaß verstanden, in dem wir andere lieben sollten. Wir sollen sie genauso lieben und wertschätzen, wie wir es uns selbst gegenüber tun. Doch sahen wir in Kapitel 1, dass wir nicht sonderlich begabt darin sind, das Wesen unseres Selbst auszumachen. Wir wissen nicht wirklich, wer oder was wir sind. Was genau ist es denn dann, was wir lieben sollen? Körper? Persönlichkeiten? Lebensgeschichten?

Und was ist mit jenen, die mit sich selbst unglücklich sind? Oder sich selbst verachten, vielleicht sogar so sehr, dass sie sich das Leben zu nehmen versuchen? Würde Jesu Antwort ihnen die Erlaubnis geben, andere genauso zu hassen? Anderen das Leben zu nehmen? Offensichtlich ist das nicht gemeint.

Wenn wir Jesu Worte mit Ohren hören, die der Wahrheit zugewandt sind, wenn er sagt »Liebe deinen Nächsten wie dich selbst«, dann verstehen wir, dass es ihm nicht darum geht, wie sehr du deinen Nächsten liebst. Er stellt keinen Vergleich an, du sollest sie in dem gleichen Ausmaß lieben wie dich selbst. Liebe lässt sich nicht messen; sie ist keine Quantität, nichts, was man auf eine Waage legen und vergleichen könnte. Was Jesus uns hier nahelegt, ist, unsere Nächsten sehen zu lernen *wie uns selbst.* Das bedeutet, in gewisser Weise anzuerkennen, dass wir alle Aspekte desselben größeren Selbst sind und folglich auch gleicherweise

Liebe verdienen. Tatsächlich hilft uns Jesus, zu verstehen, wie wir es schaffen können, die schier unmögliche Aufgabe zu erfüllen, unsere Nächsten zu lieben. Denn das tun wir, wenn wir sie als mit uns identisch anerkennen – identisch in der einzigen Art und Weise, die von Bedeutung ist.

Das hat allerdings eine Kehrseite. Betrachten wir andere mit Liebe, werfen wir unsere Urteile und Beschwerden über Bord – jene Denkmuster, die uns von ihnen getrennt und abseits halten. Wir werden ganz natürlich dahin gebracht, uns mit ihnen in dem zu verbinden, was man Liebe nennt. Liebe sieht keine Unterschiede, keine Grenzen, keine Ausnahmen. Liebe schließt alles mit ein – das ist ihr Wesen. Sie zieht uns zueinander. Im Grunde werden wir das wahre Wesen unserer Nächsten erst dann erkennen, wenn wir lernen, sie zu lieben. Nur im hellen Licht der Liebe können wir sehen, dass wir alle Spiegelbilder eines größeren Selbst sind, die in derselben Liebe widerscheinen, die von Gott zu allen fließt.

Doch wie ist das möglich, fragst du mit Recht? Wir kann ich die Straße entlanggehen, die Schnellstraße hinunterfahren, im Supermarkt Schlange stehen und alle Leute mit Liebe betrachten? Das scheint noch schwerer zu sein, als Gott zu lieben. Was ist mit jenen, die andere Wertvorstellungen haben als ich – diese elenden Kreaturen, die mich auf Facebook verfolgen und umzubringen drohen, nur weil wir uns nicht einig sind, wen wir wählen sollen? Wie kann ich *die* denn lieben? Gott liebt mich wenigstens zurück. Diese Leute da sicherlich nicht.

Um das zu beantworten, müssen wir zu der zentralen Frage dieses Buches zurückkehren: Was sind wir? Legst du mit einem falschen Selbstkonzept los, so wird Liebe unmöglich – zumindest die Art Liebe, die Jesus predigte. Bringst du dein Selbstkonzept aber auf eine Linie mit Gott und dem Immer-Geist zurück, so wird Liebe zur natürlichsten Antwort, die es gibt. Und zwar für Jedermann. Ja, sie erweist sich sogar als einzig mögliche Antwort.

Wenn du nur Liebe willst, wirst du nichts anderes sehen.[1]

Du wirst ganz gemacht, wie du ganz machst ... Einem Bruder das zu geben, wonach er wirklich verlangt, bedeutet, es dir selbst zu schenken, denn dein Vater will, dass du deinen Bruder wie dich selbst erkennst. Antworte auf seinen Ruf nach Liebe, und du hast Antwort auf den deinen.[2]

In den Abschnitten, die folgen, werde ich versuchen, ein völlig anderes Verständnis des Selbst zu entwerfen, also dessen, was du bist, was deine Beziehung zu jedem anderen Menschen darstellt und wie wir alle eins mit dem Immer-Geist sind – zur einzigen Verbindung untereinander finden, die niemals verloren gehen oder auseinanderbrechen kann. Solch ein Selbstkonzept steht in einem derart radikalen Widerspruch zu allem, was du jetzt von dir selbst und anderen glaubst, dass es sich besser durch metaphorisches als durch logisches oder vernunftorientiertes Sprechen lehren lässt. Es folgen also drei Metaphern, drei unterschiedliche Modelle, die ein Bild davon zeichnen, wie das eine Selbst des Immer-Geistes in Milliarden Wesen zerteilt und zerstückelt erscheinen kann, die von außen absolut unähnlich wirken, aber doch grundsätzlich eins bleiben.

Kartoffelköpfe

Im Jahr 1952 kam ein neues Kinderspielzeug namens »Mr. Potato Head« [Herr Kartoffelkopf] heraus. Es war das erste Spielzeug, für das im Fernsehen Werbung gemacht wurde.[3] Ein Jahr später, nach inexistentem Liebeswerben und einer eilig arrangierten Hochzeit, wurde ihm eine Gattin mit dem Namen »Mrs. Potato Head« an die Seite gestellt.

Für diejenigen, die mit diesem Spielzeug nicht vertraut sind, sei erläutert, dass es sich dabei um ein Ensemble von Plastikzubehör handelt, das auf einer Kartoffel angebracht wird, um ein menscheähnliches Gesicht auf einem Rumpf zu erschaffen. Dazu können Augen, Ohren, Nase, Lippen, Arme, Hüte, Brillen und Schuhe gehören – ich glaube, es ist klar. Das Ergebnis? Viele scheinbar unterschiedliche Kartoffelkopf-Persönlichkeiten, von denen jede einen anderen Ausdruck und ihren eigenen Kleidungsstil besitzt, je nachdem welche Kombination von Applikationen und Kleidungsstücken man wählt. (1964 stellten neue Regelungen sicher, dass die Zacken auf dem Plastikzubehör weniger scharf waren. Das führte dazu, dass sie nicht mehr weit genug in die Kartoffel eindrangen, um zu halten, und ein Mr. Potato Head ganz aus Plastik in die Welt eingeführt wurde, der dann durch die *Toy Story*-Filme berühmt wurde.)

Wie hilft uns dieses simple Kinderspielzeug, das individuelle Ego in Bezug auf den reinen und Immer-Geist zu verstehen? Stell dir tausend rohe Kartoffeln in verschiedenen Formen und Größen vor. Und sagen wir, du kannst unter zehn verschiedenen Varianten von Augen, Nasen, Lippen, Ohren und Gliedmaßen wählen. Damit könntest du leicht eine kleine Stadt zusammenstellen, in der keine zwei Kartoffeln sich genau gleichen würden. Du könntest jeder Kartoffel ihre eigene Hintergrundgeschichte geben. Könntest sie in Familien einteilen, zum Beispiel die mit derselben Nase oder denselben Augen. Du hättest deine Favoriten und andere, auf die du nicht so wild bist. Und du könntest sie sterben lassen, neue Kartoffeln hinzufügen oder ihre Gesichter verändern, indem du die Zubehörteile austauschst. Doch wie auch immer du sie herausputzt, bleiben Mr. und Mrs. Potato Head unter all diesen Plastikapplikationen weiterhin Kartoffeln. Nichts mehr und nichts weniger. Ihre äußere Form ist nicht ihr wahres Wesen. Sie kann ihre innere Wirklichkeit – ihre essenzielle »Kartoffelheit« – und Ihre Gleichheit mit allen anderen Kartoffeln nicht überdecken.

Selbstverständlich hat diese Metapher ihre Grenzen. Kartoffeln sind wirklich voneinander getrennt und sehen nicht alle genau gleich aus, wohingegen der reine Geist, der in unserem Geist lebt, ganz und eins ist. Doch insofern diese Metapher das, was in uns identisch ist, über das stellt, was unterschiedlich zu sein scheint, ist sie hilfreich.

Führen wir dieses Konzept mit einer komplexeren und weitaus passenderen Metapher weiter.

Ein Modell für das zersplitterte Selbst

Jennie schaut in den Spiegel und kämmt ihre langen silberblonden Haare. Ihre Augen sind tiefblau. Männer finden sie unwiderstehlich. Ihre Nachbarin Julia hingegen ist unscheinbar, hat mattbraune Haare und braune Augen; sie runzelt permanent die Stirn, selbst an ihren seltenen guten Tagen verlässt sie das nicht. Außerdem sorgt sie sich um ihr Gewicht. Gelegentlich erhascht sie unter der Woche den einen oder anderen Blick von Jennie und fühlt sich von ihrem Charme angezogen, ist aber gleichzeitig furchtbar eifersüchtig auf sie. Einmal schaffte es Julia, Jennies Haarbürste zu stehlen. Als Jennie das herausbekam, wurde sie so wütend, dass sich Julia zwei Wochen lang vor ihr verstecken musste!

Julia hört oft Babys leises Weinen hinter der Tür, die stets verschlossen ist. Das macht sie traurig. Sie denkt, Jennie hört das auch, kann sich aber nicht sicher sein, weil … nun ja, Jennie tickt eben so. Was Julia nicht weiß, ist, dass für Jennie die Tür niemals verschlossen ist, was dazu führt, dass Jennie sich in Bezug auf Baby ständig schuldig fühlt. Sie träumt davon, sie zu retten und an einen sicheren Ort zu bringen, weiß aber, dass sie in Wirklichkeit nichts tun kann. Wenn sie es wagt, einen Blick in Babys Zimmer zu erhaschen, hockt dort stets Sal steif auf seinem großen Stuhl.

Er starrt sie an, und wenn sie sich nicht sofort wieder zurückzieht, steht er auf, um nach dem Messer in seinem Gürtel zu tasten. Jennie hat Sal noch nie diesen düsteren Raum verlassen sehen.

Auch Fran lebt dort, im Raum genau gegenüber, doch weder Jennie noch Julia sind ihr je begegnet. Fran hat Zweifel, dass sie überhaupt von ihrer Existenz wissen. Sie ist ja erst fünf, doch es ist ihr Job, sich um Baby zu kümmern und sie ruhig zu halten. Gelingt ihr das nicht, wird sie von Sal bestraft. Was oft geschieht. Denn das Einzige, was Baby kennt, sind Tränen. Und Schmerz. So viel Schmerz. Wird das je aufhören?

Was haben diese fünf Menschen gemeinsam? Was verbindet sie zu einem derart düsteren Drama? Die Tatsache, dass sie in demselben Mietshaus wohnen? Mitglieder einer dysfunktionalen Familie sind? Einer Sekte? Oder sind sie einfach nur Bühnenfiguren in einer seltsamen postmodernen Theaterproduktion?

Jennie, Julia, Sal, Baby und Fran sind Persönlichkeiten, die abwechselnd den Geist einer Dreißigjährigen namens Jennifer bewohnen, die an einer psychiatrischen Krankheit namens dissoziative Identitätsstörung leidet, gemeinhin auch als multiple Persönlichkeitsstörung bekannt [DIS; engl. »dissociative identity disorder« – DID]. Jede dieser alternativen Persönlichkeiten [»Alters« oder »Innenpersonen«][4] hält sich selbst für vollkommen real. Eine jede hat ihre eigenen Vorlieben, was Essen, Musikgeschmack und Kleidungsstil anbelangt. Und eine jede glaubt, einen unverwechselbaren physischen Körper zu besitzen, der sich durch bestimmte Merkmale wie Haar- und Augenfarbe, Links- oder Rechtshändigkeit, Größe, Gewicht, Alter, Kraft und Fähigkeiten auszeichnet, auch wenn sie alle in Wahrheit ein und denselben Körper miteinander teilen. Und während sie diesen Körper gerade unter ihrer Kontrolle hat, kann jede dieser Persönlichkeiten unabhängig von den anderen handeln. So stört es Sal nicht, dass der Körper weiblich ist; er *weiß*, dass sein Körper männlich ist. Jede Persönlichkeit verfügt auch über ihre eigenen Erinnerungen, von denen sie ein paar mit den anderen teilt, während andere wiederum streng geheim bleiben. Von außen betrachtet, ist es offensichtlich, dass diese Alter, diese alternativen Persönlichkeiten, nicht »wirklich«, sondern Nebenprodukte einer Geisteskrankheit sind. Doch die betroffenen Menschen selbst würden dem absolut nicht zustimmen. Sie halten sie für ebenso real wie dich, mich oder jeden anderen sonst.

DIS ist ein Extrembeispiel für eine psychologische Verteidigungsstrategie namens *Dissoziation*, in der unterschiedliche Geistesfunktionen oder miteinander in Konflikt stehende Aspekte des Geistes Seite an Seite koexistieren können, ohne miteinander zu interferieren. Du kannst dir das wie Gleise in einem umtriebigen Bahnhof vorstellen. Streckenweise überkreuzen sie sich, doch jeder Zug fährt auf seinem eigenen separaten Gleis.

Betrachten wir ein einfaches, alltägliches Beispiel für Dissoziation, das fast jeder nachvollziehen kann. Du hast mit einem Problem zu kämpfen – zwar keinem sonderlich ernsthaften, doch irgendwie lässt es dich nicht los. Dann hast du eine Besorgung zu machen, setzt dich also ins Auto, ziehst dein Handy raus, klickst auf deine Lieblingsplayliste und düst los. Während du lauthals einen dir bekannten Song mitträllerst, befasst du dich weiterhin mit dem Problem in deinem Kopf, schaffst es aber trotzdem, während des Fahrens auf den Straßenverkehr achtzugeben. Es laufen also drei verschiedene geistige Tätigkeiten gleichzeitig beziehungsweise parallel ab. In gewisser Weise sind da drei verschiedene Selbste am Werk, von denen jedes mit einer je eigenen getrennten Aktivität befasst ist: durch den Verkehr steuern, einen Song hören und mitsingen – und an dem Problem herumtüfteln. Welches von den dreien ist nun das »wirkliche« Du? Stellte man dir die Frage, würdest du dir als Antwort wahrscheinlich deine innere Stimme herauspicken – jene, die dein Problem auseinanderzuklamüsern versucht. Würde aber plötzlich ein Polizeiauto mit Warnblinkanlage hinter dir auftauchen oder jemand in deine Fahrbahn ausscheren, würdest du sofort mit dem Singen und Problemherumwälzen aufhören und in dein Fahrerselbst als Erstidentifikation zurückschnappen. Zwischen diesen unterschiedlichen Aspekten deines Selbst kannst du je nach Situation fließend hin- und herwechseln. Sie stehen nicht im Konflikt miteinander, und keine hat in deinen Augen Priorität vor der anderen. Alle drei haben bequem in einer größeren Ganzheit Platz, von der du denkst, sie sei du.

Hypnose liefert ein weiteres Beispiel für Dissoziation in Aktion. In einer hypnotischen Trance – im Wesentlichen ein dissoziativer Bewusstseinszustand – kann dir Schmerz widerfahren, ohne dass du ihn bewusst empfindest. Der Trancezustand erlaubt es dir, den Schmerz von deinem bewussten Gewahrsein abzusondern: ihn zu dissoziieren. Bevor die Anästhesie aufkam, wurde bei größeren chirurgischen Eingriffen oft Hypnose zum Einsatz gebracht. (In den letzten Wochen des Zweiten Weltkriegs, als das deutsche Heer im Rückzug begriffen war und das medizinische Bedarfsmaterial zur Neige ging, wurden fast alle chirurgischen Eingriffe auf dem Schlachtfeld unter Hypnose durchgeführt.) Doch wie ist es möglich, dass wir Schmerzen haben, ohne sie zu empfinden? Wie kann das sein?

Durch das Dissoziieren wird die Schmerzempfindung vom Hauptkanal des Geistes – dem primären Selbst – abgespalten, so dass dieser weiterfunktionieren kann, als wäre er schmerzfrei. Ein Star-Quarterback, der trotz gebrochener Rippen die letzten Minuten eines Spiels bestreitet, braucht keine Hypnose, um seine Schmerzen abzublocken, sondern nutzt das Phänomen der Dissoziation. Er ist so sehr auf das Spiel fokussiert, dass die Schmerzsignale von seinem Nervensystem ganz einfach nicht bis ins Bewusstsein dringen. Das Spiel besetzt das Hauptgleis. Für nichts anderes ist Platz, nichts anderes kommt durch, so dass der Schmerz wegrangiert wird. Ähnlich wie bei der Hypnose wird der Schmerz auf ein Nebengleis des Bewusstseins dissoziiert, gleich einem Zug, der, um einen Zusammenstoß zu vermeiden, auf ein anderes Gleis umgeleitet wird.

Wir können uns das Vorgehen des hypnotisierten Subjekts so vorstellen, dass es Dissoziation wie ein Skalpell verwendet und jenen Teil seiner selbst, der Schmerz empfindet, vom Bewusstsein abschneidet und in einem anderen Bereich seines Geistes aufbewahrt. Doch zum Wesen des Bewusstseins gehört es sozusagen, sich stets als vollständig zu betrachten und mithin den gesamten Raum, der ihm jeweils gewährt wird, auszufüllen. Deshalb wird aus dem Teil mit dem Schmerz eine eigene Entität, und die zwei Teile, die jetzt vorhanden sind, verhalten sich, als seien sie separate bewusste Wesen.

Das schmerzfreie Trance-Selbst des Subjekts nimmt jetzt die Primärstellung ein. Es identifiziert sich mit ihm, spricht in seinem Namen – fährt gleichsam auf dem Hauptgleis. Und es empfindet keinen Schmerz, denn Schmerzempfindungen sind dissoziiert und auf ein getrenntes Gleis umgeleitet worden. Bekommt aber das andere abgespaltene Selbst – dasjenige, das weiterhin Schmerz fühlt – die Gelegenheit, sich zu Wort zu melden, kommt es ebenfalls wieder hervor. Das führt dann zu einem äußerst seltsamen Phänomen: Eine Versuchsperson in Trance sitzt ruhig da und lächelt – die eine Hand mit Druckverband und in Eiswasser getaucht, was unerträglichen Schmerz auslöst, während die andere Hand dem Experimentator wüste Beschimpfungen hinkritzelt und ihn auf dem Papier anbrüllt, aufzuhören, weil es so wehtut. So funktioniert Dissoziation. Und deren extreme Manifestation ist DID.

Dissoziation ist ein verzerrter Denkprozess, bei dem zwei Glaubenssysteme, die nicht zugleich bestehen können, beide aufrechterhalten werden. Bringt man sie zusammen, wird es unmöglich, sie beide zugleich zu akzeptieren. Wenn aber eines vor dem anderen im

Dunkel gehalten wird, scheint ihre Trennung beide am Leben und gleich wirklich zu erhalten.[5]

Was führt zu DIS? Was ist so stark, dass es die Selbstwahrnehmung zu zersplittern vermag? Nur extreme psychologische Traumata, die zu erheblich sind, um verarbeitet werden zu können, so dass der Geist keinen anderen Weg mehr findet, als sie abzuspalten. Dazu gehört fast immer wiederholter physischer und sexueller Missbrauch grauenvollen Ausmaßes, der von mehreren Tätern vor dem fünften Lebensjahr verübt worden ist. (Nach dieser Altersspanne ist das Selbstkonzept hinreichend ausgebildet, um derartiges dissoziatives Abspalten weniger wahrscheinlich zu machen.)

Ein kleines Kind hat wenige Ressourcen zu seiner Verfügung, um mit massivem Missbrauch zurechtzukommen. Von sich selbst aus kann es sich noch nicht einmal auf normale Geschehnisse einen Reim machen, sondern muss sich auf einen vertrauenswürdigen Erziehungsberechtigten oder eine Autoritätsperson verlassen können, die ihm hilft, das Ganze zu verstehen. Daher hat es keine Möglichkeit, mit tiefem Verrat von Seiten eines vertrauten Erwachsenen umzugehen, der Dinge tut, die ihm Schmerz zuzufügen, es ängstigen und beispielsweise nachts beschämen – das am nächsten Tag aber völlig verleugnet und soweit geht, es Lügen zu strafen.

Von allen Kränkungen und Verletzungen, deren Menschen fähig sind, scheint Verrat jene zu sein, über die am schwersten hinwegzukommen ist. In meiner psychotherapeutischen Praxis hatte ich mit betrogenen Ehegatten und gescheiten, kompetenten Geschäftsleuten zu tun, die ein Jahr oder mehr brauchten, um sich vom Betrug durch einen Ehepartner oder treuen Angestellten zu erholen. Wieviel schwerer ist es dann für ein Kind! Ein Kind kann weder weglaufen noch sich verteidigen; es fehlt ihm die kognitive Fähigkeit, sich zu überlegen, »mein Onkel ist grässlich pädophil« oder »meine Mutter muss psychisch krank sein«. Stattdessen schützt sich ein kleines Kind auf die einzige Art und Weise, die es kennt. Es dissoziiert das Trauma. Spaltet es ab, nimmt es in Beschlag und stellt es auf einem anderen Gleis ab. Der erniedrigende, angsteinflößende Missbrauch widerfährt nicht mehr **ihm**, sondern jemand anderem, jemandem mit demselben Namen und derselben Identität: einer alternativen Persönlichkeit, einem Alter. Indem das Kind diese Verteidigungsstrategie einsetzt, kann es sich schützen und jegliches Wissen um diesen Missbrauch leugnen. Es wegsperren und vergessen, als sei es ihm nie widerfahren, denn ihm ist es ja auch nicht widerfahren. Doch für die anderen abgespaltenen Persönlichkeitsanteile – die Alter, diejenigen, denen das Aufbewahren der Erinnerung überlassen worden ist – bleibt der Schmerz nur allzu real. Folglich kann deren Tagesordnung ganz anders aussehen als seine.

Manche dieser alternativen Persönlichkeiten stehen unter einem großen Druck, ihre Geschichten zu erzählen. Sie hoffen, sich von der Missbrauchslast und dem Leid zu befreien, das sie ertragen mussten, indem sie es einem mitfühlenden Menschen erzählen. Andere sind nicht so scharf darauf, darüber zu sprechen. So ist beispielsweise für ein missbrauchtes Kind sein Schinder ein Modell dafür, wie Macht aussieht. Und deshalb ist es für eine oder auch mehrere der Alter-Persönlichkeiten nicht ungewöhnlich, dass sie sich nach dem Vorbild des Täters richten und wie dieser nicht wollen, dass ihre Geheimnisse ans Licht kommen. Sie werden jenen Alter-Persönlichkeiten, die etwas über sie auszuplaudern beabsichtigen, Bestrafung androhen: *Wenn du das irgendjemandem erzählst, bring ich dich um. Und wenn dir irgendwelche Leute was erzählen, dann bring ich die ebenfalls um.* Diese Warnung haben in ihrer Kindheit so viele DIS-Patienten zu hören bekommen! Entsprechend hoch sind bei diesem Leiden auch die Suizidraten. Allerdings sind in Fällen von Selbstmord nicht immer Depressionen der Auslöser, sondern diese stellen im Grunde maskierte Morde dar – Angriffe von Missbrauchs-Alter-Persönlichkeiten auf jene Kind-Alter, die unter der Drohung stehen, ja nichts rauszurücken und ihre Geschichten bloß keinem Therapeuten zu erzählen. Sie glauben tatsächlich, dass sie eine andere Alter-Persönlichkeit zum Schweigen bringen können, indem sie sie umbringen – und zwar, ohne sich selbst Schaden zuzufügen. Sie verstehen nicht oder weigern sich, die Tatsache zu akzeptieren, dass alle Alter ein und denselben Körper miteinander teilen.

Jede Alter-Persönlichkeit hat einen eigenen Zweck, der sie motiviert: jenes psychologische Bedürfnis, das zu ihrer Entstehung führte. Jede beinhaltet ein besonderes Stück jener Wahrheit, die sich auf dieses Bedürfnis bezieht. Die eine mag sich an Großvater als spielfreudige und großzügige Nikolausfigur erinnern, eine andere kennt ihn als nächtliches Raubtier, während noch eine andere glaubt, selbst Großvater zu sein, und weiterhin seine nächtliche Terrorherrschaft über das Kind-Alter im imaginären Raum des Geistes ausübt. Im Falle von DIS spielt sich die Vergangenheit immer wieder von Neuem ab, statt allmählich zu verblassen, wie es in der Erinnerung normalerweise geschieht. Durch Dissoziation perfekt geschützt, lebt die Vergangenheit fort, als wäre sie noch immer im Gange. Denn für die Alter ist sie es.

Um die Psyche zu isolieren und ihre Funktionsfähigkeit zu schützen, müssen die Missbrauchserinnerungen fragmentiert bleiben, weshalb sie einzeln auf die verschiedenen Alter-Persönlichkeiten verteilt werden. Dadurch wird es der Primärpersönlichkeit erspart, sich an sie zu erinnern. Wie bei einem Puzzlespiel wird, solange die Teile nicht wieder zusammengesetzt worden sind, niemand je des Gesamtbildes ansichtig werden können und sich der entsetzlichen Wahrheit stellen müssen. Und das scheint eine gute Sache zu sein, denn wer könnte unter einer solch unerträglichen Last funktionieren?

Nur trägt der Umstand, dass die Erinnerungen dissoziiert und außerhalb des Bewusstseins bleiben, nicht dazu bei, ihre Macht abzuschwächen. Ganz im Gegenteil. Menschen mit DIS leben unter der ständigen Bedrohung, dass die Wahrheit herauskommen könnte, ob in einer zufällig auftauchenden Erinnerung, der Begegnung mit einer Person oder Situation, die der Vergangenheit so ähnlich ist, dass sie ein massives Flashback auslösen oder ein Alter auf den Plan rufen könnte, das da nichts zu suchen hätte (wie ein Schauspieler, der irrtümlich auf die Bühne stolpert), das dann jene Wahrheit auszusprechen drohte, die niemals gesagt werden dürfte. Diese Furcht bleibt lange bestehen, nachdem der eigentliche Missbrauch längst aufgehört hat.

> *Erkenntnis muss der Dissoziation vorangehen, so dass Dissoziation nichts weiter ist als eine Entscheidung zu vergessen. Was man vergessen hat, erscheint dann Furcht erregend, aber nur deshalb, weil die Dissoziation ein Angriff auf die Wahrheit ist. Du bist furchtsam, weil du vergessen hast. […] Wenn das, was du dissoziiert hast, akzeptiert wird, hört es auf, Angst hervorzurufen.*[6]

Der Preis, den man eigentlich für Dissoziationsphänomene bezahlt, besteht darin, dass die Wahrheit über den Missbrauch nie offen konfrontiert und akzeptiert werden kann. Wie Granatsplitter, die tief in einer Wunde sitzen, kommen sie jeder echten Heilungschance in die Quere. Da die Erinnerungen fragmentiert und vom Bewusstsein abgespalten bleiben, bleibt die leidvolle Vergangenheit lebendig, lässt sich durch äußere Ereignisse nicht verändern und ist unzugänglich dafür, Neues zu lernen. Sie spielt sich wieder und wieder in einem immerwährenden inneren Jetzt ab.

Alter-Persönlichkeiten als Selbst-Modelle

Die dissoziative Identitätsstörung liefert uns ein brauchbares Modell, um das Wesen unseres eigenen egobasierten Selbstverständnisses zu verstehen, denn gemäß *Ein Kurs in Wundern*® unterscheiden wir uns von solchen Alter-Persönlichkeiten nicht sonderlich. Auch wir sind Fragmente, die sich von einer großen Ganzheit abgespalten haben, jener des Immer-Geistes, unserem wahren Selbst. Und genauso wie die Alter klammern wir uns starrköpfig an unserer Einzigartigkeit fest, obwohl diese in Wirklichkeit – Gottes Wirklichkeit – keine Basis hat.

Die Alter-Persönlichkeiten einer dissoziativen Identitätsstörung trauen niemandem so ganz über den Weg; sie glauben, allein zu sein und aus eigener Kraft überleben zu müssen. Genauso wie wir. Alter schließen mit anderen Allianzen, um sich zu schützen und ihre Pläne voranzutreiben. Genauso wie wir. Alter weigern sich, sich an das massive Trauma zu erinnern, das den Geist ursprünglich dazu brachte, sich abzuspalten. Genauso wie wir. Alter hegen und pflegen ihre einzigartigen Eigenschaften und Fähigkeiten, die sie von anderen abheben. Genauso wie wir. Alter haben schreckliche Angst davor, sich mit anderen Alter-Persönlichkeiten zu einem größeren Ganzen zu verbinden, da sie glauben, das würde den Tod ihres jeweiligen einzigartigen Selbstkonzepts bedeuten. Genauso wie wir.

Der einzige offensichtliche Unterschied, der zwischen uns und den Alter-Persönlichkeiten einer dissoziativen Identitätsstörung besteht, ist, dass wir tatsächlich voneinander getrennte physische Körper haben. Jedenfalls glauben wir das gerne. Doch auch hier belehrt uns der Kurs eines Besseren. Ebenso wie das Ego ist auch der Körper nichts – nur ein weiterer Aspekt der Wahrnehmungswelt. Der Körper ist das Symbol des Egos – seine Spielfigur auf dem Spielbrett der Illusion –, wobei das Ego selbst nur eine dunkle Widerspiegelung der Trennung von Gott ist, die zuallererst gar nicht stattgefunden hat, außer im verblendeten Traum des Nimmer-Geistes. Inwieweit unterscheiden wir uns in unserer Überzeugung, der physische Körper sei real, besonders und getrennt, dann wirklich von irgendeiner Alter-Persönlichkeit?

Das ist deine Version von dir selbst: ein Selbst, in viele Teile aufgespalten, die sich bekriegen, von Gott getrennt und von seinem ziellosen und launenhaften Macher, zu dem du betest, notdürftig zusammengehalten.[7]

Die meisten unter uns haben noch nie erlebt, wie sich schwerer Missbrauch anfühlt, der die Psyche zerstückelt und zu einer dissoziativen Identitätsstörung führt.

Eine derart extreme Form von Dissoziation mag daher merkwürdig und fremd erscheinen. Doch der Kurs spricht eine klare Sprache, wenn er sagt, wir alle würden uns ständig der Dissoziation bedienen, um ein falsches Bild nicht nur des Selbst aufrechtzuerhalten, sondern auch der Welt, in der es sich verortet – einer Welt, die nicht existiert. Und auch das hat eine Parallele im Phänomen der dissoziativen Identitätsstörung.

Während meiner jahrelangen Behandlung dieser Krankheit hat mich die Plastizität der inneren Landschaften erstaunt, die solche Alter-Persönlichkeiten für sich in Anspruch nehmen. Diese Alter sehen, hören, schmecken und fühlen die Räume, in denen sie leben, die Orte, an denen sie waren, und ganz besonders die Szenen ihres Missbrauchs, mit einem Realitätssinn, der voll und ganz der Art und Weise entspricht, in der wir die Welt um uns herum wahrnehmen. Ich bin Alter-Persönlichkeiten auf Friedhöfe, in modrige Schuppen und leere Kirchen gefolgt. Saß an ihrer Seite, während sie (noch einmal) Vergewaltigung und Prügel in verlassenen Häusern ertragen mussten. Habe eine Fünfjährige im Garten eines Pfarrhauses liebevoll beim Schaukeln geschubst, um ihr dann später zu helfen, an einer schroffen, von Wellen umtosten Küste ihren gewalttätigen Bruder zu besänftigen. Diese Orte sind nicht nur im Gedächtnis lebendig. Sie werden nicht gerne oder mit schauriger Ehrfurcht in die Erinnerung zurückgeholt, sondern sind für Alter die Wirklichkeit selbst, ja tatsächlich wirklicher als die äußere Welt.

Wie bereits gesagt, wird eine dissoziative Identitätsstörung durch schweren Missbrauch hervorgerufen, wie ihn nur wenige unter uns in dieser Form erleben. Was kann dann die Ursache für unseren fortwährenden Gebrauch von Dissoziation sein? Welches entsprechende Trauma hat dazu geführt, dass unser *aller* Geist so zersplitterte?

Wir mögen uns daran nicht erinnern – ja unter der Herrschaft des Egos tun wir alles in unserer Macht Stehende, um uns *nicht* daran zu erinnern –, doch schlussendlich war die Trennung von Gott dieses Trauma. Überleg mal: Was könnte schlimmer sein als der Verlust der Ganzheit, unserer Identität, unseres wahren Wesens als Liebe und unserer Verbindung zu Gott und unserer Erfüllung in Gott? Diese Trennung spaltete den Einen Reinen Geist von Gottes Schöpfung in Myriaden von Bewusstseinsfragmenten auf, die wir nun als du und ich identifizieren, und brachte das Ego und seine Welt hervor. Und genauso wie bei der dissoziativen Identitätsstörung haben diese dissoziierten Selbstfragmente jetzt Angst vor dem Wiederauftauchen der Einen Wahrheit. Sie (wir) reagieren, als wenn Gott und die Eine Wahrheit eine gefährliche Bedrohung wären, gegen die man sich aktiv wehren muss.

> *Abwehrmechanismen sind nicht unbeabsichtigt, noch werden sie ohne Bewusstsein hervorgebracht. Sie sind geheime Zauberstäbe, die du schwingst, wenn die Wahrheit das, was du glaubst, zu bedrohen scheint.*[8]

Worin bestehen, was sind diese Abwehrmechanismen? Alles, was wir dazu benutzen, um den Glauben aufrechtzuerhalten, dass wir voneinander getrennte Individuen sind. Dazu gehören Besonderheit und Begierde. Ebenso Schuld, Scham, Urteil,

Angriff, alle Formen von Krankheit und Schwachsinn und sogar der Tod. Vor allem Krankheit und Tod bestärken uns in der Überzeugung, dass wir nur ein vergänglicher physischer Körper sind: ein bisschen Staub und Wasser, dass irgendwie ins Selbst-Gewahrsein gepurzelt ist. Wir glauben, diese Abwehrmechanismen würden uns schützen, unsere Dissoziation bewahre uns vor der großen Bedrohung der Wiedervereinigung. Doch das Einzige, was unsere Abwehrmechanismen hinbekommen, ist, die natürliche Fähigkeit des Geistes zu blockieren, sich selbst zu heilen und mit sich selbst wiederzuvereinen.

Wie können wir dann die Trennung von Gott reparieren? Theoretisch ist das nicht schwer: Wir brauchen lediglich anderen Geistes zu werden, und zwar wortwörtlich, und schon hätten wir es! Solange wir aber unsere Furcht vor Gott und dem Einssein – unserem wahren Selbst – behalten, ist das nicht so einfach. Doch können wir die dissoziative Identitätsstörung als Modell für unser Dilemma hernehmen. Denn wenn Dissoziation das Problem ist, könnte uns ihre Behandlung ein paar Schlüssel dazu geben, wie wir bei unserer eigenen Heilung vorgehen können.

Der Weg zur Heilung

Kommen Patienten mit einer dissoziativen Identitätsstörung in meine Praxis, wissen sie normalerweise nicht, dass sie andere Persönlichkeiten haben. Sie suchen bei mir Hilfe, weil sie immer wieder auf dieselben Probleme in ihrem Leben stoßen, beispielsweise schlimme Angstzustände ohne offensichtlichen Grund, lähmende Kopfschmerzen sowie andere Arten chronischer Leiden. Sie finden sich plötzlich an seltsamen Orten, in Hinterhöfen und erschreckenden Situationen wieder, ohne auch nur die geringste Idee zu haben, wie sie dorthin geraten sind, haben Blackouts, die von mehreren Stunden oder Tagen bis hin zu jahrelangen Lebensphasen reichen. Sie hören nicht nur eine Stimme in ihrem Kopf, sondern gleich mehrere, die ständig miteinander im Streit liegen und sie zu widersprüchlichen Handlungen drängen, und sie fühlen sich derart schlecht, wertlos und schrottreif, dass sie ernsthaft vorhaben, sich das Leben zu nehmen. In vielen Fällen haben sie schon mehrmals versucht, Selbstmord zu begehen, auch wenn sie mir das bei der ersten Begegnung – selbst auf meine Nachfrage hin – wahrscheinlich nicht sagen werden.

Möglicherweise kann ich ihre Probleme schließlich als Symptome einer dissoziativen Identitätsstörung identifizieren. Die Kopfschmerzen, die Ängstlichkeit und die inneren Stimmen weisen auf Konflikte unter den Alter-Persönlichkeiten hin. Amnesie lässt sich auf unterschiedliche Aktivitäten der jeweiligen Alter zurückführen, deren Erinnerungen sich nicht decken. Ihre Suizidimpulse rühren von verdrängtem Missbrauch und dem toxischen Selbstekel und Selbsthass her, den dieser in seinem Schlepptau führt.

Wenn ich meine Patienten dann über ihre Diagnose informiere, nehmen sie das selten gut auf. Denn schließlich ist jetzt ihr schreckliches, beschämendes Geheimnis ans Licht gebracht worden. Die Alter wurden »geoutet«. Doch ihnen und allen Alter-Persönlichkeiten, die eventuell mithören könnten, versichere ich, dass man ihr Leiden behandeln kann, wenn sie sich dazu verpflichten können, sich an die Therapie zu halten, und versprechen, sich während des Prozesses nicht gegenseitig zu verletzen oder gar umzubringen. Ich etabliere meine Praxis als sicheren Hafen, als Ort, an dem keiner von ihnen je verurteilt werden wird (auch wenn Grenzen aufgestellt werden) und an dem alles, was ihnen widerfahren ist, egal, wie grauenvoll, verrückt oder beschämend es sein mag, ans Licht gebracht werden kann – unter der einen Bedingung, dass sie sich sicher genug fühlen, das alles gemeinsam mit mir anzuschauen.

Ich möchte sie alle treffen, diese Alter-Persönlichkeiten, doch zunächst sind sie zurückhaltend. Sie müssen mich auf die Probe stellen, um sicherzugehen, dass meine Absichten rein sind und ich nicht einfach der nächste Missbrauchstäter bin, der sie reinzulegen versucht. Meistens zeigen sich ein oder zwei von ihnen zugleich, gruppenweise um bestimmte traumatische Erinnerungen geschart, die sie miteinander teilen. Sie blättern ihre Missbrauchsgeschichten schichtweise auf, wie wenn man eine Zwiebel schält, zuerst kommen glimpflichere Beispiele, um meine Reaktion zu testen oder von den ernsteren und brüskierenden Missbrauchserinnerungen abzulenken beziehungsweise sie daran zu hindern, überhaupt hochzukommen.

Ich spreche jede Alter-Persönlichkeit an, die sich zeigt, selbst dann, wenn sie mich bedroht oder verflucht. Ich favorisiere keine. Sie sind für den Heilungsprozess alle wesentlich und daher gleichermaßen wertvoll. Ich will ihre Geschichten hören, aber erst dann, wenn sie bereit dazu sind, sie mir zu erzählen. Stets halte ich nach Hinweisen auf weitere Alter Ausschau, die still im Schatten lauern, damit ich sie einladen kann, hervorzutreten. Manche treten mit großem Trara in Erscheinung, andere kündigen ihre Anwesenheit nur mit einem einzigen geheimnisvollen Satz an, der in einer fremden Handschrift in ein Tagebuch eingetragen wurde.

Ich habe mit Alter-Persönlichkeiten zusammengesessen, die paranoide Killer waren, schikanierte Kleinkinder, die so jung gewesen waren, dass sie noch nicht einmal sprechen konnten, verführerische Teenagerinnen und Fernsehberühmtheiten. Sie alle waren im geschützten Raum meiner Praxis willkommen und am Ende bereit, sich mir zu öffnen, denn ganz tief in ihrem Inneren wünschten sie sich Heilung.

Sie sehnten sich danach, ganz zu werden, trotz ihrer gleichzeitigen Furcht davor. Mehrmals im Laufe der Behandlung (die durchschnittlich sieben Jahre dauert) dachte ich, wir wären fast am Ende, doch dann kam ein neues Alter um die Ecke mit einer frischen Missbrauchserinnerung, die ganz tief vergraben gewesen war und für deren Aufarbeitung wir noch ein weiteres Jahr Therapie benötigten.

Am Anfang neigen Alter-Persönlichkeiten dazu, der Therapie zu misstrauen, und das aus gutem Grund. Sie sind ja nicht gut behandelt worden. Doch mit der Zeit, mit entsprechender Geduld, Akzeptanz und Fürsorge lernen sie, zum ersten Mal in ihrem Leben zu vertrauen. Wenn sie dann ihre Missbrauchsberichte enthüllen und entdecken, dass sie weder bestraft werden noch sich dafür schämen müssen (vor mir oder anderen Alter-Persönlichkeiten), erkennen sie, dass sie trotz ihrer äußeren Unterschiede und trotz der Besonderheiten jeden erlittenen Missbrauchs im Grunde dasselbe Leid tragen. Sie sind Überlebende. Und sie können zum ersten Mal zusammenkommen, vereint in dem gemeinsamen Zweck der Heilung von der Vergangenheit. In diesem Prozess verblassen ihre Unterschiede bis zur Bedeutungslosigkeit. Verfolger unter diesen Alter-Persönlichkeiten, die um sich herum Schmerz verbreiteten, um die Disziplin aufrechtzuerhalten, kontaktieren nun voller Empathie das Innenkind, das sie einst bestraften. Das Leid wird geteiltes Leid, und einmal geteilt, beginnt es zu heilen. Alte Konflikte machen den Weg für das Aufblühen von Liebe frei, die sie noch näher zusammenbringt.

Das Endziel einer DIS-Therapie ist Integration: den Alter-Persönlichkeiten zu der Bereitschaft zu verhelfen, ihre voneinander getrennten, im Feuer von Schmerz und Furcht geschmiedeten Identitäten loszulassen, um mit den anderen zu verschmelzen. Im therapeutischen Schmelztiegel meiner Praxis haben sie gelernt, einander als Freunde, Geschwister und mehr zu betrachten – Aspekte eines einzigen Gruppengeistes.

Die leidvollen Erinnerungen, die sie einst in gegenseitiger Furcht abseits und getrennt hielten, haben sie mitfühlend erzählt und ausgetauscht. Es ist nicht mehr nötig, sie durch Dissoziation voneinander abzuschotten. Und so sind die Alter-Persönlichkeiten wieder frei geworden für eine Fusion. Wie Ströme, wenn sie aus verschiedenen Quellen zusammenfließen, einen mächtigen Flusslauf bilden, können sie sich zu einer einzigen geeinten Persönlichkeit verbinden, einer, die alle ihre unterschiedlichen Charakterzüge und Fähigkeiten enthält, dabei aber weitaus größer ist als die Summe ihrer Teile.

Die letzte Entscheidung aber, ob sie sich integrieren wollen oder nicht, gehört ihnen. Nicht alle Alter-Persönlichkeiten treffen diese Wahl, denn der Sog individueller Identität ist stark, sogar in ein und demselben Geist. Doch selbst dann, wenn sie sich gegen eine Integration entscheiden sollten: Jenes Trauma, das sie hervorbrachte und definierte, sie getrennt und im Konflikt hielt, gibt es nicht mehr. Sie sind frei, sich gegenseitig zu lieben und füreinander Sorge zu tragen, die Herausforderungen des Lebens dank ihrer multiplen schöpferischen Perspektiven gemeinsam zu meistern und – als ein mehr oder weniger integriertes Selbst – ein glückliches, erfülltes Leben zu führen.

Trennung heilen – den Immer-Geist erinnern

Wenn der Kurs mit dem fragmentierten Wesen von Geist und Selbst richtig liegt, dann kann unsere Welt als massiver Fall einer dissoziativen Identitätsstörung betrachtet werden, in der fast acht Milliarden unterschiedliche Alter-Persönlichkeiten herumlaufen und versuchen, zu überleben und – miteinander kooperierend oder aber wettstreitend – voranzukommen. Wenn das so ist, stellt sich die Frage, wie wir auf Erden lernen können, unsere Gleichheit anzuerkennen und als eins wieder zusammenzukommen? Wie sind Integration und Heilung unter Milliarden von »Alter-Persönlichkeiten« möglich, die tatsächlich getrennte Körper bewohnen?

Nehmen wir die Behandlung von DIS als Vorbild, dann ist das einzige therapeutische Ziel mit genügend Bandbreite und Macht, um diese Milliarden von Menschen auf der Welt zu vereinen, das Erinnern unserer gemeinsamen Identität im Immer-Geist. Erst wenn wir Zugang zu perfekten Augenblicken bekommen – zunächst in verlockenden Lichtblicken, dann mit wachsendem Vertrauen und Beständigkeit –, werden wir akzeptieren, dass wir alle in demselben hässlichen Albtraum gefangen sind, und treffen die Wahl, zu erwachen.

Die Trennung von Gott und Einssein beschränkt sich weder auf ein paar auserwählte Individuen noch irgendein besonderes Land, irgendeine Rasse, Religion oder soziale Schicht. Sie hat keine Günstlinge. Wir sind alle gleichermaßen die Gefangenen des Nimmer-Geistes, stehen alle unter dem Fluch des Ego, liegen alle seinem hohlen Selbstidol zu Füßen. Mit einem Wort, wir sind tatsächlich aus der Trennung von Gott hervorgegangene alternative Persönlichkeiten. Wollen wir Heilung finden, müssen wir diese Tatsache anerkennen und nur das in uns voranbringen, was wir mit jeder anderen Person gemeinsam haben, und über alles hinwegsehen, was uns zu unterscheiden scheint. Und wenn wir gegen Ärgernisse anrennen, die uns zu schwerwiegend erscheinen, als dass wir sie einfach übersehen könnten, dann geben wir nicht auf, sondern sind im Licht dessen, was wir über uns selbst lernen können, bereit, sie neu zu betrachten, unser Verständnis von ihnen zu hinterfragen und unsere fehlerhaften Urteile loszulassen.

Ein Kurs in Wundern® nennt diesen Prozess *Vergebung*, und diese ist ein Eckstein des Plans, den der Heilige Geist für unser Erwachen hat. (In den folgenden Büchern dieser Reihe werde ich über Vergebung noch viel mehr zu sagen haben.) Vergebung ist ein Prozess, in dem man lernt, Groll loszulassen: in uns selbst und anderen über die Verfehlungen der Vergangenheit hinwegzusehen, die unseren Geist umwölken und uns davon abhalten, die Heiligkeit in einem jeden von uns zu sehen und unseren Nächsten zu lieben wie uns selbst. In diesem Sinn ist Vergebung das Herzstück des Heilungsprozesses.

Ebenso wie DIS nicht von den Alter-Persönlichkeiten selbst geheilt werden kann, lässt sich auch unser Gefühl des Getrenntseins nicht ohne Hilfe reparieren. Wir brauchen einen »Therapeuten«, der die Wahrheit in uns allen gleichermaßen sieht und uns auf die Anerkennung jener Wahrheit zu lenken kann. Er muss fest an der Seite der Wahrheit stehen und doch fähig sein, uns zu erreichen und mit uns innerhalb der eingebildeten Trennung zu arbeiten, in der wir zu existieren glauben. Dieser Therapeut muss den Therapieprozess genau auf unsere Bedürfnisse zuschneiden, damit er perfekt zu jeder individuellen Alter-Persönlichkeit auf diesem Planeten passt – auf alle fast acht Milliarden von uns. Bauern und Präsidenten sind gleichermaßen unverzichtbar für den Heilungsprozess, deshalb sieht er keine Unterschiede zwischen ihnen. Und dieser Therapeut muss uns vor unseren eigenen Ängsten schützen, darf uns aber gleichzeitig die Lektionen nicht ersparen, die wir brauchen, um die Erinnerung an unsere kollektive Identität freizuschalten: dass unsere »Nächsten« nichts anderes als unser Selbst sind und mithin die einzige angemessene Antwort auf sie, und zwar unter allen Umständen, ganz egal wie sie sich verhalten, Liebe ist. Alles andere führt die Illusion des Getrenntseins und das Bedürfnis fort, die Dissoziation aufrechtzuerhalten.

Gemäß *Ein Kurs in Wundern*® ist dieser Therapeut der Heilige Geist. Er deutet die Wahrnehmungswelt neu mit einem einzigen Ziel: sie mit Einssein und Wahrheit auf eine Linie zu bringen. Der Kurs nennt diesen Prozess Erlösung (oder Sühne).

> *Die Erlösung muss den verrückten Glauben an getrennte Gedanken und getrennte Körper, die getrennte Leben führen und ihre getrennten Wege gehen, revidieren.*[9]

Bringst du irgendein Problem oder irgendeinen Konflikt zum Heiligen Geist, egal wie unlösbar diese zu sein scheinen, wird Er dir zeigen, wie du sie anders betrachten kannst. Und in dem Moment, in dem du das tust, ist das Problem auch schon gelöst. Da es auf tiefster Ebene und also unabhängig von der Gestalt, die es anzunehmen scheint, ein Trennungssymptom ist, erledigt es sich von selbst; genauso wie bei einer dissoziativen Identitätsstörung Kopfschmerzen, Amnesie und Suizidtendenzen Symptome einer zugrundeliegenden Dissoziation sind, verhält es sich auch mit jedem anderen Problem. Das mag nach einer Vereinfachung klingen, doch alle Probleme wurzeln in unserem falschen Selbstverständnis, und daraus entsteht die Welt. Mit Hilfe der Perspektive des Heiligen Geistes erkennst du allmählich, dass sie nichts als eine Illusion sind, und wenn dir dies klar wird, müssen sie verschwinden – auf dieselbe Art und Weise, wie die schrecklichste nächtliche Vision verschwindet, sobald sie von den Strahlen der aufgehenden Sonne berührt wird. Im Licht des Heiligen Geistes, unter seiner geduldigen Schirmherrschaft, wird Desintegration zu Integration und führt Konfusion zu Fusion.

Doch der Heilige Geist kann dir nur helfen, wenn du die Entscheidung triffst, dir von Ihm helfen zu lassen. Der beste Psychotherapeut der Welt kann Menschen, die unter DIS leiden, erst dann helfen, wenn sie anerkennen, dass sie ein Problem haben, das sie nicht selbst lösen können, sich auf den Weg in die Praxis begeben und eine therapeutische Verpflichtung eingehen. Sie müssen bereit sein, sich dem umfassenderen Wissen des Therapeuten anzuvertrauen, und können sich nicht nach ihrem Belieben Anweisungen herauspicken, denen sie Folge leisten, wohingegen sie andere ignorieren. Es geht um alles oder nichts. Entweder sie nehmen die ganzheitliche Vision ihres Therapeuten an oder sie verwerfen sie, weil sie deren letztliche Konsequenz fürchten: Integration in das eine ganze Selbst.

> *Jetzt musst du wählen zwischen dir und einer Illusion von dir. Nicht beides, nein, nur eines.*[10]

Wir sind stets frei, die Hilfe des Heiligen Geistes zurückzuweisen und als separate, von der Ganzheit abgespaltene Wesen weiterzuleben. Darin liegt die Bedeutung des »freien Willens«. Doch der Heilige Geist ist ein außerordentlich geduldiger Therapeut. Er wird sich niemals durch unseren Mangel an Fortschritt frustrieren lassen, uns niemals aufgeben oder zurückweisen. Der Kurs sagt, Er harre aus bis zum Ende der Zeit. Hat bereits den ganzen Film gesehen. Weiß, wie er endet. Weiß, wie und was wir in Wahrheit sind, und wird da sein, wenn die Behandlung ihren Abschluss findet – dann, wenn nichts mehr zwischen uns steht, uns nichts mehr trennt. Sollten wir an irgendeinem Punkt genug haben und die Behandlung abbrechen, weiß Er, dass wir eines Tages zurückkommen werden. Auch wenn sich das über mehrere Leben hinzieht. Er wartet geduldig, bis wir beschließen, erneut an Ihn zu appellieren.

Integrierter Geist

Bei der Arbeit mit Patienten einer dissoziativen Identitätsstörung ist, wie wir gesehen haben, das Endziel die Integration der alternativen Persönlichkeiten. Während des Behandlungsprozesses haben die Alters freiwillig beschlossen, ihre getrennten Identitäten zurückzulassen und sich zusammenzuschließen, um zur Ganzheit zu gelangen. Sie haben kein Interesse mehr daran, für sich zu bleiben, denn das, wovor sie sich fürchteten – das Trauma der sich in ihrem Geist endlos wiederholenden Vergangenheit –, hat sich als unwahr herausgestellt. Lange schon ist die Vergangenheit vorbei und kann ihnen nichts mehr antun, es sei denn, sie erlauben ihr, via Dissoziation weiterhin lebendig zu bleiben.

Das Ergebnis davon ist, dass sie weniger ins Getrenntbleiben investieren. Die Demarkationslinien zwischen den Alter-Persönlichkeiten verblassen und verschwinden allmählich. Vielleicht heben sie noch ihren einzigartigen Beitrag zum Ganzen hervor, realisieren gleichzeitig aber immer mehr, dass sie, wollen sie wieder ganz werden, bereit sein müssen, im Dienst eines größeren, kollektiven Ziels ihre separaten Identitäten aufzugeben.

> *Was könnte in Konflikt sein, wenn alle Teile nur einen Zweck und ein Ziel haben? Wie könnte es einen einzelnen Teil geben, der allein stünde, oder einen, der mehr oder weniger wichtig wäre als die übrigen?*[11]

Wie sieht dann das Endstadium der »Behandlung« für die fast schon acht Milliarden alternativen Persönlichkeiten aus, die den Planeten Erde bevölkern? Es hat – genauso wenig wie bei DIS – irgendetwas mit physischen Körpern zu tun, weil Körper Teil der Trennungshalluzination sind. Körper können sich nicht miteinander verbinden und eins werden. Wahrhaftige Integration findet einzig und allein auf der geistigen Ebene statt. Bedeutet das dann, dass wir die Gedanken anderer erfassen oder diese (Gott bewahre!) unsere Gedanken lesen können? Nicht wirklich, denn solche Gedanken gehören dem Nimmer-Geist an. Sie sind unwirklich, eine Manifestation des Trennungszustands, und können daher nicht miteinander geteilt werden. Auf der Ebene des Immer-Geistes existieren derartige Gedanken gar nicht. (Wobei man sagen muss, dass gelegentlich Gedanken durchsickern können, insbesondere in Zusammenhang mit Menschen, denen wir uns sehr nahe fühlen. Wir nennen das dann »übersinnlich« oder »telepathisch«, es ist aber nur ein folgenloser Vorgeschmack auf Einsgesinntheit – jenen Zustand, in dem man eines Geistes sein wird.)Man kann getrennten Wesen, die in ihrer Individualität verhaftet bleiben, einfach nicht beschreiben, wie sich Integration anfühlen könnte. Die Erfahrung des perfekten Augenblicks aber gibt uns eine Kostprobe davon. Wenn sich das Bewusstsein über den Körper hinaus ausdehnt, wie erscheinen uns dann andere Menschen? Bleiben sie, wenn die Einheit aller Dinge offenbart ist, weiterhin getrennte Wesenheiten?

> *Jeder Aspekt von Ihm [Gott] ist eingerahmt in Heiligkeit und in vollkommener Reinheit, in einer himmlischen und derart vollständigen Liebe, dass sie nur wünscht, alles, worauf sie schaut, zu sich selbst zu befreien. Ihr Strahlen leuchtet durch jeden Körper, auf den sie schaut, und kehrt all seine Dunkelheit ans Licht, einfach indem sie über diese weg zum Licht schaut.*[12]

Es mag sein, dass wir im klaren Licht des perfekten Augenblicks mit unseren physischen Augen noch Körper »sehen«, doch wir verleihen ihnen keine Wirklichkeit mehr. Denn der Körper ist nur ein weiteres falsches Bild, das in der zerrspiegelartigen Wahrnehmungswelt des Egos auftaucht. Wirklich hingegen ist jenes Licht, das vom Bewusstsein hinter dem Körper ausgeht, und das ist ein Licht, das wir miteinander teilen. Wir sehen in allen dasselbe Licht, das aus Liebe geboren ist und in uns lebt. Und das ist alles, was wir sehen, denn das ist alles, was wirklich ist. Nichts sonst existiert außerhalb der Schau unseres Einsseins.

Wie ich in Kapitel 3 erwähnte, nennt *Ein Kurs in Wundern*® diesen Zustand die *wirkliche Welt*. Mittlerweile sind wir besser dafür ausgerüstet, zu verstehen, dass es, wenn man in die wirkliche Welt gelangen will, nicht genügt, nur die Wahrnehmung zu verändern. LSD bringt dich nicht dorthin. Was tatsächlich erforderlich ist, ist eine Neujustierung des Selbst, die Integration deiner selbst und deines Bruders – deiner selbst und deines Nächsten – in eine größere Identität, die allen Wesen gemeinsam ist.

> *Nimm nur das als wahr an, was dein Bruder ist, wenn du dich selbst erkennen möchtest. Nimm wahr, was er nicht ist, und du kannst nicht erkennen, was du bist, weil du ihn falsch siehst.*[13]

> *Vater, Du hast einen Sohn. Und er ist es, auf den ich heute schauen möchte. Er ist Deine eine Schöpfung. Weshalb sollte ich denn tausend Formen in dem wahrnehmen, was eins bleibt? Weshalb sollte ich diesem einen tausend Namen geben, wenn nur ein einziger genügt? … Lass mich ihn nicht als einen Fremden für seinen Vater sehen, auch nicht als Fremden für mich selbst. Denn er ist Teil von mir, und ich von ihm, und wir sind Teil von Dir, Der Du unsere Quelle bist, ewig vereint in Deiner Liebe, ewig der heilige Sohn Gottes.*[14]

> *So wähle du denn seinen Körper oder seine Heiligkeit als das, was du sehen willst, und das, was du wählst, wird zu schauen dir gegeben sein.*[15]

Hier haben wir endlich die Antwort auf die Fragen, die wir in Kapitel 1 gestellt haben: »Bist du meine Mutter?« Bist du mein wahres Selbst? Und hier findet sich auch die Antwort auf die Anweisung des Orakels von Delphi, wie sie in die Mauern des Apollotempels eingraviert ist: »Erkenne dich selbst.« Wenn wir dem Heiligen Geist die Elemente unseres falschen Selbstkonzeptes ausliefern, damit Er sie neu deute, unser Festhalten an vergangenen – guten oder schlechten – Erfahrungen, unser Anhaften am Körper und seinen Bedürfnissen, unseren liebgewonnenen Rollen und Werten, doch vor allem das Beharren auf unserer Einzigartigkeit – wenn wir das tun, dann lernen wir, dass es nichts gab, was wir benötigten, nichts, was es wert war, aufrechterhalten zu werden. All das waren nur Hindernisse, die uns davon abhielten, Ganzheit und Glückseligkeit zu schauen, und diese Schau ist weitaus wertvoller als alles, was uns die Welt der Trennung bieten könnte.

Die bindende Kraft

Was ist die Kraft, die unsere getrennten Geister in diese größere miteinander geteilte Einheit wieder zusammenführt? Sie kann nichts sein, was der Welt der Zeit und Illusion geschuldet ist. Sie muss von woanders herkommen, von unserem wahren Wesen, von innen her.

Laut Kurs sind wir in Liebe, durch Liebe, miteinander verbunden, weil Liebe unser wahres Wesen ist, die Essenz dessen, was wir sind. Gott ist Liebe und nichts als Liebe. Gott erschuf uns sozusagen nach dem Selbigen, jenem Ihm Selbst gleichen Bild. »Die Liebe hat mich erschaffen wie sich selbst.«[16] *»Die Liebe, die mich schuf, ist, was ich bin.«*[17] Über Liebe werden wir in den folgenden Büchern dieser Reihe noch mehr zu sagen haben. Doch für unseren aktuellen Zweck beschreibt diese Passage die Beziehung zwischen Liebe und Ganzheit auf wundervolle Weise.

> *Da sie [die Liebe] selbst eins ist, betrachtet sie alle als eins. Ihre Bedeutung liegt im Einssein. So muss sie sich dem Geist entziehen, der sich als parteiisch oder als partiell vorstellt. Es gibt keine Liebe außer der Liebe*

Gottes, und alle Liebe ist Sein. Es gibt kein anderes Prinzip, das dort herrscht, wo die Liebe nicht ist. Liebe ist ein Gesetz ohne ein Gegenteil. Ihre Ganzheit ist die Macht, die alles als eins hält […][18]

Ohne Liebe kann es keine Vergebung geben. Und ohne Vergebung, die über alle durch Trennung verursachte Traumata und Verletzungen hinwegsieht, keine Integration. Geister, die unwillens sind, die Vergangenheit zu vergeben, werden nicht ihre Besonderheit aufgeben und die Entscheidung treffen, sich zu verbinden. Und doch ist dieses Sich-Verbinden, diese Rückkehr zur Liebe, nichts anderes als die Erinnerung an das, was immer war und weiterhin sein wird.

Die Vergebung nimmt das weg, was zwischen dir und deinem Bruder steht. Sie ist der Wunsch, dass du mit ihm verbunden und nicht getrennt sein mögest.[19]

Ein jeder sucht nach Liebe, so wie du, aber er erkennt es nicht, solange er sich nicht mit dir verbindet, um nach dir zu suchen.[20]

Wenn wir uns durch Liebe mit unseren »Nächsten« verbinden und durch die Linse der Liebe erkennen, dass sie nichts weniger als das Selbst sind, heilen wir die dissoziative Identitätsstörung, welche die Welt befallen hat. Wenn wir lieben, wie Gott liebt – ohne Bedingung und ohne Rücksicht auf Erscheinung, Persönlichkeit oder Umstände –, kommen die Selbstfragmente des Nimmer-Geistes wieder als Immer-Geist zusammen: als Ausdehnung des reinen Geistes Gottes.

Es gibt nur eine Lektion, die das Übungsbuch für *Ein Kurs in Wundern®* mehr als einmal gibt, und die besagt: »Ich bin, wie Gott mich schuf.«[21] Könnten wir dies und nur dies perfekt zum Ausdruck bringen, würden wir augenblicklich zu Gott und in die Arme des Einsseins zurückkehren – und mit uns jedes andere scheinbar getrennte Wesen. *Ich bin, wie Gott mich schuf* stellt das letzte Ziel des Kurscurriculums dar. Was wir sind, hat sich niemals geändert, außer in Träumen, und das bedeutet nichts. Wir bleiben, wie uns Gott erschaffen hat: für immer Eins, für immer Ganz, ewiglich Liebe. All unser Suchen war vergeblich, denn die Wahrheit, nach der wir fahndeten, hatte uns niemals wirklich verlassen.

> *Ich wurde als das Ding erschaffen, das ich suche. Ich bin das Ziel, nach dem die Welt sucht. Ich bin Gottes Sohn, Seine eine ewige Liebe.*[22]

Der zersplitterte Edelstein

Ich möchte noch eine letzte Metapher anbieten, eigentlich eine Parabel, in der es um das Wesen des getrennten Selbst geht. Zusätzlicher Erklärungen bedarf sie nicht.

Stell dir einen funkelnden Edelstein vor – vielleicht einen Diamanten – von absolut makelloser Schönheit und Vollkommenheit. Er ist unendlich groß, jenseits aller Größenordnungen, und lebt von überbordender Liebe. Er ist nichts weniger als Seinsheit an und für Sich. Das Licht des Bewusstseins leuchtet hell in seinem Inneren, strahlt aber auch nach außen: Durch seine unzähligen Facetten dringen prächtige Lichtströme – wundervolle Strahlen, die auf ewig und ohne Ende weitergehen.

Stell dir nun vor, dass irgendwie das Unmögliche eintritt. Dieser Edelstein – dieser vollkommene, ewige Diamant – verfällt in einen Traum, in dem er ganz und gar zersplittert. Pulverisiert. Nichts bleibt von ihm übrig als winzigste Splitter, Milliarden über Milliarden, in Hülle und Fülle verstreut.

Da der ursprüngliche Edelstein aber ein Bewusstsein besaß, hat dies auch jeder Splitter, der von ihm übriggeblieben ist. Jedes winzig kleine Teilchen betrachtet sich nun als getrennt und anders als alle anderen. Ein jedes von ihnen hält sich für einzigartig, im Besitz eines individuellen »Selbst«, das sich von dem aller anderen Fragmente unterscheidet. Und jedes Teil glaubt, sein Selbst sei vollständig, ein Ganzes für sich. Eine dichte Wolke Amnesie hängt über ihnen und hindert sie daran, sich an den wundervollen Edelstein zu erinnern, von dem sie alle abstammen.

Alsbald beginnen die Teile des zerschmetterten Edelsteins, sich mit einem urteilenden Blick zu betrachten. Ein Splitter hat eine ansehnliche Gestalt, ein anderer ist hässlich; einer ist viel größer als der Durchschnitt, ein anderer kaum sichtbar; einer sieht angeschlagen und abgerissen aus, während sich wieder ein anderer einen hochpolierten, nahezu perfekten Glanz bewahrt hat. Doch egal, wie sich ihr Äußeres gestaltet, und egal, wie ihre Urteile über sich selbst oder andere Fragmente ausfallen, tief in ihrem Inneren haben sie alle ein ausgeprägtes Verlustgefühl, ein intuitives Wissen, dass sie irgendwie unvollständig sind. Selbstverständlich verbergen sie dieses Gewahrsein voreinander, denn sie alle glauben, die Mehrheit der Scherben um sie herum sei mit ihrem Los zufrieden, deshalb behaupten auch sie, es zu sein. Viele sind sogar dankbar dafür, dass ihre Gebrochenheit und ihr Elend nicht noch größer sind, wie es bei anderen armen Fragmenten der Fall ist. Doch insgeheim weiß jedes, dass mehr hinter ihrer Existenz stecken muss, sie einen höheren Zweck haben muss, von dem ein Ruf an sie ergeht.

Folglich macht sich jedes Fragment auf die Suche nach seiner fehlenden Ganzheit. Es reist in andere Regionen, um Fragmente zu treffen, die bemerkenswert anders zu sein scheinen.

Sie unterwerfen sich Gesundheitskuren, um stärker, glanzvoller und attraktiver zu werden. Sie hören sich Geschichten über das Einssein an und nehmen an Gruppen teil, die ihnen versprechen, sie auf den einen wahren Pfad zu führen, um ihre Diamantnatur zurückzugewinnen. An allererster Stelle aber bemühen sie sich um Beziehungen zu anderen Fragmenten und sind vor allem auf der Suche nach dem einen besonderen Fragment, das perfekt zu ihrer zerbrochenen Gestalt passt und sie ganz macht – wenn sie es nur schaffen, ihre scharfen Ecken und Kanten zu ehelichen und auf irgendeine bleibende Weise zu verbinden.

Doch es gibt da ein Problem. Da die Fragmente ihre Suche nach Ganzheit unter der Prämisse beginnen, dass sie getrennt sind und ihre äußere Form ihr wahres Selbst widerspiegelt, haben sie die Fähigkeit verloren, zu verstehen, was Ganzheit ist. Und so suchen sie dort nach ihr, wo sie nicht gefunden werden kann, nämlich unter neuen und unterschiedlichen Formen der Fragmentierung.

Es gibt aber einen anderen, einen besseren Weg. Alles, was die Scherben benötigen, um zu ihrer Essenz zu erwachen, ist ihre Diamantennatur – *und* sie müssen diese selbige Essenz auch in allen anderen Fragmenten anerkennen. Dann spielen die Unterschiede in ihren äußeren Formen und ihr scheinbares voneinander Getrenntsein keine Rolle mehr. Jede Scherbe ist ein kostbarer Edelstein, ewig und strahlend vor Licht. Ihre Essenz hat sich durch den Bruch nicht verändert. Sie bleiben reinster Diamant. Und das ist immer so gewesen.

Können Fragmente wie diese zu ihrer wahren Edelsteinnatur erwachen? Werden sie ihre fruchtlose Wettbewerbssuche in der Welt zersplitterter, sich nicht ähnlich sehender Formen aufgeben? Können sie sich als eins mit jenem ursprünglichen, makellosen, strahlenden Edelstein erleben? Können sie das Diamantenfunkeln in sich finden und es ebenso in jedem anderen Fragment aufleuchten sehen – in der Erkenntnis, dass all die Myriaden Splitter und Scherben, egal wie sie aussehen, nichts anderes als Diamant sind? Werden sie bereit sein, sich im Licht zu verbinden und miteinander zu verschmelzen – was der einzige Weg ist, um wieder zueinander zu finden? Oder werden sie an ihrer Einzigartigkeit festhalten und sich weigern, diese aufzugeben?

Die Schau der Ganzheit bietet so viel mehr als alles, was die Fragmente jemals auf eigene Faust, ob individuell oder als Gruppe, zu erreichen hoffen können. Eine Ansammlung von Scherben und aufeinandergehäuftem Diamantenstaub bringen keinen Diamanten zustande. Für jene, die stückweise sehen, ist Friede unmöglich. Brächten sie es aber fertig, ihre stolze Unabhängigkeit voneinander aufzugeben, ihre einzigartigen äußeren Gestalten, das, was sie als »Individualität« betrachten, und vor allem ihre kostbaren Selbstkonzepte, um sich im Licht jenes perfekten Urjuwels wiederzuvereinigen, dann würden die Stücke wieder Frieden finden – und alles wäre tatsächlich gut.

Schaffen die Fragmente das? Werden sie zu Frieden und Einheit zurückkehren? In Wahrheit sind sie nie fortgewesen. Das Zersplittern hat niemals stattgefunden, erinnerst du dich? Der eine Edelstein lässt sich nicht zerbrechen oder verändern. Es war ein Traum. Sie müssen nur aufwachen. Werden sie das und?

Das wirst du mir sagen. Es ist deine Wahl.

Die Funktion des Heiligen Geistes ist es, das zerbrochene Bild des Gottessohnes aufzunehmen und jeden Teil an seinen Platz zurückzulegen. Dies heilige und ganz geheilte Bild hält Er jedem der getrennten Teile hin, der denkt, er sei ein Bild für sich. Jedem bietet Er seine Identität an, die das ganze Bild darstellt, statt eines kleinen, gebrochenen Stückes, von dem er fest behauptete, das sei er selbst. … Die Formen, die die zerbrochenen Stücke anzunehmen scheinen, bedeuten nichts. Denn das Ganze ist in jedem Einzelnen. Und jeder Aspekt des Sohnes Gottes ist genau der gleiche wie jeder andere Teil.[23]

Wir sind eins, weil jeder Teil Deine Erinnerung enthält, und die Wahrheit muss in uns allen als eins leuchten.[24]

ÜBUNGEN

Die Übung für dieses Kapitel ist kurz, einfach und wirkungsvoll. Du kannst sie jederzeit und überall machen – sie jetzt beginnen und den Rest deines Lebens fortsetzen.

Da du nun weißt, dass dein individuelles Selbst eine alternative Persönlichkeit ist, ein Fragment von etwas Größerem und Höherem, tu einfach, was du kannst, um in jedem, den du siehst und triffst, nach dieser Ganzheit Ausschau zu halten. Wo auch immer und mit wem auch immer du gerade unterwegs bist – ob im Auto, an der Bar, beim Thanksgiving, in einer Konferenz, einer überfüllten Straße, beim Fernsehen mit deiner Familie –, versuche, über die Körper, die Gesichter und Persönlichkeiten hinaus das Licht des Einsseins in ihnen zu erblicken.

Erwischst du dich dabei, wie du stattdessen die Trennungssymptome im Auge hast, oder sich vergleichende und urteilende Gedanken einschleichen, erinnere dich daran, dass das, was deine Augen sehen, nur ein oberflächlicher Eindruck ist, der das Einssein darunter verdeckt, und du es vorziehst, über das Oberflächliche hinauszublicken. Dass du all diese alternativen Persönlichkeiten bist, die sich von der Ganzheit des Selbst abgespalten haben und Scherben des einen zersplitterten Edelsteins sind. Und mit diesem Wissen im Hinterkopf halte erneut

Ausschau nach dem, was zu dir gehört, mit dir in Verbindung steht. Doch nicht im Sinne dieser Welt: deiner Vorlieben oder Abneigungen, deiner Hobbies oder Orte, an denen du arbeitest oder lebst oder einst zur Schule gingst. Such nach dem, was mit dir wahrhaftig in Verbindung steht.

Vielleicht findest du es in einem gewissen Licht, das hinter der Fassade eines physischen Körpers hervorschimmert Vielleicht meldet es sich in einem Ausdruck von Liebe, einem Lächeln, einer Umarmung, einer freundlichen Geste – deiner eigenen oder der eines anderen. Wie auch immer, denk an die Liebe, die uns alle in ihrer sanftmütigen Gnade verbindet. Liebe ist alles.

6

Ganzheit in Aktion: »Wunder sind natürlich«

Als die dissoziative Identitätsstörung anerkannt und als psychiatrische Diagnose erforscht wurde, glaubten die Klinikärzte zunächst, die meisten Patienten würden, sobald sie die Traumata ihrer Kindheit aufgearbeitet hätten, im Endstadium der Behandlung eine völlige Fusion mit ihren Alter-Persönlichkeiten erreichen. Die alternativen Persönlichkeiten würden ihre getrennten Identitäten gerne zurücklassen, um wieder zusammenzukommen und ein integriertes Selbst zu werden. Doch wie sich herausgestellt hat, trifft das nicht zu. Die Mehrheit der Patienten, die ich in Behandlung hatte, mochten die Alter-Persönlichkeiten, die sie im Laufe der Behandlung kennen und lieben gelernt hatten, nicht verlieren. Letztlich sind diese ja Spiegelbilder ihres Selbst, und was ist falsch daran, sich selbst zu lieben?

Statt miteinander zu verschmelzen, ziehen es die Alter-Persönlichkeiten vor, getrennt und unterscheidbar zu bleiben, doch ohne das frühere Bedürfnis, unabhängig voneinander zu funktionieren. Sie behalten ihre jeweiligen Perspektiven, bedienen sich ihrer aber eher, um sich gegenseitig zu unterstützen als zu untergraben.

Manche nehmen neue Namen an, um deutlich zu machen, wie sehr sie sich verändert haben. Andere behalten jene Namen, die aus leidvollem Missbrauch entstanden sind, als Zeugen für das bei, was sie erlitten und überwunden haben. Doch deren Existenz gründet jetzt nicht mehr in irgendeinem schleichenden, geheimen Terror aus der Vergangenheit, der sie in Stücke spaltet und voneinander trennt, sondern auf einer bewusst getroffenen Wahl.

Die Alter-Persönlichkeiten haben sich selbst und einander lieben gelernt. Die Liebe ist das, was entscheidend ist, die Liebe ist das, was sie wieder zusammenbringt, und die nimmt keine Rücksicht auf Namen, die kommen und gehen. Die Folge davon ist, dass sie keine DIS-Symptome mehr quälen können. Es gibt keine verwirrenden inneren Stimmen mehr, die zu widersprüchlichen Handlungen antreiben, keine erschreckenden Missbrauch-Flashbacks, die sich aufdrängen, keine störenden Gedächtnislücken oder verzweifelte Suizid- oder Mordgedanken. Im Gegensatz zu früher verläuft ihr Leben mit einer Leichtigkeit, die sie einst für unvorstellbar gehalten hätten. In der Tat ein Wunder.

In diesem abschließenden Kapitel beschäftigen wir uns mit dem Vorteil, der sich für unser Leben ergibt, wenn wir – so weit, wie wir dazu fähig sind – aufhören, von unserem falschen, getrennten Ego abhängig zu sein, und uns stattdessen auf das Einssein des Immer-Geistes hin orientieren. Wir werden entdecken: »Wunder sind natürlich«[1] und weitaus verlässlicher als die Machenschaften des Egos.

Wie kannst du davon profitieren?

Fassen wir noch einmal kurz zusammen, was uns bis zu diesem Punkt gebracht hat. In Kapitel 1 führten wir Argumente dafür an, dass wir die Geißel eines mentalen Selbstkonstrukts geworden sind, das ich Nimmer-Geist getauft habe und *Ein Kurs in Wundern*® das *Ego* nennt. Dieses falsche Selbstkonzept hat keine Beziehung zu unserem wahren Selbst, dem Immer-Geist, und keine Macht über uns – außer mit aller Gewalt die Farce aufrechtzuerhalten, das seien wir.

In Kapitel 1 ist uns klargeworden, dass, egal wie das jeweilige Problem oder die Situation aussieht, wir in Wahrheit immer nur vor einer Wahl stehen. Wir können entweder in die vertrauten alten Gewohnheiten des Nimmer-Geistes zurückfallen oder aber die Entscheidung treffen, »in der Welt, aber nicht von der Welt« zu sein und als Immer-Geist zu funktionieren. Wir bedienten uns der Analogie eines Computers, der fähig ist, zwei diametral entgegengesetzte Betriebssysteme einzusetzen – BS1 und BS2. Je nachdem welches du benutzt, erhältst du sehr unterschiedliche Antworten auf deine Probleme. BS1 verspricht Frieden – und zwar bedingungslos und unter allen Umständen –, auch wenn der Weg, auf dem der Friede zu dir kommt, völlig anders aussieht, als du es dir vorgestellt hast. BS2 garantiert eine endlose, vergebliche Suche, denn es ist darauf angelegt, dich durcheinander- und davon abzubringen, dein wahres Wesen zu entdecken, und verdammt dich stattdessen dazu, im Tod zu enden. Und hier ist der Haken: Es ist unmöglich, beide Betriebssysteme gleichzeitig zu verwenden. Verharrst du in dem Glauben, das hinzubekommen, dann vertrau mir: Du befindest dich gerade im BS2-Modus. Doch nur BS1 wird deine Probleme lösen, denn sie sind alle von BS2 *verursacht.*

> *Probleme, die keine Bedeutung haben, können nicht innerhalb des Rahmens gelöst werden, in dem sie eingebettet sind. Zwei Selbste in Konflikt können nicht gelöst werden, und Gut und Böse haben keine Stätte der Begegnung. Das Selbst, das du gemacht hast, kann nie dein Selbst sein, noch kann dein Selbst entzweigespalten werden und trotzdem bleiben, was Es ist und ewig sein muss. Geist und Körper können nicht beide existieren. Versuche nicht, die beiden zu versöhnen, denn jedes leugnet, dass das andere wirklich sein kann.*[2]

Vergiss nicht, dass der Kurs uns warnt, das Motto des Egos laute: »Suche und finde nicht.« Da das Ego unvollständig ist, muss es stets nach mehr suchen; welche andere Option hat es sonst? Doch fördert die Suche im Falle des Egos keine Antworten zutage und hat das auch gar nicht vor. In dieser Hinsicht gleicht das Ego einem geschäftstüchtigen Restaurant, das eine unendliche Vielfalt an Rezepten von allen Ecken des Globus anbietet. Du kommst dort hungrig an und hast Lust, so viele Gerichte zu probieren, wie du kannst, bis dein Bauch voll ist. Und obwohl eines nach dem anderen gut geschmeckt hat, hat dich nicht eines von ihnen wirklich satt und zufrieden gemacht. Als du die Rechnung bezahltest, warst du noch immer hungrig.

Kapitel 2 befasste sich damit, wie sich der Nimmer-Geist der Wahrnehmung bedient, um eine Welt zu konstruieren, die objektiv und außerhalb von dir zu sein scheint, eine Welt, die derart überzeugend ist, dass sie alle Beweise für dein wahres Selbst verdrängt. Doch alles in dieser Welt ist auf der Vergangenheit aufgebaut, und die Vergangenheit existiert nicht mehr – falls sie es je getan hat. Wenn du dich auf die Wirklichkeit der Welt einlässt, akzeptierst du auch das Ego und seine Urteile als wirklich. Du bleibst ein freiwilliger Gefangener von beiden. Und du kannst dich noch so sehr bemühen, damit zurechtzukommen, den schweren Ketten der Vergangenheit oder der fruchterregenden Zukunft, die du von dieser Vergangenheit aus entwirfst, wirst du niemals entkommen. Stets lauert die Gefahr plötzlicher, unvorhergesehener Katastrophen in deinem Hinterkopf, begleitet von dem Gefühl, dass du kaum etwas daran ändern kannst.

Daher ist Glück, wenn es sich einmal einstellt, flüchtig. Man kann ihm nicht vertrauen, weil es nicht von Dauer ist. Und selbst wenn du in deinem Leben glückliche Zeiten hast, kann der Nimmer-Geist diese nicht lange ertragen. Wie ein hyperaktives Kind in einer Spielhalle giert er ständig nach neuen

Formen der Zerstreuung und springt von der einen zur anderen – in der Hoffnung, eine würde ihm eines Tages dauerhafte Befriedung bringen. Der Nimmer-Geist kann nicht in Frieden sein. Er ist wesensgemäß auf Konflikt ausgerichtet – auch wenn er dir etwas anderes erzählt.

Kapitel 3 war dem perfekten Augenblick und der Erfüllung gewidmet, die wir erleben können, wenn der Immer-Geist hervortritt und sich offenbart – wie ein Streifen leuchtenden Blaus, das plötzlich inmitten eines von dunklen, bedrohlichen Sturmwolken verhangenen Himmels durchbricht. Solche perfekten Augenblicke sind selten, doch kann, wie wir sahen, selbst die kürzeste Begegnung mit dem Immer-Geist unser Leben für immer verändern. Sie können auch kommen und gehen, ohne eine bleibende Wirkung über ein anerkennendes »Das war nett. Was gibt es zum Abendessen?« hinaus zu hinterlassen. Wie auch immer, wir können perfekte Augenblicke nicht herstellen. Selbst wenn man es mit psychedelischen Drogen versucht, kann das auf einen schlechten Trip hinauslaufen. Perfekte Augenblicke lassen sich nicht vorhersehen, sondern tauchen spontan auf. Sollte hinter ihrem Erscheinen eine weise Führung stecken, liegt diese auf jeden Fall jenseits unserer Verständnisfähigkeit.

In Kapitel 4 haben wir die natürliche Neigung des Menschen betrachtet, sich in Gruppen zusammenzuschließen, und dann die Frage gestellt: Wer ist näher an der Erfahrung des wahren Selbst – die Gruppe oder das einzelne Gruppenmitglied? Und wir warfen ein Licht auf die Probleme, die jeder Gruppe zu eigen sind, die ein Ziel verfolgt, das hinter der absoluten Wahrheit und dem Immer-Geist zurückbleibt. Kapitel 5 erweiterte unsere Nachforschungen um drei unterschiedliche Modelle beziehungsweise Metaphern, die erklären helfen, wie es möglich ist, dass wir glauben, einzigartig – getrennte Individuen – zu sein, obwohl uns *Ein Kurs in Wundern*® doch sagt, dass wir alle in Wirklichkeit Teil derselben Ganzheit – Gottes – sind.

All das führt zu der völlig einleuchtenden Frage: Wieso dann von BS2 zu BS1 wechseln? Weshalb den Nimmer-Geist verlassen, den wir – seinen Schwachstellen zum Trotz – doch so gut kennen, und unser gesamtes Selbstverständnis für diese vage Idee eines Immer-Geistes riskieren, der so abstrakt, schwer fassbar und, wie es scheint, unzuverlässig ist? Was hat es für einen Nutzen, unser alternatives Persönlichkeitsselbst und die Welt, die es kennt, loszulassen, um sich mit anderen Alter-Persönlichkeiten zu einer größeren Einheit zu verbinden? Wir sind ja noch nicht erleuchtet, sondern funktionieren auf Egoniveau. Und so ist es unvermeidlich, dass wir die Frage stellen: Was ist da für *mich* zu holen?

Die Antwort ist selbstverständlich: dauerhafter Frieden und dauerhaftes Glück – und die meisten unter uns würden zustimmen, dass das lohnende Ziele sind. Doch es nicht so leicht, sich vorzustellen, wie du durch dein aktuelles Leben gehst – zur Arbeit fährst, deine Kinder abholst, dich um deine alten Eltern kümmerst – und dabei völlig im Frieden bist und vor Freude strahlst, es sei denn, du spielst gerade in einer Fernsehwerbung für irgendein neues pharmazeutisches Produkt mit. Mithin ist die genauere und praktischere Antwort auf die Frage »Was ist da für mich zu holen?«: Du wirst Wunder erleben. Wenn du dem Immer-Geist Zutritt in dein Leben gewährst, indem du bei jeder Gelegenheit BS1 statt BS2 wählst, wirst du entdecken, dass es für dich einfach gut läuft.

Das bedeutet nicht, dass sich deine Probleme wie durch Magie in Luft auflösen. Ganz und gar nicht. Beschließt du aber, sie aus der Perspektive des Heiligen Geistes zu betrachten, wird sich herausstellen, dass sie alle ein und dasselbe sind, weil sie denselben Ursprung haben. Sie sind Beiprodukte eines getrennten Selbstverständnisses. Erlaube dem Heiligen Geist, diese Wahrnehmung des Getrenntseins zu reparieren, werden sich auch die Probleme lösen, und zwar auf Wegen, die du niemals von dir aus hättest planen oder vorhersagen können.

Bevor wir allerdings einen tieferen Blick auf das Wesen und den Ursprung von Wundern werfen, müssen wir zuerst ihr Gegenteil verstehen: BS2, das Betriebssystem des Egos – und wie es innerhalb der begrenzten Welt der Wahrnehmung arbeitet. Schließlich hat so die Mehrheit von uns bis jetzt ihr Leben geführt. Bevor wir dieses Betriebssystem aufgeben, um die Wunder des Immer-Geistes in Empfang zu nehmen, müssen wir durch und durch überzeugt davon sein, dass es nicht funktioniert.

Bergführer

Du bist ein Reisender in einem fernen Land. Um zur heiligen Stätte, deinem Ziel, zu gelangen, musst du eine Reihe gefährlicher Berggipfel überwinden. Am Fuß des ersten Bergs kommt ein gutaussehender, ansprechender Mann auf dich zu und bietet sich dir als Bergführer an. Er behauptet, die Route gut zu kennen. Er hat sie oft gemacht, schon von Kindesbeinen an in Begleitung seines Vaters, der – genauso wie vor ihm sein Großvater – ebenfalls ein Bergführer war. Er unterhält sich regelmäßig mit anderen Bergführern, so dass er stets mit dem letzten Nachrichtenstand, was Wetterverhältnisse und eventuellen Schneefall anbelangt, vertraut ist. Was für ein Glück, denkst du, einen derart brillanten Führer gefunden zu haben! Du engagierst ihn auf der Stelle und machst dich unter seiner Führung auf den Weg.

Zuerst läuft es gut. Der Pfad windet sich steil aufwärts, doch es lohnt sich, denn wenn du dich umschaust, ist der Blick spektakulär. Du bist begeistert über den vor dir liegenden Tag und die Aussicht, dein Ziel früher zu erreichen, als du es vorhattest. Schließlich hast du dir ja einen solch feinen Führer ausgesucht.

Du gelangst in den Schatten des ersten Gipfels, und die Luft wird frostig. Dann kommst du an eine Wegkreuzung. Die Pfade teilen sich und bieten viele unterschiedliche Richtungen an, unter denen du auswählen kannst. Du siehst dich nach deinem Führer um. Der scheint zu zögern, in dem Moment aber, als er deinen Blick auf dir spürt, wirft er dir ein breites Lächeln zu und schlägt kühn den Weg rechter Hand ein. »Das ist der direkteste Weg«, erklärt er.

Steil und kurvenreich windet sich der Pfad nach oben. Er wird immer schmaler und bahnt sich seinen Weg wie auf einem Seil zwischen einer schroffen Felswand auf der einen Seite und einem dreißig Meter tief abstürzenden Steilabhang auf der anderen. Vorsichtig setzt du einen Fuß vor den anderen. Dein Führer schreitet mutig aus. Du bittest ihn, langsamer zu gehen, und das tut er auch. Der Pfad führt um eine scharfe Kurve – und siehe da, die Strecke vor dir ist von einem riesigen Haufen Felsbrocken verschüttet. Dein Führer flucht. »In den vergangenen Wochen muss wohl eine Lawine heruntergekommen sein und niemand hat es für nötig gehalten, mir davon zu berichten.« Du wunderst dich, denn die Felsen sind mit Flechten bedeckt, was nahelegt, dass sie schon eine sehr lange Zeit an ein und demselben Platz liegen müssen. Auch kannst du keine Spuren von Schutt oder Geröll entdecken. Doch wie dem auch sei, du und dein Führer, ihr habt keine andere Wahl, als umzukehren und bis zur Kreuzung zurückzugehen, um einen anderen Weg auszusuchen.

Ihr geht also denselben Weg wieder zurück – und du bist erleichtert, als erneut die Wegkreuzung vor euch auftaucht. Dein Führer inspiziert die in Frage kommenden Möglichkeiten und versichert dir, es gebe einen anderen Weg; der werde aber ein bisschen länger dauern. Du schlägst vor, hier zu campen, um nicht bei Einbruch der Nacht in den Bergen festzusitzen. Außerdem hättest du, wenn du an der Wegkreuzung bleibst, mehr Gelegenheit, andere Wanderer zu treffen. Einer von ihnen könnte vielleicht einen Weg empfehlen. Dein Führer lächelt und schüttelt den Kopf. »Wenn wir gleich losmarschieren«, verspricht er, »sollten wir es noch über den Pass schaffen, bevor es dunkel wird.« Und er zieht los, diesmal auf dem Weg ganz links.

Der Weg verläuft auf flachem Gelände, das Wandern ist mühelos. Die Ausblicke auf die entfernten Gipfel sind atemberaubend, doch der Pfad führt nicht in ihre Richtung, sondern verläuft weiterhin parallel zu den Bergen. Auch gewinnt er nicht an Höhe. Du fragst deinen Führer, ob das denn stimmen könne. Doch er ist sich sicher, dass ihr bald in ein weites Tal gelangen werdet, das direkt durch die Berge führt. Und dort würdet ihr leicht und gefahrlos hinüberkommen. Es liegen allerdings noch gute zehn Kilometer vor euch, vielleicht sogar mehr. Letztlich ist er sich nicht sicher, denn er nimmt diesen Weg nicht oft. Das braucht er auch nicht, wenn der andere Pfad frei ist.

Du trottest weiter. Den Ausblick genießt du immer weniger, denn deine Angst wird immer größer, als die Sonne hinter dem Horizont versinkt und immer noch kein Zeichen irgendeines Tals oder Passes sichtbar wird. Die Abenddämmerung senkt sich herab, und dir fällt auf, dass die Berge jetzt noch weiter weg erscheinen. Außerdem verliert ihr an Höhe. Der Weg steigt nicht an, sondern führt abwärts – von eurem Ziel fort! Du stellst deinen Führer zur Rede. Der wirkt niedergeschlagen. Er weiß nicht, wieso das so ist, entschuldigt sich aber auch nicht, sondern schlägt vor, weiterzugehen.

Du weigerst dich. Brauchst Zeit zum Nachdenken. Du traust diesem Führer nicht mehr, kannst dich in dieser unbekannten Gegend aber auch nicht allein zurechtfinden. Du gestehst dir ein, dass du verloren bist. Doch hast du niemand anderen, an den du dich wenden kannst, deshalb willigst du ein, noch ein bisschen weiterzulaufen.

Als es schließlich zu dunkel ist, als dass ihr den Weg vor euch noch erkennen könntet, macht ihr Halt und schlagt ein Lager auf. Am nächsten Morgen steht ihr mit der Sonne auf und setzt euren Weg fort. Stunden vergehen, ohne dass irgendeine

Andeutung von einem Tal zu sehen ist. So sagst du zu deinem Führer, du wollest in die Stadt zurückkehren und dort eine Pause einlegen; in Wahrheit aber willst du dir einen neuen Bergführer suchen gehen. Dein aktueller Führer sagt nur: »Na gut, dann geh zurück.« Er selbst habe die Absicht, weiterzuwandern, bis er jenen verflixten Pass fände.

Du willst dein Geld zurückbekommen. Wenigstens einen Teilbetrag. Er erwidert dir, du seist wohl verrückt; wenn du beschlössest, aufzugeben und den Schwanz einzuziehen, obwohl du schon so weit gekommen seist, sei das wohl kaum sein Problem. Schweren Herzens machst du dich auf den Weg und marschierst den ganzen Weg zur Wegkreuzung allein zurück, und von dort weiter bis zu deinem Ausgangspunkt.

Natürlich ist das die Version der Geschichte mit dem glücklichen Ende. In anderen Versionen gehst du mit dem Führer weiter und weiter, bis ihr beide keinen Proviant mehr habt und verhungert. Oder du stellst seine Kompetenz überhaupt nie in Frage und vergeudest mehrere Jahre damit, dass du mit ihm im Kreis herumwanderst. Oder er lässt dich irgendwo hoch oben in den Bergen allein. Oder er führt dich des Nachts geradewegs auf einen Felsvorsprung. Jedenfalls schaffst du es in keiner Version dieser Geschichte bis an dein Ziel, denn die Wahrheit ist, dass dein Führer den Weg nicht kennt. Er ist genauso verloren wie du, oder, schlimmer noch, macht sich was vor, ja, ist gar verrückt, glaubt, er sei ein Bergführer, obwohl er in Wahrheit die Grenzen seines kleinen Dorfes noch nie zuvor verlassen hat. Als du dein Schicksal mit diesem unzuverlässigen Führer verknüpft hast, hast du also eine äußerst schlechte Wahl getroffen.

Das Ego ist genau solch ein Führer. Doch anders als in dieser Geschichte schreibst du das Ego niemals ab. Bereitwillig lässt du es dich einen Weg nach dem anderen hinabführen, stets voller Hoffnung, diesmal würdest du den unerreichbaren Passübergang durch die Berge finden. Du glaubst, das Ergebnis hänge nur von der Wahl des korrekten Weges ab, doch eigentlich geht es bei dieser deiner Wahl nicht um den Weg, sondern um den Führer.

Es gibt weitere warnende Beispiele, die diesen Punkt verdeutlichen. »Waist Deep in the Big Muddy« – »Hüfthoch im Big Muddy«, dem »Großen Schlamm« – der Song des Folksängers Peter Seeger aus dem Jahr 1967 – erzählt die Geschichte einer Militärtruppe, die in Louisiana ein Manöver abhält. Sie wird von einem Kommandanten angeführt, der fest entschlossen ist, einen gefährlichen Fluss – den »Big Muddy« – zu überqueren. Er ist sich sicher, dass das gefahrlos geht, da er es nur einen Kilometer flussaufwärts schon einmal gemacht hat. Obwohl ihm das Wasser allmählich bis zu den Knien, dann bis zur Hüfte und schließlich bis zum Hals reicht, und den wiederholten angstvollen Warnungen seines Sergeanten zum Trotz, geht der Kommandant hartnäckig weiter, bis er schließlich von der starken Strömung erfasst wird und ertrinkt. Der Sergeant macht sofort kehrt, und so entkommen seine Männer demselben Schicksal. Allerdings nur knapp. Wie es in dem Song heißt, »glücklich entkamen wir dem Big Muddy, doch der große Narr [big fool] trieb uns weiter voran«.

Was lief hier falsch? Zum Unwissen des Kommandanten hatte es zwischen jenem Punkt, an dem er einst problemlos hinübergekommen war, und jenem, an dem er es nun mit seinem Truppenzug versuchte, einen Zufluss gegeben. Folglich war das Wasser tiefer und die Strömung stärker, als er es in Erinnerung hatte. Doch er nahm darauf keine Rücksicht, sondern machte einfach weiter.

Wie der Kommandant in diesem Song ist das Ego ein stolzer und entschlossener Führer. Hat es einmal mit einer bestimmten Vorgehensweise losgelegt, beharrt es auf ihr, uneingedenk der immer größer werdenden Offensichtlichkeit, dass es auf dem falschen Weg ist. Weshalb ignoriert der Kommandant das immer tiefer werdende Wasser? Was genau ist der Grund für seinen unnötigen Tod? Seine Starrköpfigkeit? Vielleicht die seinem

Rang geschuldete Arroganz? Oder das Anzeichen für irgendeinen gravierenden Charakterfehler? Betrachten wir sein Verhalten als Folge irgendeiner dieser Thesen, entgeht uns der eigentliche Grund für seinen Tod. Denn es ist nicht seine Halsstarrigkeit, die ihn vernichtet, sondern das falsche Gewissheitsgefühl. Er hatte den Fluss schon einmal überquert, vermutlich erst vor kurzem, und so kommt seine Erinnerung an die Vergangenheit der gegenwärtigen Erfahrung in die Quere. Und an welche von beiden beschließt er zu glauben? Natürlich an die Vergangenheit – die Allzweckdeterminante jedes egobasierten Tuns. Wenn jene Vergangenheit korrekt ist, sollte er den Fluss gefahrlos überqueren können. In Missachtung der zunehmenden Evidenz, dass er falsch liegen könnte, beharrt er auf seinem Vorhaben. Das ist sein Fehler, und der erweist sich als fatal.

Ursache und Wirkung

Das Ego lebt unter der Gesetzmäßigkeit von Ursache und Wirkung. Eine in der Vergangenheit begangene Aktion führt in der Gegenwart zu einer anderen, die wiederum irgendeine Art von Reaktion in der Zukunft hervorruft, die ihrerseits zu einer weiteren Aktion führen wird – wie Billardkugeln, die einander auf geradlinigen Bahnen vorwärtsstoßen. Diesem Verständnis von Ursache und Wirkung liegen drei beachtenswerte Annahmen zugrunde: Erstens, dass Aktionen (wie Billardkugeln) voneinander getrennt und unterscheidbar sind – und einen eindeutigen Ausgangs- und klar definierten Endpunkt haben. Zweitens, dass sie in einer objektiven Außenrealität stattfinden, die vom Geist des Betrachters unabhängig ist. Und drittens, dass sie sich in einer linearen zeitlichen Abfolge entfalten, in der die Vergangenheit die Gegenwart vorantreibt, die ihrerseits die Zukunft gebiert. Eine Aktion muss der nächsten vorausgehen. Ohne die erste findet die zweite nicht statt. Mithin verursacht die erste die zweite. Die Ursache geht der Wirkung stets voraus.

Das Problem dabei ist, dass wir jeder vorhandenen Wirkung mehrere Ursachen zuordnen können. Hattest du auf der Heimfahrt von der Arbeit einen Autounfall, war dieser dann von jenem unvorsichtigen Fahrer verursacht worden, der aus Mangel an Aufmerksamkeit auf deine Spur abgedriftet war, von deiner ärgerlichen Stimmung, die dich unaufmerksam hat werden lassen, oder von deinem Chef, der darauf bestanden hatte, dass du zum Abschluss eines Berichts länger im Büro bleibst, und dich damit genau in dem Moment, in dem ein unvorsichtiger Autofahrer über die Mittellinie fuhr und vom Weg abkam, auf diesen Streckenabschnitt hat geraten lassen? Wir könnten sagen, alle angeführten Argumente stimmen, denn sie alle sind zutreffend.

Oder wir könnten unsere Nachforschungen vertiefen. Weshalb war der andere Fahrer so unvorsichtig? Was hat ihn von der Spur abgebracht? Ein Drink zu viel nach der Arbeit? Die Furcht, zum Softballspiel seiner Tochter zu spät zu kommen? Vielleicht war er aber auch nur von einem Song in den Bann gezogen, der ihm so sehr gefiel.

Doch dann – wollen wir die »wahre« Ursache herausbekommen – müssen wir auch die Frage stellen, wer oder was ihm diesen Song bekannt gemacht hat. Wer hat ihn das erste Mal auf den Geschmack von Alkohol, wer seine Tochter in Kontakt mit Softball gebracht? Könnten wir nicht logisch ableiten, dass es, hätte er keine Tochter, auch keinen Unfall gegeben hätte, und darum alles ihre Schuld ist?

Wie du sehen kannst, sind Ursache und Wirkung ein schlüpfriges Gebilde. Es verläuft in Kreisen – oder, besser gesagt, Spiralen, deren jeweiliger Loop in einen breiteren Bogen mündet, aus dem wieder neue Möglichkeiten erwachsen, die ihrerseits eine unendliche Anzahl weiterer möglicher »Ursachen« für das Stattgefundene eröffnen. Es erweist sich also, dass das Ursache-Wirkung-Prinzip (das – genauso wie die Wahrnehmung selbst – so offensichtlich zu sein scheint) auf äußerst wackeligen Fundamenten beruht. Nie kennen wir den »wirklichen« Grund für das, was geschieht. Und die Grenzen, die in der Wahrnehmung selbst liegen, sind die Garantie dafür. Wie wir in Kapitel 2 sahen, ist das Ego unfähig, das Gesamtbild zu erfassen.

Hier liegt eine wichtige Parallele zur dissoziativen Identitätsstörung und ihrer Behandlung. Alternative Persönlichkeiten betrachten sich als wirklich, einzigartig und voneinander unabhängig. Soll die Behandlung aber Erfolg haben, darf der Therapeut ihnen in ihrer falschen Überzeugung nicht folgen. Obwohl der Therapeut mit jeder Alter-Persönlichkeit interagiert, als wäre sie tatsächlich wirklich, getrennt und verschieden, muss er stets dessen eingedenk bleiben, dass sie alle Aspekte einer größeren Einheit sind – imaginäre Teile eines wirklich realen Ganzen. Genauso müssen wir, die wir uns als getrennte Körper und private Geister betrachten, willens sein, uns der Sicht des Heiligen Geistes auf uns und unser implizites Einssein zu fügen, wenn wir das Betriebssystem des Egos zu überschreiben und Wunder zu erleben hoffen.

> *Da du getrennt zu sein glaubst, stellt sich dir auch der Himmel als getrennt dar. Nicht, weil er es in Wahrheit wäre, sondern damit das Bindeglied, das dir gegeben wurde, um dich der Wahrheit anzuschließen, dich durch das erreichen möge, was du verstehst.*[3]

Mit dem Heiligen Geist den Wahrnehmungsschalter umlegen

Wunder gehen von BS1 aus. Sie haben keinen Bezug zu Ursache und Wirkung – außer wir verstehen, dass Gott die einzige Ursache und wir Seine Wirkung sind. Wunder sind weder das Produkt einer frommen Lebensführung, der Fürbitte von Engelwesen noch das von Reliquienverehrung oder Visualisierungsübungen. Gemäß dem Kurs sind Wunder das natürliche Ergebnis unserer Neuausrichtung auf das Einssein, das heißt unserer bereitwilligen Suspendierung des Nimmer-Geistes zugunsten des Immer-Geistes. Wenn wir den Entschluss fassen, BS2 auf Eis und den Schalter auf BS1 umzulegen, wird auch die Wahrnehmung wortwörtlich umgeschaltet, weil wir uns einem anderen Gesetzespaket unterstellen, das nicht Ursache und Wirkung gehorcht. Wir stellen uns unter die Gesetze der Ganzheit, nicht mehr die der Trennung.

> *Ein Wunder kehrt die Wahrnehmung, die vordem auf dem Kopf stand, um, und also macht es den seltsamen Verzerrungen ein Ende, die manifest waren. Jetzt steht die Wahrnehmung der Wahrheit offen.*[4]

> *Was Er dich zu tun befähigt, ist eindeutig nicht von dieser Welt, denn Wunder verstoßen gegen jedes Gesetz der Wirklichkeit, wie diese Welt sie beurteilt. Jedes Gesetz von Raum und Zeit, von Größe und von Masse wird transzendiert, denn das, wozu dich der Heilige Geist befähigt, geht eindeutig über sie alle hinaus.*[5]

Da wir aber von unserem Getrenntsein überzeugt bleiben, können wir diese Neuorientierung nicht aus eigener Kraft erreichen. Wir sind zu verloren, zu verblendet und brauchen genauso wie die Alter-Persönlichkeiten einer DIS Hilfe von außen – die Hilfe eines Meistertherapeuten. Und das ist der Heilige Geist.

Ähnlich dem irdischen Therapeuten, der eine dissoziative Identitätsstörung behandelt, hat der Heilige Geist das Privileg eines Überblicks, der uns fehlt. Da Er von außerhalb der Zeit –

vom Blickwinkel der Ewigkeit aus – operiert, kennt Er bereits alle möglichen Umsetzungen und Ergebnisse. Wenn wir das Beispiel von der Buchung eines Führers, der uns sicher durch die Berge geleitet, noch einmal aufgreifen, so wäre der Heilige Geist kein irdischer Führer. Er hätte Zugang zu einem fehlerfreien Navigationssystem, das seine Daten von einer Reihe von Satelliten bezöge, die die globalen Wetterverhältnisse und den lokalen Zustand aller Wanderwege in Realzeit verfolgen würden – ja besser noch, dessen Algorithmen alle zukünftigen Umstände genau vorhersagen würden. Er würde uns sicher über die Berge bringen, Rücksicht auf alle belangvollen Veränderungen nehmen und seine Regie der Situation sofort anpassen. Kein Führer unter den Menschen könnte sich einen derart umfassenden Überblick zu verschaffen hoffen, ganz besonders keiner, der selbst verloren und verblendet ist.

> *Du weißt nicht, wohin du gehst. Einer jedoch, Der es erkennt, geht mit dir.*[6]

> *Der Heilige Geist ist mein einziger Führer. Er geht mit mir in Liebe. Und ich sage Ihm Dank, dass Er mir den Weg weist, den ich gehen soll.*[7]

Natürlich stellt uns das Leben vor weitaus mehr Entscheidungen als die, mit denen ein Wanderer auf einem schmalen Pfad durch die Berge konfrontiert ist. Allein schon an einem einzigen Tag stehen wir Hunderten, vielleicht Tausenden von Wahlmöglichkeiten gegenüber: was tun oder nicht, wie unsere Aktionen priorisieren, was genau sagen und so weiter. Die meisten dieser Entscheidungen sind trivial: Wir fällen sie schnell, fast ohne uns ihrer bewusst zu sein, und sie hinterlassen auch keinen bleibenden Eindruck in unserem Leben. Dennoch wirken sie sich auf unsere Stimmung aus, färben unseren Gefühlszustand, fördern oder verringern unsere Glücksfähigkeit und beeinflussen darüber hinaus unsere Mitmenschen, da diese unseren Gemütszustand mitbekommen und dann den ihren auf andere um sie herum ausstrahlen lassen. In diesem Sinn haben sogar unsere scheinbar trivialen Entscheidungen das Potenzial, Tausende von Menschen zu beeinflussen.

Wenden wir uns zum besseren Verständnis noch einer anderen Metapher zu, die der Welt der Kindheit entliehen ist: dem Mikado-Spiel. Für die, die mit diesem Spiel nicht vertraut sind: Man lässt eine Hand voll Stöckchen mit gleicher Länge und gleichem Durchmesser fallen, so dass sie einen zufällig durcheinandergeworfenen Haufen bilden. Reihum versuchen nun die Spieler, ein Stöckchen nach dem anderen wegzunehmen, ohne die anderen Stöckchen zu stören. Schaffen sie es, ein Stöckchen zu entfernen, dürfen sie es nehmen und noch eine Runde machen. Bewegen oder schubsen sie dabei jedoch ein anderes Stöckchen, haben sie diese Runde verloren, und der nächste Spieler kommt an die Reihe. Sind alle Stöckchen aufgelesen worden, hat derjenige gewonnen, der die meisten Stöckchen besitzt – die auch noch unterschiedliche Punktezahlen ergeben.

Um zu gewinnen, sind zwei Fertigkeiten erforderlich: eine ruhige Hand und die Fähigkeit zu unterscheiden, welche Stöckchen am wenigsten von anderen behindert werden und daher am leichtesten zu fassen sind. Das ist nicht immer offensichtlich. Konzentriert sich ein Spieler zu sehr auf ein besonderes Stöckchen, übersieht er Verflechtungen, die, sind sie einmal hochgeholt und angerührt, andere Stöckchen in Bewegung bringen. Es ist wesentlich, die Positionierung jedes Stöckchens im größeren Kontext des gesamten Stapels zu erfassen.

Es fällt nicht allzu schwer, dir dein Leben oder irgendeinen beliebigen Tag in deinem Leben als einen chaotischen Haufen von Mikado-Stäbchen vorzustellen. Welche Aufgaben oder Gänge erkennst du als Prioritäten, und weshalb? Welche sind womöglich schnell zu erledigen, erfordern aber trotzdem deine Aufmerksamkeit? Und welche sind zu weit weg oder zu unbedeutend, um sich derzeit um sie zu kümmern? Dafür zu sorgen, dass du genug Benzin im Tank oder Milch fürs Baby hast, scheint keine große Sache zu sein, doch könnten sich die Folgen unterlassenen Handelns in diesem Fall durchaus als unerfreulich erweisen. Hat andererseits dein Rauchmelder gerade mit einem derart durchdringenden schrillen Ton Alarm geschlagen, dass er bei deinem Hund Gejaule und deinen Kindern Geheul ausgelöst hat, dann wird das alle anderen Erwägungen außer Kraft setzen.

Wir spielen das Mikado-Spiel des Lebens nach besten Kräften und versuchen dabei, so viel wie möglich von dem Gesamtbild mitzubekommen. Doch es ist unvermeidlich, dass währenddessen Stöckchen in Bewegung gebracht werden. Zuweilen gerät der ganze Stapel sogar völlig durcheinander. Angesichts unserer eingeschränkten Sicht, unserer schwankenden Entscheidungsprozesse und ihrer unbeholfenen Umsetzung ist dies unvermeidbar, und wir haben gelernt, das hinzunehmen. Doch was geschieht, wenn wir das Mikado-Lebensspiel dem Heiligen Geist anvertrauen? Er weiß genau, wie jedes einzelne Stöckchen positioniert ist und in welchem Gleichgewichtsverhältnis es zu allen anderen steht. Er kennt die subtilsten Kreuzungspunkte, und zwar sowohl an der Oberfläche wie auch in den vergrabenen Tiefenschichten. Er sieht, wie eine winzige Verschiebung an einer Ecke des Stapels andernorts eine Lawine auslösen kann. Das Privileg eines solchen Überblicks besitzen wir nicht. Der Heilige Geist aber kann uns anleiten, welches Stöckchen wir zuerst aufheben sollten und wie wir das am besten veranstalten. So löst sich der übereinander geworfene, chaotische Haufen vor unseren Augen auf, und sauber und mühelos verschwindet ein Stöckchen nach dem anderen. Wenn am Ende nur noch ein paar wenige Stöckchen übrig sind, lassen sich diejenigen, die zum Aufgelesenwerden bereit sind, leicht ausmachen. Unser Vertrauen in den Prozess wächst, je geringer die Angst wird, und wir gehen mit einer Zuversicht in die nächste Runde, die nicht auf das Konto des Egos geht.

Jedes Mal, wenn wir dem Heiligen Geist unsere komplexen, ineinandergreifenden Probleme übergeben, wird das von Erfolg gekrönt sein, denn dieser Prozess hängt weder von anderen Leuten oder Umständen noch von deinem Blick auf das Problem ab – ob du es als leicht lösbar oder fast unlösbar einschätzt. Darin liegt das eigentliche Wesen von Wundern. Du kannst den Weg vor dir nicht sehen, magst für die möglichen Konsequenzen deiner Entscheidungen blind sein, doch der Heilige Geist ist es nicht.

Es gibt jedoch einen Haken. Um in den Genuss einer solch makellosen Führung zu gelangen, musst du aus dem Weg gehen. Wie schon zuvor gesagt, musst du bewusst den Schalter von BS2 zu BS1 umlegen. Wenn dich die Regie des Heiligen Geistes dazu anleitet, ein ganz bestimmtes Stöckchen aufzuheben, du dich aber darüber hinwegsetzt, weil du es in diesem Fall ganz sicher besser zu wissen glaubst, denn du hast eine dir offensichtlicher scheinende Wahl in einem anderen Bereich des Stapels erspäht, dann verlierst du den Zugang zu Seiner Hilfe. Du hast Ihn ausgeschlossen. Stellst du dein Navigationssystem aus, weil dein Führer voll kindlichen Überschwangs darauf besteht, den Weg diesmal wirklich und wahrhaftig zu kennen, dann kannst du nur dich selbst zur Verantwortung ziehen.

Die Kraft der Kapitulation

Wie macht man das: aus dem Weg gehen? Wie sieht das aus? Glücklicherweise verfügen wir mit den drei ersten Schritten der Anonymen Alkoholiker (AA) und anderer ähnlicher Zwölf-Schritte-Programme über ein Modell, das sich seit vielen Jahren bewährt hat.

Erster Schritt

»Wir gaben zu, dass wir dem Alkohol [setz an dessen Stelle deine Suchtthemen oder einfach das Ego selbst] gegenüber machtlos sind – und unser Leben nicht mehr meistern konnten.«

Zweiter Schritt

»Wir kamen zu dem Glauben, dass eine Macht, größer als wir selbst, uns unsere geistige Gesundheit wiedergeben kann.«

Dritter Schritt

»Wir fassten den Entschluss, unseren Willen und unser Leben der Sorge Gottes – wie wir Ihn verstanden – anzuvertrauen.«[8]

Um zu verdeutlichen, wie dieser Prozess funktioniert und sich auf alle Aspekte unseres Lebens anwenden lässt, betrachten wir diese drei Schritte nacheinander. Dabei ist es allerdings wichtig, zu verstehen, dass jeder einzelne Schritt entscheidend ist und jeder auf dem vorangegangenen beruht. Überspringen bringt nichts; es würde uns nur aufhalten.

Zuerst müssen wir uns selbst gegenüber eingestehen, dass wir keine Macht über unser Leben haben und es außer Kontrolle geraten ist. Für Alkoholiker ist dieser Schritt eher einfach, wenn auch keineswegs leicht. Wenn sie die Anonymen Alkoholiker in Betracht ziehen, haben sie – hoffentlich! – die »Talsohle« erreicht, was heißt, dass ihre Trinksucht sowohl in ihrem persönlichen als auch in ihrem Arbeitsleben so viel Verwüstung angerichtet hat, dass sie sich nicht mehr leugnen lässt. Außerdem haben sie schon viele Male versucht, das Trinken aufzugeben oder zumindest zu begrenzen – und sind gescheitert. Alles, was Schritt Eins erfordert, ist, aufrichtig Rechenschaft abzulegen.

Für Nichtalkoholiker kann sich dieser erste Schritt als schwieriger erweisen, weil ihr Leben auf den ersten Blick einigermaßen unter Kontrolle zu sein scheint. Zwar stimmt es, dass auch für sie nicht alles glatt läuft, denn sie haben Frustrationen, große Enttäuschungen, ja sogar Missgeschicke erlebt. Doch jedes Mal, wenn du niedergeschlagen wurdest, hast du den Staub abgeschüttelt und bist zurück in den Ring gestiegen. Deshalb protestiert dein Nimmer-Geist, wenn er mit dem Ersten Schritt konfrontiert wirst, das sei nicht wahr und träfe auf dich nicht zu. In den Augen des Egos ist das eine Beleidigung. Wie können die es wagen, dir nahezulegen, du solltest dir eingestehen, dass du machtlos bist und dein Leben außer Kontrolle geraten ist? Wie jener unehrliche Bergführer wird das Ego stets irgendeine Ausrede bereithalten, um zu erklären, weshalb die Dinge nicht wie geplant gelaufen sind. In der Regel ist das jemandes anderen Schuld oder die Folge äußerer Umstände draußen in der Welt und damit jenseits deines Einflussbereiches. Das Ego wird alles tun, was in seiner Macht steht, um dich in deine alte Selbstgefälligkeit zurückzuholen und den Zugriff auf dein Leben zu behalten.

Aus diesem Grund kann es Jahre dauern, bis der Erste Schritt gelingt. Erst wenn wir mit dem Ego Achterbahn gefahren sind und von seinen Höhen und Tiefen genug haben, sind wir bereit, uns einzugestehen, dass das Leben nach Ego-Regeln tatsächlich unüberschaubar ist und dass wir, wenn wir ihm die Federführung übergeben und es Amok laufen lassen, unserer Macht entsagen. Leider ist für die meisten unter uns ein gewisses Maß an Leid notwendig, bevor wir soweit sind, dass wir das zugeben können, das Ego außer Kraft setzen und uns für wirkliche Veränderung entscheiden.

> *Wie ließe sich diese Entscheidung anders als durch den Anblick deines ganzen Elends und das Bewusstsein erlangen, dass dein Plan gescheitert ist und ewig*

scheitern wird, dir Frieden und Freude irgendeiner Art zu bringen?[9]

Die Leidensfähigkeit mag groß sein, sie ist aber nicht grenzenlos. Schließlich beginnt ein jeder zu begreifen – wie undeutlich auch immer –, dass es einen besseren Weg geben muss.[10]

Um zu dieser Einsicht zu gelangen, müssen wir auf die geschickten Manipulationen des Egos achten lernen. Wir müssen eine stetige Wachsamkeit für seine Lockvogeltaktiken und Taschenspielertricks entwickeln. Denn das Ego verspricht durchaus Veränderung und liefert auch welche. Nur wird solche Veränderung oberflächlich sein – keine wirkliche Veränderung, sondern nur der Austausch einer Form von Leid gegen eine andere, einer Illusion gegen eine »bessere«. Wie beim Whack-a-mole, dem Hau-den-Maulwurf-Spiel, schaltest du ein Problem aus, nur um es andernorts und in einer anderen Form wieder auftauchen zu sehen.

Ein Problem kann in vielen Formen auftreten und wird es tun, solange das Problem besteht. Es ist ganz zwecklos, zu versuchen, es in einer besonderen Form zu lösen. Es wird wiederkehren und dann noch einmal wiederkehren, und das immer wieder, bis es für alle Zeit beantwortet ist und sich in keiner Form mehr stellen wird.[11]

Denke daran, dass das Ego durch Ursache und Wirkung gelenkt wird, wobei die eigentliche Ursache des Problems – das Ego selbst – niemals erkannt, geschweige denn korrigiert werden kann. Daher kann es nur auf der Ebene der Wirkung handeln. Es kann sich nicht mit der wahren Ursache befassen, denn das würde erfordern, dass es sich selbst auslöscht, was es niemals tun wird. Im medizinischen

Kontext wäre das so, als würde man das Symptom behandeln, nicht die zugrundeliegende Ursache. Wenn dir dein Arzt Beruhigungsmittel verschreibt, um deine Bauchschmerzen zu lindern, obwohl die Ursache für diese Schmerzen ein Blinddarmdurchbruch ist, verspürst du vielleicht vorübergehend Besserung, doch diese Behandlung könnte sich als lebensgefährlich erweisen.

Bei den Anonymen Alkoholikern bezieht sich die Machtlosigkeit in Schritt Eins nur auf das Thema Alkohol. *Ein Kurs in Wundern®* erweitert diese Einsicht erheblich. Um zu BS1, dem Immer-Geist, überzuwechseln, müssen wir bereit sein, dem Heiligen Geist **alles** zu überlassen. Es darf keine Ausnahmen geben, keine Lebensbereiche, wie geringfügig auch immer sie erscheinen mögen, in denen wir befinden, wir würden uns auskennen und die Führung behalten. Deshalb ist dieser Erste Schritt eine derartige Herausforderung.

Wann immer wir auf ein Problem stoßen, setzen wir reflexartig BS2 in Gang und fallen in die Arme des Egos zurück. Auch wenn wir es besser wissen, so haben wir eben immer gelebt. Es ist uns zu vertraut.

Von den ersten Übungen an konfrontiert uns *Ein Kurs in Wundern®* mit unserer Unfähigkeit, die Bedeutung von irgendetwas zu verstehen, geschweige denn zu wissen, was zu tun ist. Beispielsweise heißt es – alle Zitate stammen aus den ersten fünfundzwanzig Übungsbuchlektionen: »Ich verstehe nichts, was ich sehe«, »Ich rege mich nie aus dem Grund auf, den ich meine«, »Meine Gedanken bedeuten nichts«, »Ich nehme nicht wahr, was zu meinem Besten ist« und »Ich weiß nicht, wozu irgendetwas dient«.[12]

Diese ins Auge springenden Passagen lassen keinen Raum für Zweifel an unserer Unwissenheit:

> *Ich weiß nicht, was irgendetwas, dies hier eingeschlossen, bedeutet. Und daher weiß ich nicht, wie ich darauf reagieren soll. Ich will mein eigenes ver-*

gangenes Lernen nicht als das Licht benutzen, das mich jetzt führen soll.[13]

Ich weiß nicht, welch ein Ding ich bin, und deshalb erkenne ich nicht, was ich tue, wo ich bin oder wie ich auf die Welt oder auf mich schauen soll.[14]

Die Botschaft könnte nicht klarer sein. Wenn wir uns mit dem Ego identifizieren und vorgehen, als wären wir voneinander getrennte Wesen, können wir wahrlich nichts verstehen. Noch einmal: Das Ego deutet solche Behauptungen als beleidigend – als Leugnung unserer Fähigkeiten und Intelligenz –, doch tatsächlich sind sie das genaue Gegenteil.

Erst wenn wir anerkennen, dass Illusionen keine Macht besitzen, und uns ihrer entäußern, können wir Zugang zu wahrer Macht durch den Immer-Geist und BS1 erhalten.

Schritt Zwei bei den Anonymen Alkoholikern ist eine naturgemäße Folge von Schritt Eins. Haben wir eingeräumt, dass unser Leben außer Kontrolle ist, und erkannt, dass das Ego ohnmächtig ist, stellen wir uns natürlich die Frage: Wo liegt unsere Macht dann? Sie kann nicht in etwas liegen, was von dieser Welt ist. Wir – oder Menschen, die wir kennen – haben jedes Heilmittel ausprobiert, das diese Welt anzubieten hat, und sie alle als unzureichend befunden. Stattdessen »kamen [wir] zu dem Glauben, dass eine Macht, größer als wir selbst, uns unsere geistige Gesundheit wiedergeben kann«. Schritt Drei zieht die logische Folgerung daraus: Jene größere Macht ist Gott. Was anderes könnte sie sonst sein? Doch *Gott* ist ein abgedroschenes Wort, das in unserer Kultur so verschmäht und missverstanden ist, dass es leichter ist, Gott in einer Weise als Höhere Macht zu fassen, die mit unserem

Verständnis am besten zu vereinbaren ist. Irgendein Gott, Dem gegenüber wir skeptisch bleiben oder Einwände haben, würde in unserem Leben nicht willkommen sein. Zu beachten ist allerdings, dass nirgendwo in Schritt Zwei oder Drei gesagt wird, wir müssten an Gott *glauben.* Bei diesen Schritten geht es nicht ums Glauben; sie sind keine Theorie, sondern ganz und gar praktisch gemeint. Wir gelangen zu der Überzeugung, dass irgendeine Macht – ganz egal, welche genau –, die größer ist als wir selbst, die Fähigkeit besitzt, uns wieder zu Verstand bringen; eine Fähigkeit, über die wir selbst nicht verfügen.

Manch einer wird sich vielleicht gegen die Vorstellung sperren, es würde uns irgendwie an geistiger Gesundheit mangeln. Die Welt von Alkoholikern ist in der Tat krank, aber doch nicht unsere! Doch kann man, wie wir in Kapitel 2 sahen, die Welt der Wahrnehmung, an die wir alle glauben, wohl kaum als vernünftig und geistig gesund betrachten. Alkoholiker besitzen kein Monopol auf Unzurechnungsfähigkeit.

Tatsächlich definiert der Kurs *Sünde* – diese Sache, von der wir erlöst werden müssen – nicht als falsches Tun, sondern als falsches Denken, und das ist gleichbedeutend mit Wahnsinn. Wir sind nicht schlecht, wir sind verrückt.

> *Sünde ist Wahnsinn. Sie ist das Mittel, durch das der Geist verrückt gemacht wird und Illusionen den Platz der Wahrheit einnehmen zu lassen sucht. Da er verrückt ist, sieht er Illusionen, wo die Wahrheit sein sollte und wo sie wirklich ist.*[15]

Wenn das so ist, sind wir alle vom Ego verrückt gemacht worden.

Den Anonymen Alkoholikern gemäß liegt das Heilmittel für unseren Wahnsinn in einer größeren Macht als wir selbst. Der Kurs nennt diese Macht den Heiligen Geist, man könnte aber ebenso gut sagen Gott, das Universum, Tao oder George

Lucas' Begriff der »Macht«, den er in seiner *Star-Wars*-Serie populär machte, hernehmen. Der Name ist nicht von Belang, nur der »Entschluss, unseren Willen und unser Leben der Sorge Gottes – wie wir Ihn verstanden – anzuvertrauen«.Dieser Übergabeprozess geschieht nicht von alleine. Wir geben nicht passiv nach. Er erfordert eine bewusste Entscheidung. Wie wir immer wieder festgestellt haben, und der Kurs es uns immer wieder in Erinnerung bringt, stellt unsere Entscheidungsfähigkeit die einzige wirkliche Macht dar, die uns in unserem wahnhaften Geisteszustand noch geblieben ist. Selbst inmitten unseres blühenden Wahnsinns behalten wir diese Entscheidungsfähigkeit – die Fähigkeit zu wählen, welches Betriebssystem wir zu einer gegebenen Zeit einsetzen wollen. Haben wir unsere Wahl getroffen, folgt das Übrige unvermeidlich. Doch ohne diese Entscheidung geschieht nichts.

Der Heilige Geist zwangsernährt dich nicht mit Freiheit, denn das würde deinem freien Willen Gewalt antun, und es gäbe keine Freiheit mehr. Er wartet geduldig, bis du bereit bist und nach Ihm rufst, weil du erkannt hast, dass sich dein Wille – das, was du für dich selbst willst – in keiner Weise von Seinem Willen für dich unterscheidet; und wenn du an diesem Punkt angekommen bist, ist deine Entscheidung bereits gefallen.

Doch wieder erhebt sich das Ego protestierend: »Mein Leben übergeben *und* meinen Willen? Du machst wohl Witze! Mein Wille gehört *mir!* Er gehört mir und niemandem sonst. Ohne ihn bin ich verloren!« Würden sich dein Wille und der Wille Gottes aber in irgendeiner Weise voneinander unterscheiden, dann hättest du die Wahl getroffen, dich von Gott zu trennen, selbst wenn du Ihn um Hilfe bätest. Deinen Willen Gott zu übergeben heißt nichts anderes als anzuerkennen, wie der Kurs sagt, dass »Es … keinen Willen außer Gottes Willen«[16] gibt. Was du für deinen eigenen privaten Willen hieltest, war nur das Ego. Das kannst du nicht wertschätzen und gleichzeitig geistige ....

Gesundheit finden. Dein individueller Wille gleicht jenem unzuverlässigen Bergführer. Folge ihm, und du wirst verloren gehen. Richte dich nach dem Heiligen Geist aus, und du wirst jedes Hindernis überwinden.

Aus Ego-Sicht scheinen die ersten drei Schritte der Anonymen Alkoholiker ein großes Opfer zu fordern, nämlich das aufzugeben, was dir am meisten wert ist: Alkohol für den Alkoholiker oder, für den Kursschüler, das weitaus größere Opfer der ganzen Welt mitsamt der Vorstellung davon, wer du bist. Und genau das ist wirklich gemeint! Nur ist das Opfer von Illusionen kein Opfer. Außer Träumen geht nichts verloren, wird nichts weggenommen. Wir erwachen zu geistiger Gesundheit. Und den »Willen« des Egos, der keine wirkliche Macht besitzt, dem Willen Gottes und des Heiligen Geistes auszuliefern, was uns ewigen Frieden und ewige Freude einbringt, ist wohl kaum ein Verlust. Wir legen nur unsere Ketten ab. Von uns wird nicht verlangt, dass wir unsere Freiheit *auf*geben, sondern dass wir uns der Freiheit *er*geben. Wir beseitigen den Unrat aus unserem Geist, um ihn zu einem sauberen, offenen Raum zu machen – einem Altar, auf dem wir den reinen Geist und Seine Wunder empfangen können.

Die Genese von Wundern

Auf seiner allerersten Seite behauptet *Ein Kurs in Wundern*®: »*Wunder sind natürlich. Wenn sie nicht geschehen, ist etwas fehlgegangen.*«[17] Nun verstehen wir, dass das, was »fehlgegangen« ist – das, was Wunder verhindert –, unser Wahnsinn ist, das heißt unsere fortwährende Identifizierung mit dem Ego als unserem Selbst. Und die offensichtliche Tatsache, dass Wunder so selten sind (wieso würden wir sie sonst auch Wunder nennen?) zeugt deutlich von der Dominanz des Egos.

Das Ego deutet Wunder gemäß seinem Denksystem. Ereignet sich eines, muss etwas Besonderes stattgefunden haben, das es verursacht hat. Du sprachst das richtige Gebet, verehrtest den richtigen Schrein, warfst dich dem richtigen spirituellen Führer vor die Füße, riefst die passenden Engel an und so weiter. Oder du bist besonders, anders als andere, handverlesen von Gott. Sind Wunder aber natürlich, dann sind derartige Erklärungen weder nötig noch zutreffend. Du bist nicht besonders. Wunder stehen jedem zur Verfügung. Und du brauchst nichts zu tun, um sie zu manifestieren. Es geht bei ihnen ums Aufheben, nicht ums Tun, ums Loslassen statt ums Agieren. Deine Aufgabe besteht einfach nur darin, aus dem Weg zu gehen.

Aus der Kursperspektive sind Wunder also nicht »wundersam«, jedenfalls nicht im üblichen Sinn. Sie sind weniger eine göttliche Intervention als ein Zurückbringen in die richtige Position, was dadurch zustande kommt, dass dein Wille und der des Heiligen Geistes nicht im Konflikt miteinander sind und es auch niemals waren. Wunder transzendieren das Ursache-Wirkung-Paradigma des Egos. Sie sind der lebende Beweis dafür, dass es falsch ist. Lässt du dich darauf ein, »die Blockaden zu entfernen, die dich daran hindern, dir der Gegenwart der Liebe, die dein angestammtes Erbe ist, gewahr zu sein«,[18] so kommt der Immer-Geist durch – und bringt Wunder mit.

Stell dir einen wunderschönen, klaren Gebirgsfluss vor, der sich über Kiesel und glatte Felsen hinabschlängelt, strudelnd tiefe Waldteiche füllt und sich in einer spielerischen Kaskade weißen Wassers ergießt, während er stetig talwärts fließt, wie er es seit Jahrhunderten tat. Füge diesem Bild nun eine Baufirma hinzu, die mit Aushebungen beginnt, um an diesem Strom eine Hütte zu bauen. In der Nähe macht sich ein Bergbauunternehmen daran, nach Gold zu graben. Eine Abholztruppe rodet den Wald drum herum. Müll und Geröll, Abwasserschlamm und Sägemehl werden ins Wasser gekippt und würgen seinen Fluss ab. Noch immer schafft es das Wasser, mancherorts durchzukommen, doch so langsam, dass man es kaum mehr bemerkt. Der Strom hat keine Ähnlichkeit mehr mit seinem ursprünglichen Wesen.

Um den Strom wiederzubeleben und seinem früheren Selbst zurückzuerstatten, muss das, was das Wasser am Fließen hindert, entfernt werden. Der Müll muss beseitigt, ins Wasser gefallene Baumstämme und Plastikverpackungen herausgeholt werden, wenn nötig auch per Hand. An manchen Stellen kann die Verstopfung so extrem sein, dass nur ein Bulldozer durchkommen und ein neues Flussbett ausheben kann.

Zuerst bedeutet das mühsame Arbeit, die viel Zeit verschlingt. Es gibt überwältigend viel rückgängig zu machen. Jeder Fortschritt erscheint schleppend. Doch sobald das Wasser seinen Weg wieder talwärts findet und zu fließen beginnt, trägt es naturgemäß zu seiner eigenen Regeneration bei. Je lebhafter die Strömung wird, desto besser gelingt es ihm, den Müll abzutragen. Fließt der Fluss wieder frei dahin, ist er erneut autark. Er verstopft nicht mehr – außer durch absichtliches Bemühen.

Dieser wunderschöne Fluss ist ein Sinnbild für die Art und Weise, wie Wunder vom Heiligen Geist zu dir hinströmen. Der Müll, der den Fluss des Wassers verstopft und blockiert, sind die Gedanken des Immer-Geistes: seine angstgetriebenen Sorgen und Pläne. In dem Maß, in dem du es besser als Gott zu wissen glaubst und dein Urteil das des Heiligen Geistes übertrumpft, verschlämmst du den Fluss und hinderst ihn am Fließen, bis er schließlich völlig versiegt. Wenn du an diesem Punkt bist, erlebst du keine Wunder. Zwar sind sie immer noch da, genauso wie das Wasser, doch gestaut und unfähig, durch den dicken Schlamm deiner Egogedanken durchzudringen. Die Folge davon ist, dass du die Überzeugung gewinnst, es gebe so etwas wie Wunder nicht. Das existiert nicht und kann dir also auch nicht helfen. Wie seit jeher stehst du allein da in deinem Leben. Nur durch dein eigenes sorgfältiges Planen – und ein Quäntchen Glück – hast du irgendeine Aussicht auf Glück.

Selbstverständlich hast du keine Chance, diesen Strom ganz allein zu säubern, genauso wenig wie im Fall einer dissoziativen Identitätsstörung eine vereinzelte Alter-Persönlichkeit Integration erreichen kann. Es war ja zuallererst dein eigener Geist, der das Wasser verdorben und am Fließen gehindert hat. Wie kann derselbe Geist, der in Trennung und Konflikt verheddert ist, je hoffen, den Schaden, den er durch sein Wesen bewirkt hat, wieder rückgängig zu machen?

Das ist in etwa so, als würdest du dein Haus mit einem schlammverkrusteten Besen zu reinigen versuchen. Du brauchst einen neuen, sauberen Besen – nur hast du keine Vorstellung davon, wie so etwas aussieht. Gibt es das überhaupt? Dein ganzes Leben lang hast du einen schmutzigen Besen verwendet, deine Eltern hatten ihn dir vererbt, und davor deren Eltern. Einen schmutzigen Besen hast du bekommen, also gehst du damit um, so gut du es kannst, indem du einen Dreckhaufen nach dem anderen hinausfegst, ohne dir klarzumachen, dass du, wenn du so verfährst, einen anderen hinterlässt. So verläuft das Leben des Nimmer-Geistes: die sisyphosartige Ego-Version des Wack-a-Mole-Spiels.

Du brauchst professionelle Reinigungskräfte, deren Aufgabe es ist, die Dreckhaufen ausfindig zu machen – und zwar egal, wo sie sich verstecken –, sie dir zu zeigen und – mit deiner Einwilligung – zu beseitigen. Diese professionellen Reinigungskräfte bringen ihr eigenes funkelnagelneues sauberes Material mit – Besen, Mopps, Putzmittel, Lappen und – Wunder der Wunder – einen Staubsauger! Lade den Reinigungsdienst des Heiligen Geistes zu dir ein, und Er wird Licht auf deine Schmutz- und Rußschichten werfen, die deine Gedanken erschaffen haben, was du aber übersehen hast, weil du sie für normal gehalten hast. Und dann wird Er sie, mit deinem Einverständnis, für dich bereinigen. Der Dreck verschwindet, ohne die leiseste Spur zu hinterlassen, die daran erinnern könnte, dass er einmal da gewesen ist. Alles glänzt. Und das ist in der Tat ein Wunder.

Ein besserer Weg

Ein Kurs in Wundern® war die direkte Antwort auf den Hilferuf eines Mannes namens Bill Thetford, eines außerordentlichen Professors für medizinische Psychologie am Columbia College of Physicians and Surgeons in New York, und seiner engen Mitarbeiterin Helen Schucman, die ständig wegen allem und jedem im Streit miteinander lagen. Das äußerst wettbewerbsorientierte akademische Umfeld, in dem sie arbeiteten, verstärkte ihren Konflikt noch. Ohne dass ein offensichtlicher Grund vorlag, beschloss Bill eines Tages, dass er genug davon hatte, und erklärte Helen, »es muss einen anderen Weg« der gemeinsamen Zusammenarbeit und Beziehung zueinander geben. Sehr zu seiner und ihrer eigenen Überraschung antwortete Helen: »Ich werde dir dabei helfen.« Drei Monate später, im Oktober 1965, hörte Helen, als wäre es eine Antwort auf Bills Appell, eine innere Stimme, die ihr die Worte diktierte: »Dies ist ein Kurs in *Wundern®*. Schreib bitte mit.« Die Niederschrift des Kurses hatte begonnen.

In Anbetracht seines Lebens war Bill klargeworden, dass Helen und er in einem dysfunktionalen emotionalen Muster gefangen waren, das weder gesund noch nötig war, und dass das aufhören musste. In der Zwölf-Schritte-Sprache hatte Bill den Tiefpunkt erreicht. Er verpflichtete sich dazu, einen anderen, einen besseren Weg zu finden, um seine menschlichen Beziehungen zu führen, und seine Kollegin fühlte sich von seinem Beschluss ebenso betroffen. Gemeinsam begaben sie sich auf eine Reise, die zu *Ein Kurs in Wundern®* wurde. Sie hatten – anfangs ohne Absicht – den Heiligen Geist in ihr Leben eingeladen, um bei ihnen gleichsam sauber zu machen. Wir könnten auch sagen, zwei Alter-Persönlichkeiten mit den Namen Helen und Bill hätten beschlossen, sich zu einem gemeinsamen Ziel zusammenzuschließen und sich auf den Weg zur Integration zu machen.

Als Bill diesen Appell aussprach, hatte er keine Ahnung davon, wie sehr sich dadurch sein Leben verändern würde: dass er bald schon in den Vorruhestand gehen und nach Kalifornien ziehen würde – und während des Prozesses, in dem er zum ersten Lehrer des Kurses werden sollte, einen völlig neuen Lebensstil annehmen und eine neue Freundesgruppe um sich scharen würde. Wenn wir den Heiligen Geist in unser Leben einladen, geben wir in der Tat die bisherige Kontrolle ab. Wir werden zu Menschen und in Situationen gebracht, die wir uns niemals hätten vorstellen können. Und das stellt sich dann als gute Sache heraus, denn hätten wir gewusst, was vor uns liegt, hätten wir vor lauter Angst kehrtgemacht. Doch der Kurs ist eindeutig: Der Heilige Geist wird uns niemals zu etwas bringen, was uns Angst einjagen würde. Das wäre für Seine Mission kontraproduktiv. Ja, es wäre in der Tat unmöglich, denn Liebe ist keine Vorlage für Angst. Die beiden sind Antithesen. Angst ist eine Antwort auf Trennung. Sie existiert nur, wenn wir uns mit dem Nimmer-Geist als getrenntem Selbst identifizieren. Im Einssein des Immer-Geistes hat es keinen Platz.

> *Angst ist ein Fremder auf der Liebe Wegen. Identifiziere dich mit der Angst, und du wirst dir selbst ein Fremder sein. … Es gibt keine Wohnstatt, die Liebe und Angst beherbergen kann. Sie können nicht nebeneinander bestehen. Wenn du wirklich bist, dann*

muss die Angst Illusion sein. Und wenn die Angst wirklich ist, dann existierst du überhaupt nicht.[19]

Wie wir in Kapitel 1 sahen, erhält unser falsches Selbstverständnis die Angst aufrecht und hindert uns daran, Glück zu finden. Wir können uns von unseren emotionalen Blockaden nicht befreien, weil sie zu sehr in unserem Selbstbild verwurzelt sind. Akzeptieren wir aber, dass es »einen anderen Weg« geben muss, »treten zurück und überlassen Ihm die Führung«,[20] dann wird uns auf unserem Weg zu unserem wahren Selbst, dem Immer-Geist, durch Wunder geholfen.

Der Schriftsteller Thomas Pynchon schrieb, ein Wunder sei »das Eindringen einer anderen Welt in diese«.[21] Jene »andere Welt« steht unter einem Gesetzeskatalog, der sich mit dem, den wir kennen, nicht vereinbaren lässt, sondern sich von ihm völlig unterscheidet; deshalb erscheint jene Welt uns wundersam. Ihr Überlappen mit der unsrigen ergibt Wunder, die durch ihre alleinige Anwesenheit beweisen, dass es da mehr geben muss, etwas, was über die Welt unserer Sinne hinausgeht. Wunder untergraben das absolute Vertrauen, das wir in die Gesetze des Nimmer-Geistes gesetzt haben.

Sind wir aber unvorbereitet – haben also diese Welt und ihre neuen Gesetze nicht willentlich in unsere Welt eingeladen, wie es Bill und Helen taten –, dann wird sich das tatsächlich wie ein Eindringen anfühlen. Es wird uns aus dem Gleichgewicht bringen und uns Angst einjagen. Genau das ist auch die Gefahr, die von psychedelischen Drogen und verfrühtem spirituellen Erwachen ausgeht. Sie können den Geist überrennen und Angst auslösen. Infolgedessen finden auch die Einblicke, die sie ermöglichen, keine Beachtung. Statt uns der Liebe zu öffnen, treibt uns eine solch erschreckende Erfahrung in die Arme des Egos zurück, in der Hoffnung, so würden geistige Gesundheit und Ordnung wiederhergestellt. Doch dazu ist das Ego nicht fähig, denn es ist das Musterkind des Wahnsinns und der Unordnung. Nur der Heilige Geist kann wahrhaftig Ordnung herstellen.

> *Es wird dir schwierig erscheinen zu lernen, dass du keine Basis hast, um deine Gedanken zu ordnen. Diese Lektion lehrt dich der Heilige Geist, indem Er dir die leuchtenden Beispiele von Wundern gibt, um dir zu zeigen, dass deine Art zu ordnen falsch ist, dass dir aber ein besserer Weg angeboten wird.*[22]

Wunder sind dieser »bessere Weg«, den Bill Thetford zu finden entschlossen war. Und durch *Ein Kurs in Wundern®* kann jeder lernen, wie man sie zuwege bringt.

Im Sommer 2016 zog ich mich aus meiner aktiven Tätigkeit als Psychiater zurück, um in der *Foundation for Inner Peace*, dem ursprünglichen Verlag und Vermittler von *Ein Kurs in Wundern®*, eine führende Rolle zu übernehmen. Deshalb musste ich von New Jersey, wo meine Familie und ich achtzehn Jahre lang gelebt hatten, zurück nach Kalifornien ziehen, wo die Foundation ansässig ist. Obwohl wir diesen Umzug ein Jahr im voraus geplant hatten, bedeutete das eine Unmenge an Arbeit, wozu die Schließung meiner Praxis gehörte (und folglich der Abschied von Dutzenden von Menschen, mit denen ich viele Jahre lang therapeutisch gearbeitet hatte – Leute, die ich gut kannte und liebte), unser Haus für den Immobilienmarkt in Stand zu bringen, einen Ort zum Leben in Kalifornien zu finden, ganz zu schweigen von meinem Sohn, der gerade seinen High-School-Abschluss machte und sich fürs College bewarb.

Wir entrümpelten unseren Hausstand, gaben Kleider weg, Möbel und ganze Wagenladungen von Büchern. Wir klebten Tapeten, strichen Wände an, verlegten neuen Teppichboden, pflanzten Blumen und Sträucher, reparierten, was nötig war – und das alles mit einem erheblichen Aufwand an Zeit, Geld und Energie. Wir trafen uns mit drei unterschiedlichen Maklern, die uns alle den gleichen Schätzwert angaben, für welche Summe sich unser Haus in etwa verkaufen ließe.

Angesichts des stockenden lokalen Immobilienhandels lag das weit unter dem erhofften Wert, ganz besonders, seit wir in dem sehr viel teureren Marin County im Norden von San Francisco nach einem Haus Ausschau hielten, das wir erwerben könnten. Die Makler wiesen darauf hin, dass es eine ganze Reihe Häuser auf dem Markt gäbe, die dem unsrigen vergleichbar seien. Unser herzallerliebstes Haus, in das wir so viel investiert hatten, war nicht so spitzenmäßig, wie wir geglaubt hatten; statt des tollen Angebots, das uns eigentlich zugestanden hätte, erwartete uns ein Bieterkrieg.

Überdies gaben uns die Makler den dringlichen Rat, unser Haus Ende März oder spätestens Anfang April anzubieten, um voll und ganz vom Frühlingsimmobilienmarkt zu profitieren.

Anfang April kam und ging, und wir waren noch nicht annähernd so weit, das Haus auf den Markt zu bringen. Es gab einfach zu viel zu tun. Jedes Mal, wenn unser Panikniveau anstieg, sagten wir uns, dass wir taten, was wir konnten. Außerdem vertrauten wir stillschweigend darauf, dass dieser Umzug richtig für uns war, und standen in dem Glauben, dass mit Hilfe des Heiligen Geistes alles klappen würde. Zwar rechneten wir nicht direkt mit Wundern, doch hatte mir meine jahrzehntelange Beschäftigung mit dem Kurs aus erster Hand gezeigt, wie häufig sich Wunder als Antwort auf das herausstellen, was wie eine unüberbrückbare Straßensperre aussieht. (Einige solcher Beispiele sind in meinem Buch *From Plagues to Miracles* angeführt.)

Es war bereits Anfang Mai. Noch zwei Wochen, und wir würden nach San Francisco fliegen, um dort innerhalb von zehn Tagen ein Haus finden und kaufen zu müssen. Fraglos wäre es zumindest eine Hilfe, zu wissen, wieviel Geld wir ausgeben können. Doch wir blieben ruhig, denn das Ganze lag nicht in unseren Händen. Wenn ich nachts wach dalag und das »Was wäre wenn«-Katastrophenszenario hin und her wälzte, erinnerte ich mich selbst daran, den Mund zu halten, zurückzutreten und das ganze Schlamassel dem Heiligen Geist zu übergeben.

Es gab Lichtblicke. Ich hatte im Auftrag eines anderen gemeinnützigen Vereins einen Autorenvertrag für eine Kursübersicht unterschrieben, für den sie mir eine sehr großzügige Summe angeboten hatten. Es gab auch Pannen wie die Entdeckung – selbstverständlich an einem Freitagabend –, dass unser Abwassertank wegen einer fehlerhaften Pumpe am Überlaufen war und wir besser daran taten, ab sofort die Toilettenspülung nicht mehr zu benutzen. Die Unternehmer, die das reparierten, schickten uns zwei Tage später eine Rechnung, die angesichts ihrer geringen Arbeitszeit völlig überteuert war. Außerdem hatten sie ihren Job nicht richtig gemacht. Und so ging es weiter.

Schließlich war das Haus fertig oder zumindest so fertig, wie wir es fertigbrachten. In den nächsten Tagen stand die Unterzeichnung eines Vertrags mit jenem Makler an, der uns am kenntnisreichsten erschien. Mein Sohn war gerade draußen unterwegs, als ihn unsere neuen Nachbarn ansprachen, ein junges Paar mit kleinen Kindern (genauso wie wir, als wir unser Haus gekauft hatten): »Haben deine Eltern etwa vor, ihr Haus zu verkaufen?« Ihnen waren all die Unternehmer aufgefallen, die bei uns ein- und ausgingen – wie konnte es anders sein? Er sagte ja, das wäre der Fall. Sie hätten ein paar Freunde, die nach einem käuflichen Haus in der Nachbarschaft Ausschau hielten. Ob wir bereit seien, ihnen das Haus zu zeigen? Na klar. Sie kamen noch am selben Abend vorbei. Ihnen gefiel das Haus und alles, was wir mit ihm veranstaltet hatten.

Am nächsten Tag machten sie uns ein sehr respektables Angebot – bedeutend höher als das, was uns die Makler in Aussicht gestellt hatten. Außerdem würden wir keine Provision zu bezahlen haben. Damit war das Haupthindernis für unseren Umzug einfach so verschwunden! Dann fanden wir ein Haus in Marin County, das uns gefiel. Größer, als wir es uns vorgestellt hatten, mit einem für diese Gegend ungewöhnlich großen Garten. Ja, es war auch teurer, als wir gehofft hatten, doch mit dem Extrageld von unserem New-Jersey-Verkauf konnten wir das gerade so schaffen.

Gerne würde ich nun sagen, der Umzug sei von da an glatt verlaufen, doch dem war nicht so. Im Gegenteil, es war grauenvoll. Doch jedes Mal, wenn ein Hindernis auftauchte, traten wir einen Schritt zurück und übergaben es. Und jedes Mal präsentierte sich von selbst eine Lösung. Manchmal waren sie witzig, wie das eine Mal, als ich einen Text von einem Freund in Marin missdeutete, als käme er von unserem Hypothekenmakler, und versehentlich aus ihm schloss, dass unser Darlehensantrag gerade daneben ging. Dann wieder kam die Lösung im letzten Augenblick inmitten eines Stroms von Aktivitäten wie bei unseren Verhandlungen mit dem Amt für Umweltschutz in New Jersey, bei denen es um die Beseitigung eines in den Boden eingelassenen Öltanks ging. Doch während ich das jetzt an einem wunderschönen kalifornischen Nachmittag von Marin aus schreibe, in einer Garage, die immer noch voll von Kisten und Möbeln ist, kann ich sagen, dass alles gut ausging.

Es gibt noch eine Nachgeschichte zu all dem. 1991 wollten meine Exfrau und ich unser damaliges Haus außerhalb von Philadelphia verkaufen, um in die Bay Area zu ziehen. Das Haus war seit sechs Monaten im Verkauf, und unsere Angst stieg Tag für Tag, bis wir schließlich einen Feng-Shui-Meister zu Rate zogen. Dieser ließ uns eine Reihe von Ritualen durchführen, und innerhalb von fünf Tagen hatten wir einen zuverlässigen Käufer, der aus irgendeinem Grund bereit war, über die offensichtlichen Mängel des Hauses hinwegzusehen. Das alles war ziemlich erstaunlich, um nicht zu sagen magisch. Es fühlte sich aber wie ein spiritueller Notverkauf an – einer, für den ich gewiss dankbar war, in dem ich aber nicht das treibende Element gewesen war. Auch war das ganze Prozedere nicht in den Kurslehren verwurzelt. Daher fühlte ich mich – der offensichtlichen Versuchung zum Trotz – stark dazu angeleitet, bei dem jetzigen Hausverkauf keine Feng-Shui-»Magie« einzusetzen.

Was ich damit vor allem klarmachen möchte, ist, dass meine Frau und ich uns nicht hingesetzt und bewusst um ein Wunder gebeten haben. Wir entschieden nicht im Vorhinein, was unserer Meinung nach passieren sollte. Wir warteten nicht mit einem bestimmten Dollarbetrag für unseren Verkauf auf oder einem Bild, wie unser neues Haus in Kalifornien aussehen sollte, um es dann zu visualisieren, dafür zu beten oder Rituale durchzuführen. Wir übergaben einfach jedes Hindernis dem Heiligen Geist – jener Höheren Macht der Anonymen Alkoholiker –, vertrauten und folgten der Führung, die sich uns offenbarte.

Im Rückblick fühlt es sich tatsächlich wie ein Wunder an, dass wir all das hinbekommen konnten, was für diesen Umzug nötig war. Im Frühjahr 2016 stand ich vor einer schroffen Bergkette und wusste, dass ich sie überqueren musste, ohne die geringste Vorstellung davon, wie das gelingen könnte oder ob ich es überhaupt schaffen würde. Im Frühjahr danach schaue ich zu denselben schneebedeckten zerklüfteten Gipfeln hinauf und finde sie nicht weniger einschüchternd. Doch jetzt sehe ich sie von der anderen Seite und weiß, dass der Aufstieg zwar hart war, ich es aber geschafft habe, obwohl ich immer noch nicht sicher bin, wie das alles möglich war – fast so, als wäre ich sanft emporgehoben und hinübergetragen worden. Und vielleicht wurde ich das auch.

Ich habe den Verdacht, dass es so ist wie bei einer Frau, die ein Kind zur Welt bringt. Bevor die Wehen einsetzen, hat sie keine Vorstellung davon, was dazu gehört. Sie kann noch so viel gelesen, Geburtsvorbereitungskurse besucht und Geschichten von anderen Frauen gehört haben, sie kann wirklich nicht wissen, durch was sie da durch muss. Wenn es dann beim Einsetzen der Wehen so richtig schmerzhaft wird, ist sie sich nicht sicher, ob sie das schafft. Wenn die Wehen immer stärker werden und häufiger kommen, ist sie sich sicher, dass sie das nicht überleben wird. Es gibt keinen Weg vorwärts, aber auch keinen zurück. Der Schmerz bildet ein großes Crescendo, sie drückt und drückt, erschöpft, ohne dass ein Ende in Sicht ist, und dann, Wunder aller Wunder, ist der Schmerz vorbei und … Sie hält ein Neugeborenes im Arm. Sie hatte keine andere Wahl, als dem Prozess zu vertrauen und ihm zu erlauben, dass er seinen Lauf nimmt.

Auf ähnliche Weise müssen wir dem Heiligen Geist aus dem Weg gehen, selbst wenn unsere Egos ängstlich protestieren, dass wir den falschen Weg beschreiten. Erst wenn wir unsere eigenen Pläne aufgeben und uns nach dem Immer-Geist und dem Heiligen Geist ausrichten, erhalten wir die Hilfe, die wir wahrlich benötigen.

> *Wenn du erst einmal seinen [Gottes] Plan als die eine Funktion akzeptiert hast, die du erfüllen möchtest, dann wird es auch nichts anderes mehr geben, was der Heilige Geist nicht für dich arrangieren wird, ohne dass du dich bemühen musst. Er wird vor dir hergehen und deinen Pfad ebnen und keine Steine auf deinem Weg liegen lassen, über die du stolpern könntest, und keine Hindernisse, die deinen Weg versperren. Nichts, was du brauchst, wird dir verweigert werden. Nicht eine einzige scheinbare Schwierigkeit wird sein, die nicht vergeht, bevor du*

sie erreichst. Du brauchst dir über nichts Gedanken zu machen und auf nichts zu achten außer auf den einen Zweck, den du erfüllen möchtest. So, wie dieser dir gegeben wurde, so wird dir seine Erfüllung auch zuteil.[23]

Keine Rangordnung der Schwierigkeit

Wenn wir unsere Agenda dem Heiligen Geist überlassen, weil wir es als Tatsache anerkennen, dass der Immer-Geist unser wahres Selbst ist und nicht das Ego, öffnen wir einen Weg zu Wundern hin. Doch die meisten dieser Wunder werden keine Knüller sein. Manch einer wird sie noch nicht einmal als wundersam betrachten. Denn es sind keine Extravaganzen mit Spezialeffekt, und sie sind auch nicht dazu da, irgendjemanden zu konvertieren. Sie sind nur für uns alleine da; nur wir können sie als wundersam einordnen.

Wunder beseitigen Hindernisse, um den Lernprozess voranzutreiben. Sie machen den Weg frei, möge das nun das Teilen des Roten Meers erfordern oder etwas weitaus Banaleres.

Ich saß auf dem Deck einer großen Fähre, die mich zu einem Arbeitsurlaub bringen sollte. Der Wind wehte mit einer solchen Wucht über das Deck, dass ich mir meinen Hut über die Ohren zog, in der Hoffnung, so würde er nicht über die Reling in den Ozean geweht. In einer Woche sollte ich einen dreitägigen Workshop über *Ein Kurs in Wundern®* abhalten und hatte noch eine Menge vorzubereiten. Doch in diesem Moment konnte das warten. In der Absicht, mich einfach zu entspannen und die Fahrt zu genießen, hatte ich Handy und Laptop im Auto unter Deck gelassen.

Ich schloss meine Augen. Sonne und Wind, die Bewegung, mit der das Boot über die ruhigen Ozeanwellen hinwegjagte, lullten mich in einen zutiefst friedvollen Zustand ein. Es war nicht wirklich ein perfekter Augenblick, doch der Immer-Geist schwebte um mich herum. In diesem Moment kam mir so plötzlich wie unerwartet ein wichtiger Gedanke für meinen Workshop. Ich öffnete meine Augen und holte meinen Stift heraus, um ihn zu notieren – doch ich hatte kein Papier. So hielt ich nach irgendeiner Zeitung oder einem Magazin Ausschau, hoffend, dass jemand dergleichen in meiner Nähe hatte liegen lassen. Doch nichts. Nirgendwo eine Spur von Papier. Ich musste mir meinen Gedanken also einfach merken. Mit einem Lächeln nahm ich die Situation hin, wobei ein Stück Papier schon ganz schön gewesen wäre. Also schloss ich meine Augen und bat um Hilfe.

Da erhob sich eine Windböe. Und aus dem Nirgendwo kam ein winziger Papierfetzen über das Deck angetanzt und blieb direkt unter meiner Schuhsohle kleben. Ich schnappte ihn mir. Es war der Kontrollabschnitt eines Fährenfahrscheins. Auf einer Seite hatte er eine weiße Stelle, die gerade groß genug war, damit ich meinen Gedanken aufschreiben und es einstecken konnte. Und dann: »Danke« sagen.

Es besteht für mich kein Zweifel daran, dass ich in jenem Moment ein Wunder empfangen hatte. Gewiss war es keine große Sache. Leben und Tod standen nicht auf dem Spiel. Doch vielleicht ist genau das der Punkt, und dieses Wunder zeigt umso deutlicher, dass es weitaus mehr um eine Demonstration als das Ergebnis geht. Ich war auf ein Hindernis gestoßen: Es fehlte mir ein Stück Papier, um einen wichtigen Gedanken aufzuschreiben, der den Teilnehmern meines Workshops zugutekommen würde. Ich brauchte Hilfe und bat im Stillen darum. Und das Hindernis wurde aus dem Weg geräumt.

Das erste der fünfzig Grundsätze der Wunder, das sich ganz am Anfang des Textes befindet, besagt:

> *Es gibt keine Rangordnung der Schwierigkeit bei Wundern. Eines ist nicht »schwieriger« oder »größer« als ein anderes. Sie sind alle gleich. Alle Äußerungen der Liebe sind maximal.*[24]

Da diese Zeilen den Kurs eröffnen, wird es, wollen wir Wunder verstehen, der Mühe wert sein, sie einer ausführlichen Betrachtung zu unterziehen.

Was genau ist zunächst einmal mit »Rangordnung der Schwierigkeit« gemeint? Das Wort Schwierigkeit ist ein relativer Begriff, der zur Welt der Wahrnehmung gehört. Um festzulegen, dass etwas schwieriger ist als etwas anderes, muss man ein Urteil fällen, und Urteilen ist eine Ego-Funktion. Es hat keinen Bezug zum Immer-Geist. Denn was könnte schwierig oder leicht, größer oder kleiner, mehr oder weniger sein, wenn alles für immer eins ist?

Wenn Wunder vom Heiligen Geist und nicht vom Ego stammen, dann können Wunder nicht den Gesetzen des Egos gehorchen. Niemals. In keiner Weise. Es ist einfach nicht möglich, dass das eine größer oder schwieriger als das andere ist. Ebenso wenig lassen sie sich Seite an Seite stellen und miteinander vergleichen, wie wir es mit zwei Bildern oder Gläsern Wein verschiedener Jahrgänge machen würden, um zu entscheiden, welchen wir lieber mögen. Bei Wundern geht es nicht um Grade oder Mengen. Sie haben nichts mit Präferenzen zu tun. Sie sind unser Bergpass, egal, ob es sich um einen kleinen Sommerausflug oder einen strapaziösen Aufstieg auf den Himalaya handelt.

> *Wunder konkurrieren nicht miteinander, und die Anzahl derer, die du wirken kannst, ist grenzenlos.*

Sie können gleichzeitig und Legion sein. Das ist nicht schwer verständlich, wenn du dir erst einmal vorstellen kannst, dass sie überhaupt möglich sind. Was schwerer zu begreifen ist, ist das Fehlen einer Rangordnung der Schwierigkeit, was das Wunder als etwas abstempelt, das von anderswoher kommen muss und nicht von hier. Vom Standpunkt der Welt aus ist das unmöglich.[25]

Wunder entstehen als einheitliche Antwort auf ein sehr spezifisches Ensemble von Umständen. Die Spezifizität stammt von uns, die Einheitlichkeit vom Heiligen Geist. Uns erscheint unser Leben wie von einer Unmenge an Problemen verhext, und die unterscheiden sich noch alle voneinander. Er sieht nur ein einziges: den Glauben, dass unser Geist in jeder Hinsicht von Gott getrennt ist. Wenn wir bereit sind, unsere scheinbar unterschiedlichen Probleme dem Heiligen Geist zur Lösung zu übergeben, dann erstatten wir sie der Wahrheit zurück. Der Heilige Geist borgt uns Seine Deutung des Problems und unterstellt es hiermit Gottes Gesetzen statt denen des Egos.

Dies führt zu zwei Ergebnissen. Zuerst einmal zeigt es uns, dass sich unsere Myriaden von Problemen auf ein einziges reduzieren lassen. Und zweitens löst es diese Probleme in der Erkenntnis, dass sie überhaupt nie wirklich gewesen sind.

Doch das geschieht nur, wenn wir das »Eindringen einer anderen Welt« – der des Heiligen und des Immer-Geistes – in unsere Wahrnehmung überhaupt zulassen.

Da der Heilige Geist unsere Probleme nicht als wirklich anerkennt, versucht Er auch nicht, sie auf jener Ebene zu lösen, auf der sie zu existieren scheinen. Er sieht nur ein einziges Problem – das wahnhafte, getrennte Nimmer-Geist-Selbst – und macht sich daran, dies zu korrigieren. Ein Problem erfordert eine Lösung. Daher sind Wunder, auch wenn sie sich uns in unzähligen, auf zahllose unterschiedliche Umstände zugeschnittenen Formen zeigen, in Wirklichkeit ein und dasselbe Wunder.

> *Das Wunder gibt auf jeden Hilferuf genau die gleiche Antwort. Es beurteilt den Ruf nicht. Es begreift ihn nur als das, was er ist, und antwortet entsprechend.*[26]

> *Es gibt ein einziges Wunder, weil es eine einzige Wirklichkeit gibt. Und jedes Wunder, das du wirkst, enthält sie alle, so wie jeder Aspekt der Wirklichkeit, den du siehst, mit der einen Wirklichkeit Gottes still verschmilzt.*[27]

Wunder sind holografisch. Ein jedes enthält sie alle, da sie in Wahrheit ein und dasselbe sind, wie in Gottes Wirklichkeit alles sein muss. Auch wenn Licht durch viele verschiedene Fenster mannigfacher Gestalt und Größe strömt, ist es stets dasselbe Licht; durch welches Fenster auch immer es gerade dringt, es verbannt Dunkelheit mit gleicher Wirksamkeit. Jedes Wunder, das zu uns kommt, enthüllt ein weiteres Fenster zur Ewigkeit hin und hilft, des Egos trübsinnige Düsternis zu vertreiben. Ein jedes wirft so viel mehr Licht auf unser wahres Wesen, dass wir es schließlich deutlich sehen und annehmen können. Dies ist der Endzweck des Wunders – uns unserem rechtgesinnten Geist zurückzuerstatten – dem Immer-Geist, Gott.

Der erste Wundergrundsatz besagt, dass Wunder »alle gleich« sind, doch es geht noch weiter. In der nächsten Zeile wird erläutert, weshalb das so ist – weshalb es so sein muss. Insofern Wunder (vermittels Seines Agenten, des Heiligen Geistes) von Gott herkommen, sind sie Ausdruck von Liebe, und: »Alle Äußerungen der Liebe sind maximal.«[28] Was bedeutet das? Wie wir in Kapitel 2 sahen, ist in der Egowelt alles fragmentiert. Liebe ist keine Konstante und wohl kaum eine gegebene Tatsache. Wir lieben nicht auf universelle Weise. Wir verlieben uns, lieben (hoffentlich) unsere Kinder, (vielleicht) unsere Eltern. Wir können auch eine Idee wie etwa ein Land oder eine Religion lieben. Doch keine dieser Formen von Liebe ist konstant. Liebe blüht unter gewissen Sonderumständen auf. Ihre Reichweite ist begrenzt und geht selten über zwei Leute und ihre Familien hinaus. Sie hält eine Weile lang, schwächelt dann. Leute enttäuschen uns. Eltern fallen von ihren gottgleichen Sockeln herab, während Kinder unsere Erwartungen enttäuschen.

Daraus folgt laut Kurs, dass wir die wahre Bedeutung von Liebe – die Liebe, mit der Gott liebt – nicht kennen. Wiederholen wir noch einmal ein Zitat aus dem vorangegangenen Kapitel:

> *Da sie [die Liebe] selbst eins ist, betrachtet sie alle als eins. Ihre Bedeutung liegt im Einssein. So muss sie sich dem Geist entziehen, der sie sich als parteiisch oder als partiell vorstellt. Es gibt keine Liebe außer der Liebe Gottes, und alle Liebe ist Sein.*[29]

Liebe ergreift nicht Partei. Sie lässt sich nicht zerteilen, verwässern, ungleich verteilen oder gar zerstören. Sie stellt keine Vergleiche an. Die Behauptung des ersten Kursgrundsatzes –»alle Äußerungen der Liebe sind maximal« – bestätigt das Alles-oder-nichts-Wesen der Liebe und ihrer Wirklichkeit. Entweder wir lieben »maximal«, wie Gott es tut – und in diesem Fall füllt die Liebe den ganzen vorhandenen Raum –, oder wir lieben überhaupt nicht. BS1 ist das Software-System der Liebe. In Gegenwart unverfälschter Liebe, die die Griechen *Agape* nannten, bricht BS2 zusammen, denn dieses Betriebssystem kann Liebe nicht ausführen.

Da diese Welt Illusion ist und da nur Liebe wirklich ist, verändert Liebe – wirkliche Liebe, Gottes Liebe –, wenn sie in diese

Welt kommt, eben diese Welt. Sie verschiebt die Wahrnehmung in Richtung Einssein, und dies ist das Wunder. Liebe braucht nicht unter verschiedenen Formen von Leid zu unterscheiden, um sie alle zu heilen. Wie Wasser nimmt sie die Form eines jeden Gefäßes an, in das es gegossen wird, und füllt es vollständig aus, so dass wir trinken können.

Es folgt eine der besten Schilderungen, die der Kurs für die Art und Weise gibt, in der sich Liebe auf die Formenwelt des Egos auswirkt. Zwar werden Wunder hier nicht eigens erwähnt, doch ist klar, dass es um den Mechanismus geht, mit dem diese arbeiten:

> *[Deines Schöpfers] sanfte Stimme ruft vom Erkannten den Nichterkennenden zu. Er möchte dich trösten, auch wenn Er keinen Kummer kennt. Er möchte Rückerstattung leisten, obwohl Er vollständig ist; dir eine Gabe schenken, auch wenn Er weiß, dass du schon alles hast. Er hat Gedanken, die jedes Bedürfnis befriedigen, das Sein Sohn [Du] wahrnimmt [wahrnimmst], obschon Er sie nicht sieht. Denn die Liebe muss geben, und was in Seinem Namen gegeben wird, nimmt die Form an, die sich in einer Welt der Form am nützlichsten erweist.*[30]

Gottes Gedanken, die aus Liebe hervorgehen und selbst Liebe sind, werden vermittels des Heiligen Geistes in der Welt der Form wie Licht gebrochen. Hier nehmen sie Gestalt an und offenbaren sich als Wunder. Wie reinstes weißes Licht, das durch ein Prisma fällt, strahlt Gottes Liebe in die Welt und nimmt als Gesamtspektrum aller potenziellen Wunder Gestalt an. Diese nehmen zwar unterschiedliche Formen und Farben an, stammen aber alle aus derselben Quelle, und ihre Essenz bleibt unverändert. Licht ist Licht. Liebe ist Liebe.

Das Ego schlägt zurück

Wenn Wunder auf uns zukommen, setzt sich leider auch das Ego in Bewegung. Es versucht, die Auswirkung des Wunders zu verringern und uns von dem abzulenken, was es uns lehren könnte. Um das zu erreichen, verfolgt das Ego unterschiedliche Methoden. Es wird versuchen, Wunder als bloßen Zufall oder pures Glück herunterzureden. Beispielsweise würde es behaupten, meine Frau und ich hätten einfach Glück gehabt, als jenes Paar auftauchte, um unser Haus zu kaufen. Wenn es mit Glück nicht funktioniert, wird es sich bemühen, eine plausible Erklärung für das Wunder in Begriffen von Ursache-Wirkung-Paradigmen zu liefern. In meinem Buch *From Plagues to Miracles* habe ich viele Wunder beschrieben ebenso wie die Anstrengungen des Egos, sie mit Rationalisierungen zu unterhöhlen. Dazu gehört auch ein besonders beeindruckendes Erlebnis, das Helen Schucman, die Schreiberin des Kurses, in ihrer Autobiografie schildert.[31]

Helen besuchte mit ihren Eltern die heilige Grotte von Lourdes und war sehr beeindruckt von den Haufen fortgeworfener Krücken und sonstiger Beweisstücke für Wunderheilungen. Inspiriert durch das, was sie gesehen hatte, bat sie Gott eines Nachts um ein Wunder. Sie nahm sich vor, ihre Augen zu schließen, drei *Ave Maria* aufzusagen und, wenn sie ihre Augen wieder öffnete, nach einer Sternschnuppe am Himmel Ausschau zu halten. Das würde dann das Zeichen sein, dass Gott sie gehört und ihr mit einem Wunder geantwortet hatte. Als sie jedoch ihre Augen öffnete, erblickte Helen nicht nur eine Sternschnuppe, sondern einen ganzen Himmel voller vorbeischießender Sterne. Sie erstarrte in Ehrfurcht und war äußerst dankbar, ihren Beweis dafür erhalten zu haben, dass Gott existierte und ihre Gebete erhört hatte.

Am nächsten Tag aber fiel Helen wieder ein, dass ihr Reisebegleiter die Möglichkeit eines Meteorschauers zu dieser Jahreszeit erwähnt hatte. Und sofort dementierte sie, was sie gesehen hatte. Es war kein Wunder Gottes, sondern nur ein jahreszeitlich bedingter Meteorschauer. Indem sie ein Ereignis zu einem Beweisstück für Wunder machte, von dem sie vorher gewusst hatte, dass es stattfinden könnte, hatte sie es manipuliert und zu einem Wunder verfälscht. Statt ihren Glauben zu stützen, unterminierte besagtes Erlebnis diesen nun. Hier sieht man das Ego am Werk.

Allerdings beeinträchtigt der bloße Tatbestand, dass sich ein Wunder als Ergebnis natürlicher Ursachen erklären lässt, nicht seine wundersame Natur. Bei Wundern geht es um Timing und Absicht. Sie antworten auf ein Bedürfnis und stellen sich zum perfekten Zeitpunkt ein, um dieses Bedürfnis zu erfüllen – zumeist dann, wenn wir an dem Punkt sind, uns zu ergeben und um Hilfe zu bitten (selbst wenn dieses Bitten unbewusst ist). Helens Meteorschauer tauchte genau in dem Moment auf, als sie ihre Augen schloss und ihr Gebet sprach – nicht fünf Minuten früher oder später, wenn es ohne Bedeutung gewesen wäre. Wir sind die einzigen, die die Herausforderungen kennen, denen wir gegenüberstehen; und darum sind wir auch die einzigen, die sagen können, ob ein Ereignis wundersam war oder nicht, egal wie es sich für die Außenwelt darstellen mag.

Es gibt noch eine andere Möglichkeit, wie das Ego auf ein Wunder reagieren kann. Und die stellt das genaue Gegenteil von Rationalisierung dar und ist noch zerstörerischer als diese. Anstatt das Wunder zu disqualifizieren krallt das Ego es sich und geht damit hausieren. Es rechnet sich das Wunder als Verdienst an und benutzt es, um seinen Status anderen Leuten gegenüber aufzubessern. Das Wunder wird ein Zeichen der Besonderheit, ob der unsrigen, der unseres Footballteams oder unserer Religion.

Selbstverständlich trägt dieses Besonderheitsgefühl zu Spaltung und Konflikt bei, wenn andere Gruppen als entsprechend weniger besonders und nicht wunderwürdig erachtet werden.

Auf unser Beispiel der dissoziativen Identitätsstörung angewendet, bedeutet das: Würde eine Alter-Persönlichkeit verkünden, der Therapeut hätte sie am liebsten, und zeigte als Beweis dafür irgendeine liebevolle Geste von Seiten des Therapeuten vor, würden die übrigen Alter das nicht gut aufnehmen. Die einen würden sie angreifen oder meiden, andere sich wiederum – überzeugt von ihrer eigenen Minderwertigkeit – leise und heimlich davonschleichen. Und wieder andere würden den Therapeuten – zurecht oder Unrecht – bloßstellen, weil er Lieblinge habe, und wären in ihrem Hass und Ärger durchaus fähig, die ganze Behandlung zu sabotieren.

Ein Kurs in Wundern® warnt uns davor, »Wunder als Schaustücke zu verwenden, um Glauben zu erwecken«, denn das »ist ein Missverständnis ihres Sinns und Zwecks«.[32] Wunder sind nicht dazu da, ausgestellt zu werden. Sie sind keine Sondereinlagen in einer charismatischen Tent Revival Show.[33] Ihr Zweck besteht nicht darin, Eindruck zu schinden oder Ungläubige zu bekehren. Sie sind Kundgebungen von Gottes Liebe zu uns, in welcher Form auch immer wir sie zu gegebener Zeit am meisten brauchen. Und wenn wir uns dazu entschließen, sie mit anderen zu teilen, wie ich es hier tue, dann sollte das nur geschehen, um zu betonen, dass wir sie in den Augen Gottes und des Heiligen Geistes alle gleichermaßen verdienen.

Ganz gewöhnliche Wunder

Insofern Wunder nichts Besonderes, sondern etwas Natürliches sind, sind sie vollkommen gewöhnlich. Sie stellen die vorgegebene Antwort des Betriebssystems des Heiligen Geistes – BS1 – auf jedes Problem dar, auf das wir stoßen, während das Ego-Betriebssystem BS2 läuft.

Du hast keine Probleme, die Er [der Heilige Geist] nicht lösen kann, indem Er dir ein Wunder schenkt. Wunder sind für dich.[34]

Doch ihrer Gewöhnlichkeit zum Trotz dürfen wir Wunder niemals für selbstverständlich halten. Und haben wir einmal Wunder empfangen, ist die einzige angemessene Antwort Dankbarkeit.

Zu behaupten, Wunder seien gewöhnlich, mag nach einem begrifflichen Widerspruch klingen. Sind Wunder nicht per Definition außergewöhnlich? Für das Ego ja. Für den Immer-Geist und den Heiligen Geist absolut nicht. Ihre Gewöhnlichkeit ist ein untrennbarer Aspekt ihres Wesens: dass sie grundsätzlich alle ein und dasselbe sind; dass es in Sachen Wunder »keine Rangordnung in Schwierigkeiten« gibt.

Doch wie wir wissen, gedeiht das Ego durch Unterschiede. Es schwelgt in Vergleichen. Es kann einfach nicht anders. Denke daran, Kontrast ist die Grundlage für die Wahrnehmung schlechthin. Ohne ihn gibt es keine Welt zu sehen, zu hören, zu berühren. Seinem eigenen Rat überlassen, wird das Ego also Vergleiche ziehen und, wenn möglich, zu allem Ranglisten aufstellen: die zehn besten Restaurants, Ärzte, Sportler, Städte, Ferienorte und so weiter. Das Ego beurteilt Wunder je nachdem, wie unmöglich oder spektakulär sie zu sein scheinen. Das untergräbt aber ihren Wert als Lehrmittel. Wenn wir vorweg entscheiden, dass nur »große« Wunder diese Bezeichnung verdienen, dann hat das Ego seine Aufgabe erfolgreich erledigt. Es hat es geschafft, eine »Rangordnung der Schwierigkeiten« in das Konzept von Wundern zurückzubringen.

Tatsache ist, dass wir das, was das Ego als ein wirkliches Wunder betrachten würde, selten benötigen. Wie oft stehen Leben und Tod wahrhaftig auf dem Spiel? Wie viele Rote Meere müssen im Laufe eines Lebens für uns geteilt werden? Wunder sind nicht nur für besondere Gelegenheiten, sondern für jeden Tag gedacht.

Und wenn wir das anerkennen und uns täglich in ihnen üben, dann gibt es in dem Moment, in dem große Herausforderungen in unser Leben hereinstürmen, nur eine weitere Gelegenheit für ganz gewöhnliche Wunder.

In den biblischen Büchern Exodus und Numeri entkommt das hebräische Volk aus der ägyptischen Gefangenschaft, um dann vierzig Jahre lang durch die trostlose Wüste zu wandern. Nichts wächst dort; sie werden von Manna am Leben erhalten, einer mysteriösen Substanz, die bei Sonnenaufgang wie Morgentau den Boden bedeckt. Manna ist nur einen einzigen Tag verzehrbar. Versucht man, es aufzubewahren oder zu horten, verdirbt es. Eine Möglichkeit, dies zu verstehen, ist, dass Manna jedes Bedürfnis, jeden Hunger stillt, das oder den wir im Laufe eines gegebenen Tages haben können.

In *From Plagues to Miracles* deute ich Manna als generisches Symbol für Wunder, das heißt als die ganz gewöhnlichen Wunder, die sich Tag für Tag in unserem Leben zeigen, um uns durch unsere jeweilige Wüstenerfahrung zu geleiten. Sie mögen keine hollywoodartigen Extravaganzen wie das Durchqueren des Roten Meers sein, doch das brauchen sie auch nicht. Wie Manna erhalten uns Wunder am Leben. Ohne sie überleben wir nicht.

Buddhistische Mönche gehen jeden Morgen von Tür zu Tür und bitten um etwas zu essen. Ihnen ist es nicht erlaubt, mehr anzunehmen als das, was sie im Laufe eines Tages verzehren können. Genesende Alkoholiker werden gewarnt, sich immer nur für einen Tag auf einmal zu Nüchternheit zu verpflichten. Bleib für die Spanne eines einzigen Tages nüchtern – mehr wird nicht verlangt. Verpflichte dich nur dazu, und du wirst ein Leben lang nüchtern sein.

Das Ego sieht lieber in die ferne Zukunft. Es späht die Gefahren aus, die für uns auf der Lauer liegen, und hofft, sich durch sorgfältige Planung auf sie vorzubereiten. So funktionieren Wunder nicht. Sie können uns nur in der Gegenwartsform finden, nur jetzt, denn nur dort begegnen wir dem Immer-Geist. Es gibt nur jetzt. Darin leben wir, auch wenn wir es vergessen oder so tun, als wüssten wir es nicht.

Die Ironie dabei ist, dass dann, wenn wir unseren Willen und unser Leben Gott, dem Heiligen Geist oder einer Höheren Macht übergeben – wenn wir uns jeden Morgen aus dem Bett wälzen und das als unser einziges Ziel für den kommenden Tag setzen –, dass dann alles andere seinen Platz findet und uns Wunder garantiert sind. Der Kurs sagt: »Ich habe ein Anrecht auf Wunder«,[35] weil wir sind, wer wir sind, nämlich Christus, Gottes Sohn, doch wir können diese Wunder nicht einfordern oder erbitten, denn das würde sofort das Ego wiedereinsetzen. Ebenso wenig können wir entscheiden, welches Wunder für uns richtig ist. Was wir nach Dafürhalten unseres Egos brauchen und was wir wirklich brauchen, stehen in jeder Hinsicht im Widerspruch zueinander. Aus diesem Grund ist es so wesentlich, unsere Grenzen anzuerkennen und aus dem Weg zu gehen. Wir haben nur zu entscheiden, ob ja oder nein, ob BS1 oder BS2; für alles Übrige ist der Heilige Geist zuständig. »Die Macht der Entscheidung ist die einzige dir verbleibende Freiheit als Gefangener dieser Welt.«[36]

Verschwendest du diese Macht, indem du zu entscheiden versuchst, welche Karte du beim Kümmelblättchen, einem weit verbreiteten Betrugsspiel, ziehst, verlierst du das Wunder. Triffst du die eine Wahl, die wirklich zählt, sind die Wunder dein.

Wunder als Fortschrittsmarker

Das Ego hat uns so verdreht, so benebelt, dass wir unseren Fortschritt nicht genau einschätzen können, ja nicht einmal die Richtung, in der wir unterwegs sind. Diese Verwirrung ist weitaus gravierender, als uns allen klar ist. Uns fehlt es zu sehr an der nötigen Weisheit, als dass wir wissen könnten, ob wir lernen und vorwärtskommen oder immer weiter zurückfallen.

> *Nimm hierbei nicht selbst das Steuer in die Hand, denn du kannst nicht zwischen Fortschritt und Rückschritt unterscheiden. Einige deiner größten Fortschritte hast du als Misserfolge beurteilt, und einige deiner größten Rückschritte hast du als Erfolge gewertet.*[37]

Wenn sich Wunder in unserem Leben präsentieren, bestätigen sie, dass wir auf dem rechten Weg sind. Sie markieren den Weg, der zu Gott und Ganzheit zurückführt, und tauchen von Zeit zu Zeit auf, um uns wissen zu lassen, dass wir nicht umherirren, sondern auf Kurs bleiben.

Ich hatte einmal die Gelegenheit, an der Seite eines erfahrenen Piloten den Amateur-Kopiloten zu spielen. Wir flogen nachts in einer kleinen zweimotorigen Propellermaschine zur Insel Nantucket. Als wir unserem Ziel näherkamen, geriet der Flieger in eine dichte Nebelbank. Unsere Sichtweite vom Cockpit aus war auf fast null heruntergefahren. Um sicher zu landen, mussten wir aber die Landebahnlichter sehen. Wir kreisten und kreisten immer wieder über der Landebahn und strengten unsere Augen an, um irgendeinen Schimmer von ihnen zu erhaschen. In einem winzigen Bruchteil von Sekunden lichtete sich der Nebel und ich erspähte zwei Reihen von Blinklichtern pfeilgerade unter uns. Doch dann waren sie auch schon wieder weg. Doch ich hatte volles Vertrauen in das, was ich gesehen hatte.

Hatte ich sie mir eingebildet? Oder sie mit den Blinklichtern des Fliegers selbst verwechselt, die im Nebel wie Landebahnlichter aussahen? Ich äußerte meine Bedenken, doch der Pilot fegte sie beiseite, denn er traute meiner Sicht. Angespannt nahm ich im Geiste unseren Aufprall auf dem Boden vorweg und fragte mich nur, ob ich lange genug das Bewusstsein behalten würde, um den Unfall überhaupt mitzubekommen. Doch plötzlich brachen wir durch den Nebel durch, und die Landebahnlichter kristallisierten sich direkt unter uns klar und deutlich heraus. Der Pilot kam mit einem Hauch von Ruckeln auf der Landebahn an, während ich erleichtert aufseufzte.

Zuerst gleichen Wunder diesem flüchtigen Aufschimmern der Landebahnlichter in diesem Erlebnis, als wir den Nebel durchbrachen. Blitzt ein Wunder in deinem Leben auf, wirst du wahrscheinlich zunächst seine Realität bezweifeln. Vergeblich wirst du dich bemühen, den Nebel zu durchstechen, um das Erlebte zu wiederholen und einen flüchtigen Blick auf ein weiteres Wunder zu erhaschen. Doch mit zunehmender Erfahrung bekommst du Vertrauen in das, was du siehst. Und wenn dann Wunder in Erscheinung treten und sich von deiner Alltagserfahrung so hell und klar abheben wie jene Landebahnblinklichter inmitten der nebeligen Dunkelheit, weißt du, dass du in Sicherheit bist. Du weißt, dass du fast zu Hause angekommen bist.

Alle für Eins, Eins für alle

Kehren wir kurz noch einmal zu der dissoziativen Identitätsstörung als Modell für unser Dilemma zurück. Wir haben uns von dem Einen Geist Gottes dissoziiert, indem wir uns in Milliarden scheinbar verschiedene und getrennte individuelle Selbste fragmentiert haben: gleichsam die Alter-Persönlichkeiten des Immer-Geistes. Jeder Mensch ist ein Alter; ein jedes von ihnen hat dringenden Behandlungsbedarf, ob es das weiß oder nicht. Wir alle stehen vor der entmutigenden Aufgabe, uns einen Weg über die Berge bahnen zu müssen. Wir alle spielen Mikado, die Pistole an die Schläfe gepresst, denn jede falsche Bewegung könnte sich ja als fatal erweisen. Jedenfalls wurde uns das so beigebracht.

Doch wir haben Hilfe. Im Heiligen Geist haben wir einen vertrauenswürdigen Führer durch die Berge und den perfekten DIS-Therapeuten – perfekt, weil Er vom Einssein herkommt, jedoch Dualität und Spaltung kennt, und so als Brücke zwischen beiden dient. Er deutet unsere fragmentierten Leben in einer Weise neu, die uns mit dem Einssein in Verbindung bringt und wieder dorthin zurückführt. Und ein Schlüssel in seiner Werkzeugkiste ist das Wunder.

Als Therapeut arbeitet der Heilige Geist mit jedem von uns individuell, als wären wir tatsächlich getrennt und allein. Er bietet uns Wunder an, wenn wir Ihn lassen, um Hindernisse zu beseitigen, die dem Einssein im Weg stehen. Mit der Zeit gelangen wir so weit, anstelle unserer Sicht auf das, was wir sind, die Seinige zu akzeptieren und Sein Ziel zum unsrigen zu machen. Folglich lernen wir, dass wir nicht jenes Selbst sind, das wir zu sein glaubten, sondern Teil von etwas viel Größerem. Und wir lernen dieses größere Selbst in allen anzuerkennen. Nun sind die uns Nächsten tatsächlich zu unserem Selbst – wir Selbst – geworden.

> *Diejenigen, die die Zielsetzung des Heiligen Geistes als ihre eigene annehmen, teilen auch Seine Schau. Und was es Ihm ermöglicht, Sein Ziel von jedem Altar leuchten zu sehen, ist jetzt dein, wie es auch Sein ist. Er sieht keine Fremden, sondern nur innig geliebte und liebevolle Freunde.*[38]

In Kapitel 4 haben wir erkannt, dass keine Zielsetzung die Mitglieder einer Gruppe wirklich miteinander verbinden kann, solange diese nicht fest in der Wahrheit verankert ist. Der Heilige Geist gibt uns ein solches Ziel. Wenn wir uns mit Ihm in Seinem Heilungsauftrag verbinden, werden wir zu Seinen Botschaftern, Seinen Erweiterungen (oder Hilfstherapeuten, wenn man so will).

Während der Heilige Geist mit jedem von uns arbeitet, arbeitet er auf dieselbe Weise und in dem Ausmaß, in dem sie es zulässt, gleichzeitig auch mit jeder Alter-Persönlichkeit auf diesem Planeten. Wie wir gesehen haben, sind manche Alters hartnäckiger als andere. Die einen lassen sich dankbar auf die Behandlung ein, die anderen widersetzen sich ihr, sabotieren sie oder versuchen, sich davor zu verstecken. Doch unabhängig von dem Zustand ihrer Bereitschaft betrachtet der Heilige Geist sie alle als Seine Patienten oder, genauer gesagt, als Aspekte Seines einen und einzigen Patienten. Da Er in jedem von uns nur die Einheit sieht, wenn Er Wunder wirkt, mag es uns erscheinen, als seien diese nur für uns allein gedacht. Doch in Wahrheit sind sie für alle und jeden da. Der Heilige Geist dient stets dem kollektiven Selbst, dem wir alle angehören. In diesem Sinn ist jedes Wunder ein Echo des Einsseins und eine Bewegung auf das Einswerden zu.

Stimmt sich einer unter uns auf Wunder ein, ist die Wahrscheinlichkeit groß, dass – ähnlich wie bei einer Ansammlung von Stimmgabeln – die anderen um uns herum diese Schwingung aufgreifen und dasselbe tun werden. *Ein Kurs in Wundern*® weist darauf hin, dass, wenn jemand ein Wunder oder die Erhörung eines Gebets erlebt, die Frage auftaucht, ob du dann mit mehr oder weniger großer Wahrscheinlichkeit glaubst, dass dir dasselbe widerfahren könnte. Denkst du, »verflucht noch mal, dieses Wunder hätte mir widerfahren sollen. Jetzt werde ich nie eines bekommen«? Oder denkst du: »Gut so. Wenn das denen passiert, warum dann nicht auch mir?«

Wenn das Behandlungsziel Integration – Einheit – ist, wird alles, was die Angst vor Vereinigung in einer einzelnen Person reduziert, diese in gewissem Ausmaß auch in allen anderen reduzieren; jedes Wunder, das im Leben eines Menschen ein Hindernis beseitigt, erhöht die Wahrscheinlichkeit, dass ein anderer Mensch zulässt, dass derselbe Eingriff auch in seinem Leben vorgenommen wird. Überwindest du die Trennung auf Mikroniveau in deinem eigenen Leben, so kannst du nicht umhin, die Trennung auf Makroniveau im gesamten Menschheitskollektiv zu heilen. Was dem einen zugutekommt, muss allen zugutekommen, weil in Wahrheit alle dasselbe sind.

> *Ein Bruder ist alle Brüder. Jeder Geist enthält alle Geister, denn jeder Geist ist eins. Das ist die Wahrheit.*[39]

Spiele, die Egos gerne spielen

Die Spieltheorie unterscheidet zwischen zwei grundsätzlich verschiedenen Spieltypen: Nullsummen- und Nicht-Nullsummenspiel. In einem Nullsummenspiel ergeben alle Züge zusammen null. Was bedeutet das? Die Ressourcen sind begrenzt (Monopoly-Immobilien, Pokerchips und so weiter), und daher muss, wenn ein Spieler gewinnt, der andere verlieren. Ich kann nur auf deine Kosten gewinnen. Im Gegensatz dazu kann in einem Nicht-Nullsummenspiel jeder gewinnen beziehungsweise es können alle zusammen gewinnen (oder verlieren). Nullsummenspiele beruhen also auf Wettstreit, Nicht-Nullsummenspiel hingegen auf Zusammenarbeit.

Demnach sind die meisten Brett- und Kartenspiele Nullsummenspiele. Das Ego will gewinnen, die Oberhand haben, auch mit dem Risiko, andere zu verlieren oder sie unglücklich zu machen. Die gesamte Egowelt ist ein gigantisches Nullsummenspiel. Sie ist von Individuen bevölkert, von denen jedes seinen eigenen Körper und seine eigenen Interessen hat, die unvermeidbar aufeinanderstoßen und miteinander in Konflikt geraten. Wenn ich etwas besitze, fehlt es dir; wenn du etwas ergatterst, muss ich ohne das auskommen. Selbst wenn ich dir aus freiem Willen etwas Wertvolles schenke, habe ich es dann nicht mehr. Das führt dann zum Opferbegriff und der damit verbundenen Schuld.

Natürlich liegt dem hingabevollen Nullsummenspiel des Egos eine bittere Ironie zugrunde. Denn das Ego kann an Gottes Wirklichkeit nichts ändern, diese Wirklichkeit ist aber wesensgemäß ein Nicht-Nullsummenspiel. Deshalb ist das Endergebnis des Egostrebens kein individueller Triumph, sondern ein kollektiver Verlust. Niemand gewinnt! Niemand bekommt, was er will. Niemand findet dauerhaften Frieden oder bleibendes Glück. Niemand lebt ewig. Am Ende des Egospiels sterben alle. Der einzige Gewinner ist der Tod.

Im Gegensatz dazu ist der Sühneplan des Heiligen Geistes – auch als Erlösung bekannt – klar und offensichtlich ein Nicht-Nullsummenspiel. Und an dem nehmen wir alle zusammen teil. Denn früher oder später erwachen wir alle aus unserem kollektiven Traum. Das Einssein, das wir wieder zurückgewinnen, ist ewig. Wir alle gewinnen.

> *Erlösung kann wie ein Spiel betrachtet werden, das glückliche Kinder spielen. Es wurde von Einem entworfen, Der Seine Kinder liebt und Der ihr Furcht erregendes Spielzeug durch freudige Spiele ersetzt, welche sie lehren, dass das Spiel der Angst vergangen ist. Jeder, der spielt, muss gewinnen, und mit seinem Gewinnen ist jedermanns Gewinn gesichert.*[40]

Alles, was uns näher zusammenbringt, alles, was die Erinnerung an den Immer-Geist auffrischt, alles, was die Mauern einreißt, die uns scheinbar voneinander trennen, kommt uns allen zugute. Unter der therapeutischen Sorgfalt des Heiligen Geistes wird die Heilung der individuellen Alter-Persönlichkeiten zur Heilung des

Ganzen. Davon haben wir alle etwas – sowohl individuell als auch kollektiv. Dies erweitert die Reichweite von Wundern und ihren Einfluss weit über die Grenzen des persönlichen Selbst hinaus. Das Wunder einer Person ist eines jeden Gewinn.

> *Ein Wunder … mag viele Menschen berühren, denen du nicht einmal begegnet bist, und ungeahnte Veränderungen erzeugen in Situationen, deren du nicht einmal gewahr bist.*[41]

> *Du brauchst nicht zu merken, dass Heilung vielen deiner Brüder zuteil wird, solchen, die fern sind in der Welt, und solchen, die du in deiner Nähe siehst, wenn du diese Gedanken ausschickst, um die Welt zu segnen. Du wirst aber deine eigene Befreiung spüren, auch wenn du nicht voll und ganz verstehen magst, dass du niemals alleine befreit werden könntest.*[42]

Wieder sehen wir, wie wenig wir wissen, und wie wichtig es für den Behandlungsplan des Heiligen Geistes ist, dass wir unsere Grenzen einsehen und akzeptieren. Jeder von uns ist ein kleines, wenn auch wesentliches Teil des kollektiven Selbst. Der Heilige Geist arbeitet daran, dieses Selbst in all seinen Teilen und Aspekten, all seinen Formen und Erscheinungen zu heilen. Er wird auf jede Öffnung eingehen, die wir Ihm gegenüber zulassen, und sie dazu verwenden, Licht ins Dunkel, Einheit in die Spaltung zu bringen.

Unsere Aufgabe besteht nicht darin, in Seinem Auftrag in Aktion zu treten. Dafür braucht Er uns nicht, denn er ist im Vollbesitz seiner Fähigkeiten. Er bittet uns nur darum, Ihn in unser Leben hineinzulassen, damit Er Seinen Job machen kann. Der Kurs sagt uns, dass unsere Eigeninitiativen, die Welt besserzumachen, fehlgeleitet sind. Mögen sie noch so gute Absichten haben, sie gehen garantiert nach hinten los, weil sie die falsche Sache im Auge haben. Sie visieren die Wirkung an und nicht deren Ursache. Sie versuchen, Illusionen zu verändern, ohne den Geist zu ändern, der diese Illusionen zurechtspinnt.

> *Suche deshalb nicht, die Welt zu ändern, sondern entscheide dich, dein Denken über die Welt zu ändern. Die Wahrnehmung ist eine Folge und nicht eine Ursache. Das ist der Grund, weswegen eine Rangordnung der Schwierigkeit bei Wundern bedeutungslos ist.*[43]

Die Welt ist eine Wirkung, eine Folge davon, dass wir BS2, das Betriebssystem des Nimmer-Geistes, verwenden. Man kann aber die Wirkung nicht ändern, ohne sich mit ihrer Quelle zu befassen, welche unsere kollektive dissoziative Identitätsstörung ist: die Trennung von Gott. Und das gehört ins Aufgabengebiet des Heiligen Geistes, denn Er vermag das Gesamtbild zu sehen, nicht du. Du kannst das nicht.

Anstatt zu versuchen, die Welt zu verändern, so lehrt uns der Kurs, besteht unser Job – das Einzige, worauf wir uns zu konzentrieren brauchen – ausschließlich darin, uns um unseren eigenen jeweiligen chaotischen Geist zu kümmern und ihn zum Heiligen Geist zu bringen, damit er ihn heilen kann.

> *Die einzige Verantwortung des Wunderwirkenden ist, die Sühne für sich selber anzunehmen.*[44]

Werde anderen Geistes, akzeptiere den Masterplan des Heiligen Geistes für die Heilung all der separaten Einzelnen, folge Seiner Führung, und du tust deinen Teil. Du hast die Welt in der einzig möglichen Weise verändert. Zu verstehen, wie das geschieht, ist nicht deine Aufgabe, umso weniger ihren Fortschritt oder ihre Effektivität einzuschätzen. Das ist weit über deiner oder meiner Gehaltsklasse. Es genügt zu wissen, dass du deine Rolle spielst und es dadurch anderen ermöglichst, die ihre zu übernehmen und sich dir in dem gemeinsamen Ziel der Wiedervereinigung der getrennten Gotteskinder anzuschließen.

> *Jeder in der Welt muss seine Rolle in ihrer Erlösung spielen, um zu begreifen, dass die Welt erlöst ist.*[45]

Gemäß dem Kurs kann die Welt nur so enden: weder mit einem Knall noch einem Wimmern, sondern in Licht, Liebe und Gelächter, wenn Raum und Zeit den Weg zu einem endlosen gemeinsamen perfekten Augenblick freigeben. Das erwartet uns, wenn wir den Nimmer-Geist gegen den Immer-Geist eintauschen und zu unserem wahren Selbst in Gott wiedererwachen.

Danksagungen

Ich möchte Dan Strutzel meinen Dank und meine Anerkennung dafür aussprechen, dass er sich zu diesem Schreibauftrag an mich hat inspirieren lassen, sowie allen Mitarbeitern von G&D Media, weil sie bei seiner Umsetzung geholfen haben.

Außerdem bin ich meinem Lektor, Richard Smoley, über alle Maßen dankbar – ich bewundere ihn seit jenen Zeiten, in denen er das Magazin *Gnosis* herausgab.[1] Es ist eine Ehre und ein Vergnügen, dich in meinem Team zu haben.

Und schließlich geht mein Dank an all jene, mit denen ich über Jahrzehnte hinweg in *Ein Kurs in Wundern*®-Gruppen saß – in denen wir vieles miteinander teilten, einander zuhörten und gemeinsam lernten und lehrten. Ihr habt keine Ahnung, wie sehr ihr alle zu dieser Buchreihe beigetragen habt und wie ihr mir geholfen habt, meine gegenwärtige Rolle in der *Ein Kurs in Wundern*®-Community einzunehmen. Ich fühle mich geehrt, euch zu meinen mächtigen Weggefährten zu zählen.

Über den Autor

Dr. Bob Rosenthal war Co-Präsident der *Foundation for Inner Peace*, dem Verlag von *A Course in Miracles*®, das auf Deutsch als *Ein Kurs in Wundern*® vorliegt, und seit 1992 an Bord des Leitungsteams der Stiftung. Er starb am 20. März 2022 im Alter von sechsundsechzig Jahren. Als Zwanzigjähriger wurde er von Judy Skutch in den Kurs eingeführt und war ein enger Freund und Schützling von dessen Co-Schreiber Bill Thetford. Darüber hinaus war er Psychiater und Psychotherapeut mit über dreißig Jahren Erfahrung in der Unterstützung von Einzelpersonen und Paaren. Er studierte und lehrte *Ein Kurs in Wundern*® über vierzig Jahre lang, und als Co-Präsident der Stiftung wurde ihm auch klar, dass es einen Bedarf für eine Buchreihe gibt, die jenen helfen könnte, die vom Kurs gehört haben und sich zu ihm hingezogen fühlen, aber etwas brauchen, was ihnen auf die Sprünge hilft, um loszulegen.

In diesem ersten Buch seiner Trilogie nähert sich Dr. Rosenthal dem Kurs aus einer völlig frischen Perspektive. Indem er Alltagsweisheiten verwendet und seine eigene Erfahrung als Psychiater und Kursschüler zum Einsatz bringt, geht er die Kernelemente der Kurslehre in einer klar verständlichen Weise an.

Wenn du von *Ein Kurs in Wundern*® bisher nur gehört hast und neugierig geworden bist, worum es darin geht, oder du versucht hast, ihn zu studieren, aber aufgegeben hast, wird dir dieses Buch eine große Hilfe sein. Bist du bereits ein engagierter Kursschüler, wirst du Dr. Rosenthals Beitrag umso mehr schätzen. Du wirst den zentralen Kursgrundsatz aus der Übungsbuchlektion 95 noch besser erfassen, in der es heißt: *»Ich bin ein Selbst, vereint mit meinem Schöpfer.«*

Über die Plattform *www.FromPlaguestoMiracles.com/Interviews-and-Media* erhältst du Zugang zu Dr. Rosenthals zahlreichen englischsprachigen Beiträgen zu Kursthemen.

Zum Buch

Dieses Buch ist der Auftakt zu einem Projekt von drei Büchern, die sich der Aufgabe widmen, die Prinzipien von *Ein Kurs in Wundern*® einem breiteren Publikum nahezubringen. Buch 2 und 3 werden einen tieferen Einblick in das geben, was der Kurs über Vergebung, Besonderheit, Beziehungen, Schuld, Angriff, Verteidigung, Opfer, Liebe, den Körper, Krankheit und Heilung, Tod, Schau, Geben und Nehmen sowie den heiligen Augenblick lehrt.

Wer mehr über *A Course in Miracles*® erfahren möchte, möge bitte die Webseite der Foundation for Inner Peace – www.acim.org – oder für die deutsche Übersetzung *Ein Kurs in Wundern*® die Website des Greuthof Verlages – *www.greuthof.de/ekiw.php* – besuchen. Dort lassen sich auch Informationen über die Geschichte des Kurses sowie Antworten auf viele Fragen finden, die sich dir vielleicht stellen. Die kostenlose deutschsprachige Version des Übungsbuches findest du unter *https://lektionen.acim.org/de/*.

Quellenangaben

Die Zitate für die deutsche Übersetzung wurden den im Greuthof Verlag erschienenen Werken *Ein Kurs in Wundern*® und *Die Ergänzungen zu Ein Kurs in Wundern*® entnommen. Um diese Zitate gemäß dem Ordnungssystem von *Ein Kurs in Wundern*® zuzuordnen, folge bitte den nachstehenden Beispielen:

T-26.IV.4:7.	= Textbuch, Kapitel 26, Abschnitt IV, Paragraph 4, Satz 7.
Ü-T1.169.5:2.	= Übungsbuch, Teil 1, Lektion 169, Paragraph 5, Satz 2.
H-13.3:2.	= Handbuch, Frage 13, Paragraph 3, Satz 2.
B-6.4:6	= Begriffsbestimmung, Begriff 6, Paragraph 4, Satz 6.
P-2.VI.5:1.	= Psychotherapie: Zweck, Prozess und Praxis, Kapitel 2, Absatz 6, Paragraph 5, Satz 1.
L-1.V.4:3.	= Das Lied des Gebets, Kapitel 1, Abschnitt 5, Paragraph 4, Satz 3.

Einleitung

1 *EKIW*, T-Einleitung.2:1-3.

Kapitel 1: *Du bist, was du suchst – du suchst, was du bist*

1 *EKIW*, T-22.VI.8-9. 2 *Ebd.*, Ü-T1.71.4:3. 3 *Ebd.*, T-2.I.3:6. 4 *Ebd.*, T-8.III.5:1-2. 5 *Ebd.*, T-16.III.4:1. 6 *Ebd.*, T-21.I, Überschrift. 7 *Ebd.*, Ü-T1. 139.3:1. 8 *Ebd.*, Ü-T1. 139.1:4-6. 9 Shakespeare, William: *Romeo*

und Juliette, 2. Akt, 2. Szene, Vers 43-44. [10] *EKIW*, Ü-T1.128.3:2-3. [11] Dr. Robert Rosenthal, der Autor dieses Buches, verwendet durchgehend gendergerechte Sprachregelungen, was im angloamerikanischen Sprachraum leicht und flüssig durchführbar ist, ohne vom eigentlichen Thema abzulenken. Da dies der deutschen Sprache verwehrt ist, habe ich mich wo immer möglich um Zwischenlösungen bemüht, ansonsten aber für die alte Sprachregelung entschieden, um dem klaren Fokus dieses Buches gerecht zu werden. – *Die Übersetzerin* [12] *Ebd.*, T-31. VII.7:1. [13] *Ebd.*, B-2.2:2; 3:1. [14] Shakespeare, William: *Macbeth*, 5. Akt, 5. Szene, 24-28. [15] *EKIW*, Ü-T1.188, 1:2-4. [16] Rosenthal, Robert: *From Plagues to Miracles: The Transformational Journey of Exodus, from the Slavery of Ego to the Promised Land of Spirit.* Carlsbad, CA, Hay House 2012, pgs. 32f. [17] *EKIW*, Ü-T1.49. 1:2-2:2. [18] *EKIW*, Ü-T1.93.5:1-5,9. [19] *EKIW*, T-5.V.6:6-10.

Kapitel 2: *Glauben ist Sehen*

[1] *EKIW*, T-21.V.1:1-2. [2] *EKIW*, T-21.II.9:5. [3] *www.youtube.com/watch?v=vJG698U2Mvo* © 1999 von Daniel J. Simons, online gestellt am 10. März 2010 (aufgerufen am 28. Januar 2022) [4] *EKIW*, T-24. VI.9:2. [5] *EKIW*, H-8.1-7. [6] *EKIW*, Ü-T1.7.3:1-7. [7] *EKIW*, T-7. VI.7:7. [8] *EKIW*, T-24.VII.8:8-10. [9] *EKIW*, T-15.V.1:7. [10] *EKIW*, Ü-T1.132.4:1-2;5:1-2. [11] *EKIW*, T-Einleitung 1:4-5. [12] *EKIW*, T-3.V.7:7-8:4. [13] *EKIW*, H-10.3:1-4:5. [14] *EKIW*, H-4.III.1:2-3. [15] *EKIW*, T-29.IX.2:1-5. [16] *EKIW*, Ü-Wiederholung V. Einleitung 4:3. (und andernorts) [17] *EKIW*, B-6.4:1-10. [18] *EKIW*, T-14. IV.5:2. [19] *EKIW*, H-10.4:7-5:1. [20] *EKIW*, T-16.II.9:1-3. [21] *EKIW*, T-14.III.16:1-2. [22] Shakespeare, William: *Wie es euch gefällt*, 2. Akt, 7. Aufzug, Vers 139-142. [23] *EKIW*, Ü-304.1:3-4. [24] Von David Catlin und der Chicago Looking-Glass Alice Theatre Company: *lookingglasstheatre.org/event/lookingglass-alice-2020/* (aufgerufen am 28. Januar 2022) [25] *EKIW*, Ü-56.4:2-6. [26] *EKIW*, Ü-7 und 9. [27] *EKIW*, Ü-184.1:2-2:2.

Kapitel 3: *Mit dem Immer-Geist in Berührung kommen: Der perfekte Augenblick*

[1] Zitiert nach der englischen Gesamtausgabe von Father John-Julian: *The Complete Julian of Norwich*, Brewtser, Paraclete Press 2009, p. 149. – Dt. Ausgabe: *Lady Julain of Norwich, Offenbarungen göttlicher Liebe.* In der ursprünglichen Fassung herausgegeben und zum ersten Mal übersetzt von Elisabeth Strakosch, Johannes Verlag, Einsiedeln 1960 (2018). [2] Eugene O'Neill: *Long Day's Journey Into Night*, New Haven, CT: Yale University Press 1955, p. 155. – Dt. Ausgabe: *Eines langen Tages Reise in die Nacht*, übers. von Michael Walter, Fischer Verlag, Frankfurt a. M. 2011, 2. Auflage, S. 123f. [3] *EKIW*, Ü-164.4:1-2. [4] Zitiert nach der *Textbibel* von 1899, herausgegeben von Emil Kautzsch. [5] *EKIW*, Ü-44.10:2. [6] *EKIW*, Ü-108.2:1-3. [7] *EKIW*, T-13.VI.11:1-8. [8] *EKIW*, T-18.VIII.8:1-3. [9] Anne Taves: *Revelatory Events: Three Case Studies of the Emergence of New Spiritual Paths*, Princeton University Press, NJ, 2016, p. 99. [10] *EKIW*, T-18. VI.11:1-11. [12] *EKIW*, T-Einleitung.1:7. [12] *EKIW*, Ü-158.7:1-5. [13] *EKIW*, Ü-29.3:1-5. [14] *EKIW*, Ü-30.2:3-5,4:1,5:1-2. [15] *EKIW*, T-18.VI. 11:7-9.

Kapitel 4: *Der Ruf der Ganzheit*

[1] *EKIW*, T-4.II.2:1–2. [2] Sebastian Junger: *Tribe. On Homecoming and Belonging*, Twelve, New York City, USA 2016, p. 9. – Dt. Ausgabe: *Tribe. Das verlorene Wissen um Gemeinschaft und Menschlichkeit*, übers. von Teja Schwaner, Blessing, München 2017. [3] Ebd., p. 9f. [4] Ebd., p. 14F. [5] *EKIW*, T-23.IV.7:4. [6] *EKIW*, T-16.II.4:3. [7] *EKIW*, T-12.IV.1:4. (Betonung im Originaltext!) [8] John Milton: *Paradise Lost*, 1,263. – Dt. Ausgabe: *Das verlorene Paradies*, übers. von Hans Heinrich Meier, Reclam Verlag, Stuttgart 1969 (2008). [9] *EKIW*, T-14.X.10:7. [10] *EKIW*, T-21.VII.13:1. [11] *EKIW*, T-22.II.3:5-6. [12] *EKIW*, T-29.VI.1:1-2. [13] *EKIW*, T-26.VI.1:1-2,7. [14] *EKIW*, Ü-318.1:2-3. [15] *EKIW*, Ü-100.1:3. [16] *EKIW*, T-13.VII.17:1. [17] L-Einleitung.1:2-3. [18] *EKIW*, T-14.V.5:1.

Kapitel 5: *Kartoffelköpfe, Alter-Persönlichkeiten und Edelsteine*

[1] *EKIW*, T-12.VII.8:1. [2] *EKIW*, T-12.II.3:3-5. [3] »Mr. Potato Head«: *burlingamepezmuseum.com/classictoy/potato.html* (aufgerufen am 28. Januar 2022) [4] Im Unterschied zum anglistischen Sprachraum trifft man den im Folgenden häufig verwendeten psychiatrischen Fachbegriff »alter« im Deutschen nur selten an. Verlag und Übersetzerin haben deshalb beschlossen, ihn der Griffigkeit und Namensähnlichkeit wegen stellenweise zu übernehmen – als Abkürzung für die Bezeichnung »alternative Persönlichkeit«. [5] *EKIW*, T-14.VII.4:3-5. [6] *EKIW*, T-10.II.1:2-6. [7] *EKIW*, Ü-95.2:2. [8] *EKIW*, Ü-136.3:1-2. [9] *EKIW*, Ü-100.1:2. [10] *EKIW*, T-22.II.6:6-7 [11] *EKIW*, Ü-318.1:2-3. [12] *EKIW*, T-25.I.4:3-4. [13] *EKIW*, T-9.IV.1:4-6. [14] *EKIW*, Ü-262.1:1-5,7-8. [15] *EKIW*, T-24.VI.7:1. [16] *EKIW*, Ü-67. [17] *EKIW*, Ü-229. [18] *EKIW*, Ü-127.3:2-8. [19] *EKIW*, T-26.VII.9:1–2. [20] *EKIW*, T-14.X.10:5-6. [21] *EKIW*, Ü-94, 110, 112, 120, 162, 176. [22] *EKIW*, Ü-317.1:5-7. [23] *EKIW*, T-28.IV.8:1-3, 9:5-7. [24] *EKIW*, Ü-243.2:3.

Kapitel 6: *Ganzheit in Aktion: »Wunder sind natürlich«*

[1] *EKIW*, T-1.I.6:1. [2] *EKIW*, Ü-96.3:1-5. [3] *EKIW*, T-25.I.5:1-2. [4] *EKIW*, Ü-Teil II. 13.2:3-4. [5] *EKIW*, T-12.VII.3:2-3. [6] *EKIW*, Ü-155.10:4-6. [7] *EKIW*, Ü-215.1:2-4. [8] *www.anonyme-alkoholiker.de/unsere-idee/zwoelf-schritte/* (aufgerufen am 28. Januar 2022) [9] *EKIW*, T-24.II.14:2. [10] *EKIW*, T-2.III.3:5-6. [11] *EKIW*, T-26.II.1:5-7. [12] *EKIW*, Übungen 3, 5, 10, 24 und 25. [13] *EKIW*, T-14.XI.6:7-9. [14] *EKIW*, T-31.V.17:7. [15] *EKIW*, Ü-Teil II.4.1:1-3. [16] *EKIW*, Ü-74. [17] *EKIW*, T-1.I.6:1-3. [18] *EKIW*, T-Einleitung.1:7. [19] *EKIW*, Ü-160.1:1-2;4:5-8. [20] *EKIW*, Ü-155. (frei zitiert) [21] Pynchon, Thomas: *The Crying of Lot 49*, Philadelphia: Bantam, 1966, p. 88. – Dt. Ausgabe: *Die Versteigerung von No. 49*, übers. von Wulf Teichmann, Rowohlt Verlag, Reinbek bei Hamburg 1973, 1988. [22] *EKIW*, T-14.X.6:1-2. [23] *EKIW*, T-20.IV.8:4-9. [24] *EKIW*, T-1.I.1:1-4. [25] *EKIW*, T-14.X.3:1-5. [26] *EKIW*, T-14.X.6:3-5. [27] *EKIW*, T-13.VIII.6:3-4. [28] *EKIW*, T-1.I.1:4. [29] *EKIW*, Ü-127.3:2-5. [30] *EKIW*, Ü-186.13:1-5. Abwei-

chungen in eckigen Klammern vom Autor. [31] Skutch, Robert: *Journey Without Distance: The Story Behind A Course In Miracles®*, Berkeley, CA, Celestial Arts 1984, pgs. 17-19. [32] *EKIW*, T-1.I.10. [33] Versammlung von US-amerikanischen Charismatikern in riesigen Zirkuszelten. – *Die Übersetzerin* [34] *EKIW*, T-14.XI.9:2-3. [35] *EKIW*, Ü-77. [36] *EKIW*, T-12.VII.):1. [37] *EKIW*, T-18-V.1:5-6. [38] *EKIW*, T-20.II.5:3-5. [39] *EKIW*, Ü-161.4:1-3. [40] *EKIW*, Ü-153.12:1-4. [41] *EKIW*, T-1.I.45:1-2. [42] *EKIW*, Ü-132.16:1-2. [43] *EKIW*, T-21.Einleitung.1:7-9. [44] *EKIW*, T-2.V.5:1. [45] *EKIW*, T-12.VII.2:1.

Danksagungen

[1] Smoley, Richard: *Gnosis – A Journal of Western Inner Traditions*, 1985-1999: *www.lumen.org* sowie *www.innerchristianity.com.*

Register

H

I

J

K

L

M

N

O

P

Q

R

S

Z

Stimmen zum Buch

»Mit diesem ausgezeichneten Buch bringt Bob Rosenthal den Leser auf eine völlig neue Ebene. Seine Ausführungen werden viele ansprechen, denen die Großartigkeit des Kurses noch nicht aufgegangen ist. Ganz besonders hat mich das letzte Kapitel fasziniert. Verpasst nicht dieses wichtige Buch!«

Gary R. Renard, Bestsellerautor von *Die Illusion des Universums, Deine unsterbliche Realität, Die Liebe vergisst niemanden* und *Als Jesus und Buddha sich kannten*

»›Vom Nimmer-Geist zum Immer-Geist‹ kann seinen Lesern enorm viel Zeit dabei ersparen, die Grundlagen von *Ein Kurs in Wundern*® zu verstehen. In der direktest möglichen Weise bietet dieses erstaunliche Buch eine Einführung wie auch eine Anleitung zu ersten Fortschritten auf einem wundervollen Weg zu dauerhaftem Frieden und Glück.«

David Hoffmeister, Autor von Begleitbüchern zu *Ein Kurs in Wundern*®

»Rosenthal ist ein begnadeter Autor und Beseitiger von Missverständnissen, und seine drei Jahrzehnte klinischer Erfahrung als Psychiater und Psychotherapeut prägen seinen beruhigenden Sprachstil. Häufig arbeitet er auf diesen Seiten nicht direkt mit Schucmans Text, sondern beschreibt ihre Ideen auf seine ganz eigene Weise, was einem Neuling das Verständnis sehr erleichtert. Es ist wenig von Jesus die Rede, und das meiste, was Rosenthal diskutiert, ist über alle spirituellen Traditionen hinweg anwendbar. Eine äußerst zugängliche und sehr gelungene Einführung in die Lehren von *Ein Kurs in Wundern*®.«

Kirkus Reviews, *New Yorks Zeitschrift für Literaturkritik*

Meine Notizen

Meine Notizen

Greuthof

EIN KURS IN WUNDERN®

Ein Kurs in Wundern ist aufgrund seiner Synthese von zeitlosen geistigen Einsichten und wesentlichen psychologischen Erkenntnissen einzigartig unter den spirituellen Traditionen der Welt. Er weist uns einen Weg zu innerem Frieden, zu einem Dasein, das in der Welt, aber nicht von der Welt ist.

Der Kurs ist nicht als Grundlage für eine neue Religion, Bewegung oder Vereinigung gedacht. Vielmehr dient er unabhängig von äußeren Autoritäten dem Selbststudium. Er richtet sich an Menschen, die nach einer friedlicheren Betrachtungsweise für ihr Leben und ihren Alltag suchen.

Das Werk besteht aus dem Textbuch, dem Übungsbuch und dem Handbuch für Lehrer. Im Textbuch werden die Konzepte dargelegt, auf denen das Denksystem des Kurses gründet. Die darin enthaltenen Gedanken stellen die Grundlage für die 365 Lektionen des Übungsbuches dar, bei denen das Hauptgewicht auf der täglichen Erfahrung durch die Anwendung liegt. Das Handbuch für Lehrer gibt Antworten auf viele Fragen, die sich beim Studium ergeben.

1320 Seiten, gebunden, Greuthof Verlag, ISBN 978-3-923662-18-0

Kenneth Wapnick

EINFÜHRUNG IN *EIN KURS IN WUNDERN*

Betrachtungen über einen anderen Weg zum inneren Frieden

Die Weisheit und Liebe, die aus den Zeilen des Kurses dringen, berühren uns, doch oft bleibt uns ihr tiefer Sinn verborgen.

Kenneth Wapnick war eng mit der Veröffentlichung von *Ein Kurs in Wundern* verbunden und gilt weltweit als dessen bester Kenner. Nach einer kurzen Erläuterung der Entstehungsgeschichte führt uns der promovierte Psychologe und Therapeut sehr klar und verständlich in die wichtigsten Grundprinzipien dieses außergewöhnlichen Werkes ein.

Behutsam lässt er die Lehre des Kurses lebendig werden und zeigt, wie wir sie sinnvoll in unseren Alltag integrieren können.

Diese *Einführung* ist das ideale »Sprungbrett« zu einem fundierten Verständnis von *Ein Kurs in Wundern.*

154 Seiten, Greuthof Verlag, ISBN 978-3-923662-33-3

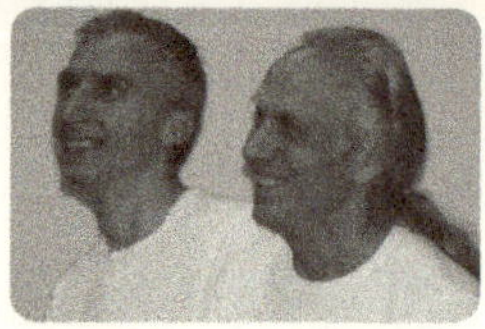

Drunvalo Melchizedek
& Daniel Mitel
LEBE IM LICHT DEINES HERZENS
Meditative Zugänge in den heiligen Raum
224 Seiten, gebunden, oranges Leseband
€ [D] 19,99 / € [A] 20,60 • ISBN 978-3-95447-343-4

Begib dich in dein Herz. Niemals in der Geschichte der Menschheit war es wichtiger als heute, sich auf die Reise ins Herz einzulassen und aus dem Herzen zu leben. Methoden, die über Jahrtausende hinweg eingesetzt wurden, machen es möglich – auch im emsigen Treiben unserer Zeit und ohne Lehrmeister. Du hast die Macht und die Fähigkeit, überall im Licht deines Herzens zu leben.

Zwei weltweit bekannte Meister der Meditation weisen den Weg.

Gary R. Renard
ALS JESUS UND BUDDHA SICH KANNTEN
Bericht über zwei mächtige Weggefährten
320 Seiten, gebunden, oranges Leseband
€ (D) 24,99 / € (A) 25,70 • ISBN 978-3-95447-246-8

Die Aufgestiegenen Meister Arten und Pursah sind zurück. Ihr neues Buch ergänzt die ursprüngliche Trilogie, bestehend aus *Die Illusion des Universums, Deine unsterbliche Realität* und *Die Liebe vergisst niemanden.* Es erkundet sechs Inkarnationen von Jesus und Buddha, in denen beide gemeinsam lebten. Nie waren Gespräche über die Realität des Lebens dermaßen relevant für die Gegenwart.

»Mehr als ein Buch – ein Portal, ein Transportsystem, ein Umordnen des Geistes. Und lustig ist Gary auch noch!«
– H. Ronald Hulnick

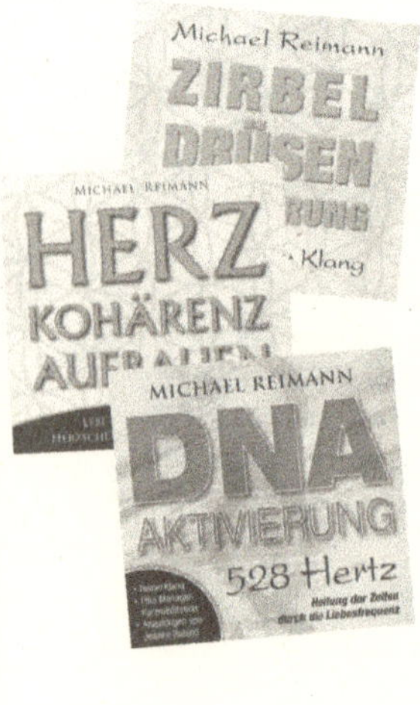

Klangheilungs-CDs von Michael Reimann

ZIRBEL DRÜSEN AKTIVIERUNG [Binauraler Beat]
Öffnung des Dritten Auges und Stärkung des Lichtkörpers
79 Min.; € [D/A] 19,99 • ISBN 978-3-95447-220-8

HERZKOHÄRENZ AUFBAUEN [432 Hertz]
Mentale Leistungsfähigkeit und körpereigene Regeneration
75 Min.; € [D/A] 19,99 • ISBN 978-3-95447-266-6

DNA-AKTIVIERUNG [528 Hertz]
Heilung der Zellen durch die Liebesfrequenz – Meditationsanleitung von Jeanne Ruland im Booklet!
80 Min.; € [D/A] 19,99 • ISBN 978-3-95447-347-2

Bekannt als Multi-Instrumentalist, arbeitete Michael Reimann u.a. mit Joachim-Ernst Berendt und Christian Bollmann zusammen. Studienreisen führten ihn nach Bali, Indien und Japan. Seine Aufnahmen sind reiner musikalischer Klang.

Buchauszüge, Hörproben und Gratis-CD auf www.AmraVerlag.de